Doing Business with the United Nations

국제입찰 Ⅱ

유엔조달사업

코로나19 조달 사례 포함

The United Nations Procurement Market

김만기

도서출판 청람

The Lord Will Prevail

To Our Families(Suzi, Jason, Mimi, and others),
Students, Colleagues, and
Korean Industries

■ 머리말 ■

본서를 준비하는 기간 중에 코로나19(COVID-19)가 발생하여 한국을 비롯해 전 세계적으로 많은 사람들이 소중한 생명을 잃거나 병마와 싸우며 경제적 · 사회적인 엄청난 손실과 고통을 감내하게 되었다. 이러한 어려움과 고통 중에 한국이 모범적이고 성공적인 COVID-19 방역과 관련 산업이 발전하게 된 것은 다행스러운 일이라 하겠다.

이러한 어려운 상황 중에 필자가 책임교수로 있는 글로벌 공공조달 연구센터를 통해서 유엔개발국(United Nations Development Programme: UNDP)으로부터 COVID-19 관련 산업 주요 방역제품(진단기, 마스크, 방호복, 세정제 등) 공급자 긴급시장조사를 진행하여 한국기업을 유엔 공급자 벤더 데이터베이스에 포함시킴으로써 한국기업의 유엔조달사업의 교두보를 마련하게 된 것은 조달전문가로서 보람이라 할 수 있다.

이번에 발간되는 '국제입찰 II'는 유엔조달사업을 구체적으로 소개하는 동시에 한국기업이 유엔조달사업에 참여하는 데 필요한 여러 가지 사항을 실무지침서 형식으로 구성하였다. 이를 통하여 한국기업이 유엔이 발주하는 조달사업에 참여하기 위하여 정확한 이해가 필요한 내용을 예시와 사례로 구분하여 구체적인 실무내용으로 정리하였다.

2019년 개정판인 '국제입찰 I'은 미국 연방정부 및 주정부 조달시장 진출방법에 대한 구체적인 실무를 소개함으로써 미국 연방정부 및 주정부 조달시장에 진출하고자 하는 많은 한국기업에 도움을 주었다고 생각한다. 유엔조달 지침서인 '국제입찰 II'에서는 한국기업이 접근하기 용이한 유엔조달사업 참여에 대하여 구체적인 접근방법을 제시하였다. 추가적으로 국제입찰시장 중에 사업개발에 가장 많은 기간이 소요되고 전체적인 사업구도가 복잡한 다자개발은행의 조달사업을 '국제입찰 III'으로 소개할 예정이다.

유엔의 조달사업은 국제경쟁입찰(International Competitive Bidding)시장 중에

비교적 단순한 구조를 가지고 있다. 국제경쟁입찰이라 함은 국가의 공공조달기관(Procurement Agency)이나 국제기구 등에서 발주하는 프로젝트(물자, 공사 및 서비스용역)를 조달할 목적으로 자국 내의 경쟁입찰(National Competitive Bidding) 형태가 아닌 국제입찰경쟁(International Competitive Bidding)을 통하여 조달(Procurement) 업무를 진행하는 전문화된 시장이다.

국제경쟁입찰시장은 발주하는 기관과 자금의 출처에 따라 포괄적으로 '내자 국제경쟁입찰(International Competitive Bids for Internal Funds)'과 '외자 국제경쟁입찰(International Competitive Bids for External Funds)'로 분류할 수 있다. '내자 국제경쟁입찰'은 조달이나 프로젝트를 발주하는 국가나 기관이 자체 예산을 확보해 프로젝트를 수행하는 것이다. 이 경우 프로젝트의 공지, 평가, 수행, 사후관리, 감사 등 국제입찰의 모든 과정이 해당 국가의 조달규정(Procurement Regulations)과 내국법(Domestic Laws)을 따르며 국제기구나 외부 국가의 간섭을 받지 않는 것이 일반적인 관례이다. 유엔조달은 각 국가가 부담하는 국가별 기부금과 특별한 상황에서 모금하여 운영하는 특별기금을 바탕으로 유엔 회원국에 필요한 재화, 용역, 건설을 제공하는 조달사업을 하는 구조이다. 특별히 UNDP와 같이 회원국에게 구매대행(Procurement Management)을 제공하고 반대급부를 받는 경우가 있지만 일반적으로는 유엔이 회원국이 기여한 자금이 조달예산의 중심이라 볼 수 있다.

한국기업이 이러한 유엔조달 입찰시장에 참여하기 위해서는 여러 단계의 필수 선행과제가 있다. 그중 중요한 업무 중 하나가 이러한 사업에 참여하고자 하는 기업의 역량을 분석하고 핵심적인 역량보고서(Capability Statement)*를 정확하게 파악하여 경쟁력을 강화하는 것이다. 이러한 준비단계는 한국기업이 진출하고자 하는 모든 국제입찰시장에서 필요한 준비단계이며 기업의 핵심가치를 발굴하고 경쟁력 있는 모양을 갖추는 것이 중요하다. 이러한 준비단계를 거친 후에 기업에 맞는 역량 강화 프로그램을 기획하고 이에 걸맞는 특정한 발주기관을 잠재적인 고객군으로 설정하고 지속적인 사업개발을 위한 노력을 기울임으로써 성공사례를 만들어 갈 수 있을 것이다.

한국의 경제적인 위상이 유엔기준으로 10위권에 있음에도 불구하고 한국기업의

* Capability Statement는 역량보고서를 의미하며 국제입찰 또는 해외공공조달에서 Pre-Qualification 제출 이전에 발주처에 보내는 기업의 배경, 기술역량, 실적, 제품의 특성을 설명한 요약 기업소개서이다.

유엔조달사업 참여율은 2019년 기준으로 약 20조 원 중에 1% 이하이다. 이렇게 낮은 유엔조달 참여 이유는, 첫째 기업의 경영자 및 관리자들이 해외공공조달시장에 대한 정보 및 사업개발절차에 대한 이해의 부족으로 볼 수 있고, 둘째 유엔조달 사업기회개발을 위해 실무적인 업무를 이해하고 경쟁력 있는 제안서를 준비할 수 있는 전문인력을 양성하지 않는 데 있다고 하겠다. 세 번째 이유는 많은 정부지원 프로그램이 장기적인 전략에 따른 미래지향적인 계획 없이 실적 위주의 단기적 정책 집행으로 장기적인 시장개발을 할 수 없다는 것이다. 이러한 단점을 보강하기 위해서는 아래와 같은 몇 가지 중요한 사실을 인식하는 것이 중요하다.

첫째, 단기성의 교육, 특히 국제기구가 한국을 방문하여 사업을 소개하는 단기적인 보여주기식의 사업전개가 아닌, 좀 더 장기적이고 전략적인 계획과 지원이 필요하다. 기업 자체적으로 이 시장을 공략하기에는 구조적 한계가 있다. 유관기관들의 유기적이고 일관성 있는 전략과 정책적 배려가 절실하다.

둘째, 유엔조달사업 수주는 사전에 철저히 준비된 기업만이 성공할 수 있다. 기술력, 실적, 가격과 관련한 기업역량을 키우고 장기적인 사업계획을 갖고 접근하며, 일반적으로 공정한 평가를 하는 발주기관으로부터 호의적인 반응을 얻어 단계적으로 사업을 개발하고 발전시킬 기회가 주어진다고 볼 수 있다.

셋째, 대부분의 국제입찰에서 볼 수 있는 것처럼 유엔조달사업개발은 많은 경우 단독적으로 사업을 수행하는 데 한계가 있고 실제적으로 발주처에서도 복합적인 협업체제를 가지고 있는 컨소시엄을 선호하는 편이다. 해외공공조달 성공의 관건은 다른 업체와의 협업과 업무협조에 있다. 한국기업 간 협업뿐만 아니라 사업을 수행하는 현지에 있는 기업과의 협업이 중요한 지역적인 역량이므로 역량을 서로 보완할 수 있는 국내외 기업과의 협업은 중요한 사업 성공의 요소이다.

넷째, 유엔조달사업 획득방법은 공개적인 방법으로 응찰하여 이미 알려진 검토조건 및 평가에 따라 수주가 결정된다. 달리 말하면 아무리 기술력과 기타 역량이 우수하더라도 실제적으로 기업이 가지고 있는 현재의 잠재적인 역량을 정확하게 표현할 수 있는 전문적인 제안서를 작성하고 이에 따라 운영할 수 있는 사업 수행관리(Project Management)역량이 핵심적인 성공요소이다.

'국제입찰 I 미국 연방정부 및 주정부 조달'의 개정판 출판과 더불어 '국제입찰 II 유엔조달사업' 실무지침서 발간을 통해 한국기업이 더 새로운 정보 취득을 통해서

전 세계 주요 공공조달시장인 미국 연방정부조달시장, 유엔조달시장, 다자개발은행시장 진출과 사업개발시장에 가시적인 효과를 낼 수 있는 데 일조하기를 바란다.

이러한 국제입찰 지침서가 2018년부터 KAIST 경영대학원에서 저자가 책임교수로 운영하고 있는 '국제입찰 & 공공조달 관리자과정(IGMP)' 교재로 활용할 수 있음을 기쁘게 생각하며 아무쪼록 새로운 영역을 개척하는 학생들에게 시장에 대한 이해와 업무 수행에 도움이 되기를 바란다.

또 다른 중요한 집필 이유는 한국기업들에게 미국 연방조달시장, 유엔조달시장, 다자개발은행시장에 대한 구체적인 정보를 공유하기 위함이다. 다양한 국제입찰 실무 경험을 토대로 그동안 많은 학생들과 기업들 그리고 정부기관과의 협업을 통해서 한국기업의 해외공공조달시장 개척에 노력해왔다. 이러한 노력의 일환으로 KAIST의 온라인 교육 매체인 KOOC를 통해서 온라인강좌로 '글로벌 공공조달' 강의를 개설하여 글로벌 공공조달에 대한 일반적인 인식 확대와 공감대가 형성되어 보다 많은 기업인과 청년들이 새로운 분야에 관심을 가지기를 바라는 마음이다. 아무쪼록 이러한 공개강좌를 통하여 한국기업에 남아있는 블루오션시장 개척에 국민적인 공감대가 형성되기를 바란다. KOOC에서 글로벌 공공조달 기초과정을 수료한 후에 KAIST 경영대학원에서 운영되고 있는 '국제입찰 & 공공조달 관리자과정(IGMP)'에서 보다 심도 있는 국제입찰을 통한 사업개발, 제안서분석, 제안서 작성과 같은 전문적인 내용에 대하여 공부할 수 있다.

마지막으로 '국제입찰 II 유엔조달사업' 실무지침서를 작성할 수 있는 동기유발을 제공한 많은 우수조달기업, KAIST IGMP기업들, KAIST 공공조달연구센터, 법무법인 율촌의 국제입찰조달팀, 원고정리와 출판에 많은 수고를 아끼지 않은 도서출판 청람의 관계자 여러분과 한국기업의 해외공공조달시장 개척에 끊임없이 노력하는 정부기관들에도 감사를 전한다.

2020년 9월

카이스트 국제입찰 & 공공조달 관리과정

김만기 교수

▪ 차 례 ▪

그림 차례

표 차례

01 Chapter

국제입찰

Chapter 01

국제입찰

제1절 국제입찰시장 개요

국제입찰(International Competitive Bidding)이란 어휘는 우리에게 생소한 단어는 아니다. 국제입찰의 정확한 표현은 국제경쟁입찰(International Competitive Bidding)이며 투명성과 공정성이 보장된 물자(Goods), 서비스 용역(Services), 건설(Works) 등의 업무에 대한 조달(Procurement) 획득의 절차이다. 입찰에 참여하는 계약자(Contractors)와 공급자(Suppliers)가 발주처(Contracting Authority)에서 제시하는 구체적인 사업의 조건과 예정 수행 사업업무의 범위(Statement of Work)[1]와 사양에 따라 발주기관의 조달규정 및 절차에 따른 공개된 방법으로 공지되는 사업 기회에 참여하는 공개경쟁입찰을 통한 사업 참여 형태를 의미한다. 이렇게 기업이 참여한 입찰은 발주처가 각기 정한 평가방법(Evaluation Methods)에 따라 평가하여 가장 좋은 조건의 개념인 'Best value for Money'(가격을 포함한 거래조건을 의미한다)를 제시한 기업에 사업 수행 기회를 주는 국제적인 공개경쟁업무로 통칭할 수 있다.

일반적으로 국제입찰은 공개경쟁입찰(Open Competitive Bidding)과 비공개경쟁입찰(Closed Competitive Bidding)로 구분하여 진행한다. 이러한 다른 입찰의 방식은 발주처의 조달사업 운영정책과 절차, 예산의 출처에 따라 달라질 수 있다. 하지만 입찰의 형태가 다르다 할지라도 세계무역기구(World Trade Organization: WTO)가 표방하고 있는 비차별화, 투명성, 절차상의 공정성을 보장하는 것이 국제입찰을 통한 공공조달의 핵심적인 가치라고 할 수 있다.

1 업무의 범위는 Statement of Work 또는 Terms of Reference 등으로 다르게 표현되나 수행할 업무에 대한 구체적인 업무내용 및 수행방향 등을 제시하는 입찰서류 중에 가장 중요한 부분이다.

해당 국가의 발주처가 정하는 조달방법과 절차에 따라 공개할 수도 있고 사전 입찰을 통해 선정된 우선 사업자를 대상으로 비공개로 진행할 수도 있다. 다만 해당 국가의 자체적인 예산 없이 다자개발은행에서 차관(Loans)을 활용하여 관련된 조달업무를 수행하고자 할 때는 해당 국가(수원 국가)는 차관을 제공하는 다자개발은행이 제시하는 다양한 형태의 사업 수행절차와 과정, 특히 입찰과정 및 평가를 다자개발은행이 규정하는 절차를 따라야 한다. 다자개발은행이 제공하는 차관으로 진행하는 대부분의 조달업무절차는 국제경쟁입찰을 활용하는 것이 일반적인 원칙이라 할 수 있다.

국제경쟁입찰의 경쟁을 위한 사업 공개방법이 수원국의 규정이나 법규에 따라 일부 다를 수 있지만 국제입찰의 가장 중요한 원칙인 투명성(Transparency)과 공평성(Level Playing Field)은 중요한 조달사업 원칙이다. 과거에는 대부분의 국제입찰은 입찰 마감시간에 지정된 장소에서 제출된 입찰서류가 정해진 조건과 규격에 맞게 제출된 것을 확인하는 절차와 더불어 가격을 공지(Read Out)하여 모든 응찰자에게 공개하는 것이 일반적이었다.

하지만 최근에는 대부분의 국제기구나 국가에서 발주하는 국제입찰이 점차적으로 전자입찰(Electronic Tender) 또는 전자조달(E-procurement)의 형태로 입찰과정을 마감하기 때문에 모든 것을 지정된 시간과 특정 국제입찰 응찰 사이트에 전자서류로 제출하는 것이 일반적인 추세이기도 하다.

제2절 유엔조달

유엔조달은 한국기업이 비교적 많이 접하는 조달시장이다. 유엔은 2020년 현재 193개국의 회원국을 두고 있고, 유엔조달에 필요한 재원은 모두 유엔일반분담금이나 특별기부 등을 통하여 자금을 조달하며 조달사업의 궁극적인 수혜자는 모두 유엔 회원국이다.

유엔조달은 유엔조달가이드라인(UN Procurement Guideline)에 따라 투명성, 공평성, 비차별성에 중점을 두고 유엔안전보장이사회 제재를 받거나 개별적인 기업이 제재 대상이 아닌 경우에는 유엔회원 국가의 기업 또는 개인은 조달사업에 참여할 수 있다.

유엔조달은 공개입찰, 비공개입찰, 쇼핑 등 발주기관의 여건이나 상황에 따라 조달을 통한 재화(Goods), 서비스(Services), 용역(Works)을 획득할 수 있다.

본장에서 구체적으로 설명하겠지만 유엔조달은 발주하는 유엔기관에 따라 조달사업을 준비하는 절차나 단계 그리고 운영방법에서 많은 차이가 있을 수 있다. 일반적으로 대부분의 공개입찰이 필요한 유엔 산하기관은 UNGM(United Nations Global Marketplace)의 공식 웹사이트인 www.ungm.org를 통해 사업을 사전 공지하고, 제안에 필요한 EOI(Expression of Interest), RFQ(Request for Quotation), RFP(Request for Proposal) 등의 제안요청서를 공지하고 전자조달을 통해서 제안서를 작성 제출해야 하며 유엔조달규정에 따라 제안서를 평가하고 계약을 발행, 사업 수행을 통해 재화, 서비스 및 용역을 진행하게 된다.

02 Chapter

국제경쟁입찰 수행절차

Chapter 02

국제경쟁입찰 수행절차

제1절 국제경쟁입찰 사전 업무

앞서 언급한 것처럼 국제경쟁입찰(International Competitive Bidding)은 국가 또는 국제기구가 자체적인 예산(Internal Revenue) 또는 차관(Loans)을 활용하여 특정한 프로젝트를 수행하기 위한 조달업무를 집행하면서 국제경쟁입찰을 진행하여 여러 국가의 사업에 관심 있는 기업들이 공개경쟁을 통한 조달업무이기 때문에 입찰자격이 있는 모든 기업에게 주어지는 공개된 경쟁구조임을 인식하는 것이 중요하다.

그림 2-1 국제입찰 진행도

국제경쟁입찰은 [그림 2-1]의 예시와 같이 전체적으로 10단계의 프로세스를 거쳐 조달사업이 진행된다고 볼 수 있다. 이러한 조달절차는 조달사업을 발주하는 기관이 미국 연방정부와 같은 특정한 국가이든 유엔 또는 아시아개발은행 같은 다자개발은행이든 기본적으로 비슷한 절차와 단계가 있다고 볼 수 있다. 조달업무를 주도

하는 구매 담당자가 최종소비자(End User)가 필요한 물품이나 용역을 파악하고 이를 예산에 반영한 후 입찰에 필요한 정보와 내부 조달규정에 따른 조달업무를 종결하기까지는 상당한 시간이 소요된다.

조달절차는 기본적으로 공공조달의 법률적인 테두리 안에서 필요한 절차로 공공조달의 3대 원칙은 공적자금 운영, 공적자금 운영에 필요한 운영상 규정과 법규에 따른 조달절차 운영, 공공조달의 수혜자는 공공이익을 위하여 사용됨을 원칙으로 한다. 이러한 3대 원칙을 염두에 둔다면 10단계의 공공조달단계가 왜 필요한지에 대한 당위성을 이해할 것이다.

[그림 2-1]에서 보는 것과 같이 제1단계인 수요 발생단계부터 시작하여 예산 배정, 예산 집행을 위한 모든 국제입찰에 관련된 업무, 사업 수행, 사후관리 및 마지막 10단계인 계약 종료 시점까지 모든 업무 진행이 공정하고 투명한 것을 원칙으로 하는 것이 국제경쟁입찰의 업무 진행도라 할 수 있다. 물론 발주기관이나 국가에 따라 추가되거나 좀 더 간결한 업무과정이 있겠으나 기본적인 원칙은 대동소이하다고 볼 수 있다.

자금의 원천이 해당 국가이든 유엔과 같은 국제기구이든 국제입찰을 기획하고 운영하는 절차는 일괄적으로 약 10단계의 조달절차를 거치게 된다.

유엔조달은 유엔 회원국들이 제공한 공적 자금을 활용하여 저개발 국가의 경제개발을 돕는 것이 중요한 사업목적이기 때문에 투명성, 공정성, 비차별성 등에 조달원칙을 준수하고 조달단계와 절차를 공개적으로 진행하여 공정한 경정을 추구하므로 최고의 구매가치(best value for money)를 목표로 조달사업을 진행한다.

일반적으로 이러한 국제입찰에 응찰하는 기업의 입장에서 특정 국제입찰에 대한 정보를 공지를 통해서 파악할 수 있는 단계는 '제4단계 시장조사'이다. 시장조사단계에서 사전에 특정 국제입찰에 대한 정보를 획득할 수 있는 다양한 방법이 있는데, 그 중 가장 효과적인 방법은 과거의 특정 국제입찰정보를 수집하고 분석하여 미래 수요에 대한 구체적인 정보를 예측하는 것이다.

입찰에 공지된 사업 참여를 위해서 기본적인 사업의 골격을 이해하기 위해서는 몇 가지 중요한 인식의 변화가 필요하다. 특히 1단계 수요 발생부터 입찰에 공지하는 4단계와 제안서 제출 평가, 계약 발행 및 사업 수행까지 모든 단계는 상당한 기간과 관련 업무 집행을 위해 많은 인력이 소모된다. 조달사업 획득 준비과정은 한국에서 업무를 주관하는 조달청의 조달사업절차와 비슷한 단계 및 절차를 거치게 됨을 알 수 있다.

다만 국제경쟁입찰을 통한 조달사업에 참여하는 한국기업들이 사업을 획득하는 데 경쟁력을 높이기 위하여 사전에 입찰에 대한 다양한 정보를 입수하고 사전 입찰 단계에서 발주처와 소통을 통하여 발주처가 원하는 조달품목에 대한 구체적인 이유와 조달배경을 충분히 조사연구할 필요가 있다.

사전 입찰사업개발활동을 하지 않고 5단계 입찰 공고단계에서 응찰한다면 사전 입찰단계에서 많은 정보를 입수하고 사전에 발주처와 다양한 소통을 통하여 유리한 위치에 있는 경쟁자에 비하여 사업을 획득하는 데 많은 어려움을 겪게 된다.

유엔조달과 국제입찰을 활용한 조달사업 참여에 효과적으로 진출하기 위해서는 [그림 2-2]의 예시와 같이 5단계의 사전 준비가 필요하다.

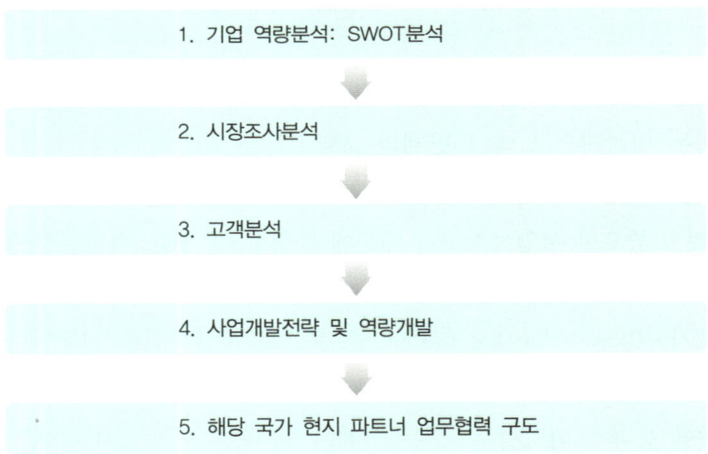

그림 2-2 국제입찰 사전 준비업무 5단계

1. 기업역량분석

기업역량분석은 기업의 객관적인 사업을 수행할 수 있는 역량을 구체적으로 조사하여 객관적으로 판단할 수 있는 자료이다. 이러한 기업역량분석은 가장 기본적인 자사의 기술적 역량, 업무 수행역량, 그리고 재무적인 역량을 냉정하고 객관적으로 조사분석하는 과정이다. 어느 기업이나 국제입찰시장에서 성공하여 기업의 전체적인 위상을 높이고 수출을 증대시키는 데에 관심이 있을 것이다. 하지만 현실적으로 국제입찰시장에서 경쟁하는 단계는 단순한 해외시장으로의 진출과 다르게 해외영업의 가장 마지막 단계로 인식될 만큼 고도의 정확성과 사전에 철저하게 준비된 영업계획과 실행계획이 필요하다.

이러한 여러 단계의 준비 중 가장 중요한 첫걸음이 바로 기업역량에 대한 자가분석이다. 일반적으로 활용하는 SWOT(Strength, Weakness, Opportunity and Threat)를 기본적인 조사분석방법으로 사용할 수 있는데 가장 중요한 개념은 기업의 장점(Strength)을 최대한 활용하여 기회(Opportunity)를 창출하는 것과 약점(Weakness)을 객관적으로 파악하여 위협(Threat)에 대한 위기관리를 하는 것으로 총체적인 기업잠재가치 및 사업운영요소를 정확하게 이해하는 것이 중요하다.

한국기업이 가지고 있는 기술적인 장점과 이에 따른 복합적인 장점(Strength)을 효과적으로 활용할 때 사업개발의 기회(Opportunity)가 발생할 수 있는 것이다. 또한 기업의 기술력을 포함한 총체적인 약점(Weakness)을 조시 적소에 보강하고 개선하지 않으면 발생할 수 있는 기업의 한계와 이에 따른 위협(Threat)을 객관적으로 파악하는 것이 국제경쟁입찰시장에서의 성공의 첫 번째 열쇠라고 할 수 있다.

2. 시장조사분석

시장조사분석은 자사가 생산하는 제품분석을 객관적으로 평가하고 조사하는 단계에서부터 출발한다고 볼 수 있다. 자사의 제품에 대한 평가는 시장에서 경쟁력을 평가하여 국제경쟁력 여부를 객관적으로 판단할 수 있는 구체적인 분석이다. 특히 이러한 시장조사분석은 기업이 진출하고자 하는 발주처가 자사의 제품이나 재화와 같거나 유사한 제품을 조달사업을 구매하는지를 판단하는 '조달품독분류코드'를 분석하는 데 중점을 두어야 하며 이를 통하여 선별된 시장에서 자사의 기업역량을 집중할 수 있을 것이다. 유엔조달의 경우 이러한 조달품목분류코드를 UN Supply Code(United Nations Standard Products and Service Code: UNSPSC)라고 하며 다음과 같은 10가지 분류의 주요 산업별로 나누어져 있고 구체적인 정보는 www.ungm.org/Public/UNSPSC를 참고할 수 있다.

① A: Raw Materials, Chemicals, Paper, Fuel
② B: Industrial Equipment & Tools
③ C: Components & Supplies
④ D: Construction, Transportation & Facility Equipment & Supplies
⑤ E: Medical, Laboratory & Test Equipment & Supplies & Pharmaceuticals
⑥ F: Food, Cleaning & Service Industry Equipment & Supplies
⑦ G: Business, Communication & Technology Equipment & Supplies
⑧ H: Defense, Security & Safety Equipment & Supplies
⑨ I: Personal, Domestic & Consumer Equipment & Supplies
⑩ J: Services

3. 고객분석

유엔 산하에는 많은 조직이 있다. 한국기업의 제품의 특성에 따라서 제품을 구매하는 핵심적인 발주처를 조사분석해야 한다. 이러한 준비를 위해서는 3단계인 제품분석을 통한 고객분석이 중요하다. 예를 들면 사무용 가구나 기기를 생산하는 한국기업의 입장에서는 유엔 산하기관 중에 UNOPS, UNDP 같은 기관의 연차보고서(Annual Report)를 분석하면 해당 연도 또는 전년에 구매한 제품과 금액을 조사할 수 있다. 이러한 정보를 활용하여 주요한 잠재적인 발주처를 선별하여 소수의 발주처에 집중하는 것이 주요한 사전 입찰전략이 될 수 있다.

잠재고객 발굴을 위한 조사방법은 객관적인 자료를 근거로 조사를 해야 한다. 유엔조달 예산 및 예산 집행에 대한 전체적인 정보는 유엔조달사업 공식 웹페이지 www.ungm.org의 조달정보센터(Procurement Data Center)시스템을 활용할 수 있다. 유엔의 산하기관별로 공개 또는 비공개입찰에 대한 금액의 상한선이 있다.

UNDP의 경우 $100,000 이하의 금액을 구매 획득한 모든 용역 및 제품구매에 대하여 UNDP 조달규정에 의해 비공개조달을 할 수 있게 된다. 이러한 경우에 사전에 발주처와 소통을 통하여 자사의 제품과 기업역량을 홍보하고 알리는 것이 주요한 사업개발전략이라고 할 수 있다.

4. 사업개발전략

한국기업이 유엔조달사업에 진출하기 위한 일반적인 방법은 유엔벤더 등록을 선행적으로 진행하는 것이다. 하지만 사전 조사와 분석을 통한 사업개발전략, 그리고 이에 따른 구체적인 사업개발에 필요한 역량개발을 선행하는 것이 중요하다. 벤더 등록만 먼저 하는 것은 비효율적이며 실 없이 바늘만 가지고 바느질을 하고자 하는 것과 동일하다고 본다.

그렇다면 효과적으로 어떠한 사전 조사와 분석을 할 수 있는가?

이 질문의 대답은 지극히 상식적이지만 체계적이고 정확한 절차와 분석방법을 활용하여야 한다. 앞서 진행한 기업분석은 해당 한국기업이 유엔조달사업을 할 수 있는지에 대한 냉정하고 객관적인 판단을 위해 기업에 대한 여러 가지 객관적인 자료를 분석하고 평가하는 것을 말한다.

우선 사업개발전략의 중요한 단계인 기업분석은 일반적인 기업정보와 구체적인 제품과 기업역량에 대한 구체적인 자료를 수집하고 이를 분석하는데 이 중 가장 중요한 목표는 해당 기업이 생산하는 제품에 대한 정확한 사양(Specification), 기술역량(Technical Capability), 과거 실적(Past Performance) 등에 대한 구체적인 정보를 수집하는 것이다. 제품의 사양을 파악함에 있어 감안해야 하는 것이 바로 유엔조달 품목분류코드(UN Supply Code)에 대한 조사, 분석을 통한 자사제품에 맞는 정확한 코드번호를 분류하고 정하는 것이다. 이러한 단계를 거친 뒤에 기업에 가장 적합한 소수의 발주처를 목표로 사업을 발굴하고 개발하는 전략 수립이 필요하다. 전략 수립에 대해서는 한국기업의 유엔조달사업 획득전략에서 구체적으로 언급한다.

5. 역량개발: 기업역량보고서

일반적으로 한국기업은 기업역량보고서(Capability Statement)를 회사소개서(Company Profile) 또는 기업홍보자료로 인식하는 경우가 많다. 하지만 여기서 말하는 기업역량보고서는 조달사업에 사용되는 전문용어로 기업의 이력・연혁・역량 등 기업을 한눈에 파악할 수 있는 모든 '특장점'을 최소한의 지면을 활용하여 1~2쪽으로 정리한 보고서이며, 유엔 구매주무관들이 조달기업 평가 시 1차적으로 활용하는 자료이다.

유엔의 경우 조달공고 시 회사의 간단한 정보를 기입하는 기업정보서(Data Sheet)가 있지만, 실질적으로 발주처와 사전 입찰단계에서 소통을 하는 경우 회사를 소개할 때 유엔의 해당 발주처의 특성을 감안하여 이러한 기업역량보고서를 사전에 작성하여 사용하는 것이 중요하다.

[그림 2-3]은 유엔 전문조달기업의 기업역량보고서이다. 각 기업의 업무 수행분야와 유엔 고객의 특성에 따라 기업역량보고서는 다른 양식을 갖출 수도 있다. 하지만 일반적으로 기업역량보고서는 다음과 같은 핵심적인 내용을 포함해야 한다.

① 간결하고 정확한 표현을 사용해야 하며 불필요한 정보를 사용하지 않는다.
② 전체 구성과 편집을 명료하면서도 알기 쉽게 제목과 내용을 정확히 구분한다.
③ 해당 기업에 대한 핵심적인 정보는 주로 역량서의 앞부분에 두는 것이 유리하다.

[그림 2-3]의 예시는 가장 표준적인 견본으로 사용할 수 있으며 기업역량보고서는 다음과 같은 구체적인 사항을 포함한다.

① 기업명과 슬로건, 브랜드(Name and Company Branding, Slogan(if any))
② 기업에 대한 간략한 소개(Summary Description of the Company)
③ 기업의 핵심역량(Core Capabilities)
④ 주요 사업역량에 따른 실적(Description of Major Services Offered)
⑤ 유엔 특혜기업 자격(Federal Small Business Certifications)
⑥ 현재 보유하고 있는 계약내용(Contract Vehicles in which You Participate with UN)

Capability Statement (UN)

Company Logo Here

Contact Information

Primary POC
E: email@company.com
T: +82 86-753-0999

Secondary POC
E: email@company.com
T: +1 (867) 867-5309

W: www.company.com
Headquarters Mailing Address Line 1
Headquarters Mailing Address Line 2

Business Overview

- DUNS Number, CAGE code, or similar
- Credit Rating
- Revenue
- Employees
- Company certifications like ISO or other

Core Competencies

Category 1

- Include product/service types/categories
- Try not to repeat information given in other sections

Category 2

- Include manufacturing capabilities
- For example: Steel Cold Rolling
- Injection Molding
- X Fabrication
- etc

Product certifications:

- CE, UL
- FDA, FTC
- Etc.

NAICS or UNSPSC Codes

- List codes using bullets
- NAICS (iftargeting business in North America) and/or UNSPSC Codes (If targeting business outside North America)
- Please include the most relevant codes first, in order ofimportance to your business

Executive Summary

Basic company summary, including year established, mission, mention of products/services etc. Brief summary only, avoid repeating what is in other parts of the document. Suggest limiting to one paragraph
Note thatthis is a basic format, once we have received adequate information adjustments to the format and content will be made accordingly.

Key Differentiators

- These are points that differentiate your product/service from competitors
- Core technology explanation
- Product/service description (short)
- Differentiators include:
  - Unique technological Advantage
  - Lower price (long term, shortterm)
  - Better Quality
  - More Expertise
- Example:
  - Reduces process time by X%
  - Lasts 3 times longer without maintenance
  - Reduces upkeep costs by 5x over 10 years.
  - Best combination of quality and value
  - Reduces energy costs by X% vs competitors

Past Performance

Contract Title	Customer Name	Contact/ Email	Type of Work	Year Cmp1	Contract Value	Project Description
New Rafters Design and Installation	NY Yankees	George Costanza George@yankees .com	Design and build	2020	1B USD	Past Performance should include the MOST RECENT and High-Profile projects.
Security system installation	Diplomat's Club	Jerry Seinfeld Jerry@Seinfeld.com	installation	2019	1.9m USD	Recommend having at least 3-4 projects
HVAC, central air system upgrade	Pendant Publishing	Elaine Benes Elaine@Pendant.com	Installation	2018	1.4m USD	If no relevant experience, highlight team's experience indicating ability to perform
Perimeter security consulting	H&H bagels	Cosmo Kramer Cosmo@papaya.com	Consulting	2017	550k USD	
Postal service route optimization	USPS	Newman Newman@USPS.com	Consulting	2016	240k USD	

그림 2-3 기업역량보고서(Capability Statement)

⑦ 제품에 대한 특허, 인증 및 자격(State Certifications)

⑧ 상업 및 정부고객에 대한 언급(Major Clients(list the most important), Commercial and Government)

⑨ 유엔조달품목분류코드(UN Supply Codes)

⑩ 협업 및 사업 파트너(Partners and Authorized Resellers)

⑪ 기업의 조달사업을 위한 등록정보(General Company Information, Including Contact Information)

제2절 국제경쟁입찰 형태

1. 시장조사제안요청서(EOI)

앞서 살펴본 [그림 2-1]의 국제입찰 진행단계 중 '4단계 시장조사'를 목적으로 국제입찰을 공시하는 것을 RFI(Request for Information) 또는 EOI(Expression of Interest)라고 한다. 유엔조달시장과 다자개발은행은 EOI라는 표현을, 미국연방조달시장은 RFI라는 용어를 사용하는데 그 기본적인 개념과 운영방식은 비슷하다고 볼 수 있다. 시장조사를 위한 제안요청서(EOI)는 구매기관이 이미 어떠한 물품 또는 용역이 필요한 것인지를 인지하고 있으나 좀 더 다양한 공급자로부터 구체적이고 다양한 정보를 원하는 경우에 요청하는 제안서이다.

Expression of Interest(EOI) is used when you think you know what you want but need more information from the vendors. It will typically be followed by an RFQ or RFP.

EOI를 통한 제안요청서를 공지하는 가장 일반적인 이유는 해당 구매기관이 필요로 하는 제품이나 용역에 대하여 다양한 공급자에게 해당 조달에 대한 포괄적인 정

보를 사전에 공유함과 동시에 해당 조달품목에 대한 보다 많은 벤더(Vendors)의 역량을 사전에 검토하기 위함이다.

시장조사제안요청서(EOI)에 포함되는 정보는 다음과 같다.

① Brief Project Overview(전체 프로젝트에 대한 소개 또는 요약)
② Your Organization's Background(해당 기관/기업에 대한 구체적인 소개와 역량
③ Scope of Work & Deliverable(사전 시장조사제안서가 요구하는 업무의 영역을 정리하고 요구되는 구체적인 제품 또는 용역을 설명)
④ Technical Requirements(공급하고자 하는 제품 또는 용역에 대한 구체적인 기술적인 역량 및 사양을 구체적으로 나열)
⑤ Past Performance(공급자의 과거 실적 중에 해당 입찰이 요구하는 시장조사와 가장 관련 있고 근접한 과거 또는 현재 진행하고 있는 성공적인 사례를 구체적으로 기술)
⑥ Principal Point of Contact(공급자의 연락처)

사전 시장조사단계에서 제안서를 준비하면서 인지해야 하는 가장 중요한 사항은 사전 시장조사 입찰은 향후에 집행될 RFQ 또는 RFP의 사전 준비절차라는 사실이다. 일반적으로 많은 한국기업은 가격이 포함되지 않은 사전 입찰제안서의 중요성을 간과하는 경우가 많다. 하지만 사전 입찰제안서는 구매 담당자들에게 해당 기업에 대한 기술력, 자본력, 인적인 요소에 대하여 홍보하고 기업의 역량을 상세히 설명할 수 있는 가장 중요한 단계임을 명심해야 한다.

2. 견적제안요청서(RFQ)

[그림 2-1]의 국제입찰 진행단계 중 '5단계 입찰공고'단계에서 공지되는 견적제안요청서는 구매자가 구체적으로 구매항목에 대한 충분한 정보를 가진 상태에서 이에 상응하는 제품의 사양이나 구체적인 서비스 용역에 대한 견적을 필요로 할 때 사용한다.

A Request for Quote(RFQ) is commonly used when you know what you want but need information on how vendors would meet your requirements and/or how much it will cost.

일반적으로 RFQ(Request for Quote)는 해당 구매제품 또는 용역에 대한 구체적인 사양이 확정된 일반적으로 단순한 품목에 대한 반복되는 조달업무를 운영할 때 활용된다. 이러한 RFQ는 금액이 소규모이거나 소량의 단순한 물품을 구매할 경우 활용되며 복잡한 준비단계가 필요한 용역서비스에 대한 조달은 RFQ 형태보다는 정식제안요청서(RFP) 형식으로 발행하는 것이 일반적인 관행이다.

RFQ에 포함되는 사항은 다음과 같다.

① Brief Project Overview(전체 프로젝트에 대한 소개 또는 요약)

② Your Organization's Background(해당 기관/기업에 대한 구체적인 소개와 역량

③ Scope of Work & Deliverable(사전 시장조사제안서가 요구하는 업무의 영역을 정리하고 요구되는 구체적인 제품 또는 용역을 설명)

④ Technical Requirements & Specification(공급하고자 하는 제품 또는 용역에 대한 구체적인 기술적인 역량 및 사양을 구체적으로 나열)

⑤ Quality Control and Management(품질관리와 제품에 구체적인 사항을 나열)

⑥ Past Performance(공급자의 과거 실적 중 해당 입찰이 요구하는 시장조사와 가장 관련 있고 근접한 과거 또는 현재 진행하고 있는 성공적인 사례를 구체적으로 기술)

⑦ Price & Payment Term(제품에 대한 가격과 거래조건)

⑧ Delivery(납기에 대한 정보)

⑨ Warranty(하자에 대한 보증방법 및 절차)

⑩ Principal Point of Contact(공급자의 연락처)

3. 제안요청서(RFP)

RFQ(견적요청서)와 마찬가지로 RFP(제안요청서)에 대한 공시 또한 위에서 설명한 '5단계 입찰공고'단계에서 정보를 획득할 수 있다. 발주처는 특정 조달 수요를 충족시키기 위하여 조달절차 5단계에서 제안요청서(RFP: Request for Proposal)를 공지하고 이러한 절차를 활용하여 국제경쟁입찰을 통한 조달업무를 진행하게 된다.

RFP는 일반적으로 조달하고자 하는 품목이나 서비스가 단순한 제품이나 서비스가 아닌 복잡한 구조를 가진 프로젝트를 수행하기 위한 경우 요청하는 제안서이다. 국제입찰을 통해 제안서 작성 및 제출을 요구하는 프로젝트는 수행하고자 하는 국가기관 또는 국제기구가 필요한 특정 분야에 분명한 수요(Needs)가 있을 뿐 아니라 이 수요와 관련하여 계류된 문제(Pending Issues)가 있을 때 활용하는 가장 일반적인 국제입찰계약 수행방법이다.

> A Request for Proposal(RFP) is used when you know you have a problem but don't know how you want to solve it. This is the most formal of the 'Request for' processes and has strict procurement rules for content, timeline and vendor responses.

국제입찰시장에서 발행되는 대부분의 RFP는 발주처가 원하는 정확한 업무지침서(Statement of Works 또는 Scope of Works)와 제안서를 작성하는 방법과 평가에 대한 구체적인 정보를 제공하고, 기업은 이러한 정보를 참고하여 제안서를 작성하고 제안하여 프로젝트를 수주하고 수행하는 시장이다.

예를 들어 북아프리카 모로코 지역에 병원을 건설하기 위한 국제입찰이 공지되었다고 가정하면 모로코 지역에 병원시설이 부족하여 새로운 병원시설이 필요하다는 방증이며 해당 조달기관은 국제입찰을 통하여 많은 국가로부터 병원 건축기술, 자금, 인력에 대한 다양한 접근방법을 가진 공급자를 원하는 것이다.

성공적으로 국제입찰제안서를 준비·제출하고 수주하기 위해서는 해당 전문분야에 대한 핵심적인 기술역량뿐만 아니라 제안서 자체를 준비하는 데 다양한 기술적 실무훈련과 교육이 필요하다. 국제입찰제안서는 일반적으로 요구되는 핵심 요구사항에 대하여 반드시 사전 준비 작업이 필요하며 이러한 기본적인 사항을 준비함으로써 한정된 시간에 효과적으로 경쟁력을 갖춘 제안서를 작성할 수 있다.

국제입찰 제안요청서(Request for Proposal)에 포함되는 일반적인 사항은 다음과 같다.

① Cover Letter(제안서 제출 공문)
② Matrix & Index(제안서의 구성 및 제안서 평가서를 기준으로 한 모든 업무점검표)
③ Executive Summary(기업에 대한 소개 또는 요약)
④ Scope of Work & Deliverable(RFP가 요구하는 업무의 영역을 정리하고 요구되는 구체적인 제품 또는 용역을 설명)
⑤ Technical Requirements & Specification(공급하고자 하는 제품 또는 용역에 대한 구체적인 기술역량 및 사양을 구체적으로 나열)
⑥ Project Management(RFP가 요구하는 문제를 해결하는 방안을 구체적으로 제시하고 업무 진행의 구체적인 방법과 절차를 나열)
⑦ Key Personnel(핵심 운영팀에 대한 역량 소개와 개인 이력서 첨부)
⑧ Total Quality Control(품질관리와 제품에 구체적인 사항을 나열)
⑨ Past Performance(공급자의 과거 실적 중에 해당 입찰이 요구하는 시장조사와 가장 관련 있고 근접한 과거 또는 현재 진행하고 있는 성공적인 사례를 구체적으로 기술)
⑩ Price & Payment Term(제품에 대한 가격과 거래조건)
⑪ Delivery(납기에 대한 정보)
⑫ Warranty(하자에 대한 보증방법 및 절차)
⑬ Financial Information(공급자에 대한 재무제표, 평가서, 신용등급)
⑭ Principal Point of Contact(공급자의 연락처)

위에서 언급한 일반적인 제안서에 포함되는 사항 이외에 RFP를 발행하는 국제기구나 국가조달기관에 따라 다양한 변형된 형태의 RFP 항목이 있다. 예를 들면 UNDP나 UNOPS가 발주하는 조달사업 관련 프로젝트에 응찰할 경우는 UN의 발주기관에 따라 자체적으로 개발한 표준제안서(Standard Request for Proposal Form)

양식을 사용하기도 한다. 일반적인 양식은 기술제안서(Technical Proposal)와 가격제안서(Financial Proposal)로 구분되어 있다. 이러한 제안서를 운영하는 구체적인 실무지침은 제5장 이하에서 구체적인 예시와 사례연구를 통하여 연구하도록 한다.

1) 기술제안서(Technical Proposal: Standard Forms)

① Technical Proposal Submission Form(기술제안서 제출양식)

② Firm's References(기업 추천)

③ Comments and Suggestions of Consultants on the Terms of Reference and on Data, Services, and Facilities to be Provided by the Bank(은행이 발주한 프로젝트의 업무지침에 대한 언급 또는 추천)

④ Description of the Methodology and Work Plan for Performing the Assignment(업무 수행을 위한 구체적인 방안과 수행계획)

⑤ Team Composition and Task Assignments(구체적인 업무 수행팀의 구성과 각각이 분담한 업무)

⑥ Format of Curriculum Vitae(CV) for Proposed Professional Staff(핵심 수행인원의 이력 및 경력서)

⑦ Time Schedule for Professional Personnel(핵심 수행인원의 업무시간 분배)

⑧ Activity(work) Schedule(업무일정)

2) 가격제안서(Financial Proposal: Standard Form)

① Summary of Costs(가격 요약)

② Breakdown of Price per Items(각 품목별 비용구조)

③ Breakdown of Total Unit Cost(각 품목별 소계)

④ Logistic Cost(배송에 관련된 비용)

⑤ Miscellaneous Expenses(기타 경비)

언급된 기술제안서와 가격제안서의 표준양식은 부록을 참고한다.[1]

1 본장에서 언급된 RFI/EOI 또는 RFP의 사례는 부록에 구체적인 항목이 제시되어 있다.

제3절 국제경쟁입찰 준비절차

1. 국제경쟁입찰 본사업 준비

국제입찰의 본사업을 준비하는 단계에 앞서 설명한 자체적인 기업분석과 SWOT(Strength, Weakness, Opportunity and Threat)분석 및 기업역량보고서를 준비하고 작성한다. 사전 준비단계는 보다 효과적으로 기업의 특성과 기술적인 역량과 업무역량에 적합한 국제입찰 기회를 파악하는 데 도움을 준다.

2. RFP분석

국제입찰제안서 작성은 전문화된 업무로 많은 시간과 노력 그리고 전문가의 의견이 필요하다. 제안서 작성 전 선행업무는 특정 제안서가 요구하는 '업무내용(Statement of Works)[2]'에 대한 정확하고 분명한 이해이다. 분명한 업무내용에 포함된 프로젝트 수행과제는 앞서 언급한 사전에 준비된 기업역량보고서와 직접적인 관련이 있다. 일반적으로 입찰제안요구서(RFP)에 포함되어 있는 '업무내용'과 기업역량보고서의 '기업역량'이 많은 부분 일치될 때에만 해당 국제입찰에 참여하는 것이 원칙이라 볼 수 있다.

먼저 국제입찰제안요청서를 분석하는 방법은 특정 입찰제안서가 요구하는 전체적인 방법(Method)과 절차(Procedure)를 구체적으로 이해하고 발주기관이 적용할 평가분석(Evaluation)기준에 대해 이해하고 분석해야 한다.

국제입찰을 수행하는 기관마다 다른 절차와 방법이 있으나 본장에서는 유엔기관 중 UNDP입찰제안서 분석방법을 알아보고자 한다.

UNDP의 국제입찰제안서 분석에 대한 업무지침은 'UNDP Procurement Guideline'을 참고할 수 있는데 이 매뉴얼에는 UNDP가 관여된 모든 입찰에 참여하기 위하여 숙지해야 하는 일반적인 사항들이 언급되어 있다. UNDP가 발주하는 국제입찰에

2 업무 수행내용은 유엔 또는 세계은행은 Terms of Reference(TOR)로 표현하고 미국연방조달규정에는 Statement of Work(SOW)로 표현하며 근본적인 의미는 동일하다.

대하여 아래와 같은 입찰요청 형식에 따라 입찰공지를 하게 되는데 이러한 정보를 반드시 확인하고 이에 따라 제안서를 작성하고 제출해야 한다.

표 2-1 국제입찰 사전 정보 준비

UN Standard Procedure	
PART 1: Bidding Procedures(입찰에 대한 절차들)	
Section I.	Instructions to Bidders(응찰기업에 대한 지시사항)
Section II.	Bidding Data Sheet(BDS, 입찰정보신청서)
Section III.	Evaluation and Qualification Criteria(입찰평가 및 가격기준)
Section IV.	Bidding Forms(응찰의 형식)
Section V.	Eligible Countries(응찰 자격 국가)
PART 2: Supply Requirements(공급에 대한 요건)	
Section VI.	Schedule of Requirements(공급에 대한 구체적인 조건들)
PART 3: Contract(계약)	
Section VII.	General Conditions of Contract(일반계약사항)
Section VIII.	Special Conditions of Contract(특별계약사항)
Section IX.	Contract Forms(계약의 형태)

다음 단계의 제안서분석방법은 프로젝트 자체 평가기준에 대한 이해와 이에 따른 분석이다. UNDP가 발주하는 모든 프로젝트는 제출된 제안서에 대한 평가방법을 구체적으로 명시하게 되어 있다. 명시된 제안서 평가방식은 수주 대상기업에 대한 객관적인 평가와 불합리한 결정으로 인한 피해사례를 방지하기 위한 목적도 있지만 입찰에 참여하는 기업의 입장에서는 입찰 참여와 수주 가능성에 대한 자체 평가의 핵심 자료가 된다. UNDP가 제시한 자체 평가기준의 각 항목 중 기술제안서 점수평점이 70% 이상의 항목에서 긍정적인 평가를 할 수 없다면 해당 입찰 참여를 재고하는 단계가 필요할 것이다.

다음 표의 예시는 UNDP의 국제입찰제안서 평가기준(Evaluation Criteria)이다. 이 평가기준에서는 제안서를 작성하면서 어떠한 핵심적인 항목에 집중하는 것이 프로젝트를 수주하는 기회를 높일 수 있는지 상세히 설명되어 있다.

표 2-2 UNDP 국제입찰 평가기준(UNDP Evaluation Criteria)

Section I. Introduction
Section II. Substantial Responsiveness
Preliminary Examination Technical and Commercial Qualifying Criteria
Section III. Pre-Qualification and Initial Selection
Pre-Qualification Initial Selection
Section IV. Evaluation of Bid/Proposal Cost
Adjusted Bid/Proposal Price Life-Cycle Costs Unbalanced, Front Loaded and Abnormally Low Bids/Proposals
Section IV. Evaluation of Bid/Proposal Cost
Adjusted Bid/Proposal Price Life-Cycle Costs Unbalanced, Front Loaded and Abnormally Low Bids/Proposals
Section IV. Evaluation of Bid/Proposal Cost
Adjusted Bid/Proposal Price Life-Cycle Costs Unbalanced, Front Loaded and Abnormally Low Bids/Proposals
Section V. Rated-Type Criteria
Prioritization of Rated-Type Criteria Evaluation of Technical Scores Combined Technical and Financial Scores
Annex I. Example RFP Evaluation Using Rated Type Criteria

3. Bid/No Bid Decision

일반적으로 유엔의 국제경쟁입찰사업 참여에 대한 공지기간은 조달하는 제품과 용역, 공사의 형태와 규모에 따라 많은 차이가 있다. 하지만 어느 정도 규모가 있는 RFP의 경우는 준비기간을 1~5주 사이에 입찰서류를 제출하여 평가를 받게 된다.

사업규모가 크고 복잡한 수행단계가 필요한 대형 프로젝트는 본입찰 전에 사전입찰(Pre-Qualification)을 통해서 응찰자를 선별하는 단계를 거치게 되는데 다자개발은행의 차관을 활용한 국제경쟁입찰은 대부분의 경우 이러한 사전 입찰단계를 거쳐 일정한 수준의 자격과 기업 수행능력, 재무역량이 있는 기업을 선발한 후에 이러한 기업을 대상으로 ITB(Invitation to Bid)를 발행하여 한정입찰을 진행하는 경우가 일반적이다. 유엔도 경우에 따라 사전 입찰자 선별을 행하는 경우도 있다.

어떠한 형태이든 국제경쟁입찰에 참여하는 자체가 기업의 중요한 사업 확보를 위한 투자라고 볼 수 있으므로 많은 입찰에 참여하는 것보다 수행 가능한 프로젝트를 수주하는 것이 당연한 기업의 목표이다.

제안서 작성비용이 전체 제안금액의 1~3%임을 고려하면 기업의 역량에 맞지 않거나 입찰서류를 잘못 이해하여 입찰 참여를 결정(Bid Decision)하게 될 경우 결과적으로 낙찰될 가능성이 감소할 뿐 아니라 많은 재원과 시간을 낭비하는 상황이 발생하게 된다.

가장 효과적으로 입찰 참여정보를 분석하고 이에 따른 가부(可否)를 결정하는 것(Bid/No Bid Decision)이 국제입찰시장에서 성공할 수 있는 첫걸음이기도 하다. 효과적이고 객관적으로 입찰 참여 여부를 결정하는 단계는 다음과 같은 정보를 기준으로 분석하고 평가하여 결정할 수 있다.

[그림 2-4]의 예시는 기업이 특정한 국제경쟁입찰에 응찰하기 전에 실행할 수 있는 사전 타당성조사 분석기법이라고 볼 수 있다. [그림 2-4]에 언급된 다양한 질문은 기업이 해당 국제입찰을 실질적으로 획득할 수 있는 가능성을 체계적으로 조사하고 이를 분석하는 방법이다. 궁극적으로 주어진 자체 분석용 질문을 평가했을 때 일정한 수준의 평가점수가 확보되지 않으면 입찰에 참여하지 않는(No Bid) 결정을 할 수 있고, 반면에 자체 분석에서 긍정적인 평가점수가 나온다면 응찰(Bid)을 하는 경영기법이라 할 수 있다.

Bid/No Bid Assessment and Checklist

[Select a criteria score of 1 to 5.]
5 = Strong competitive advantage
3 = Neutral (neither helps nor hurts)
1 = Serious competitive disadvantage
Unk = Unknown

		Criteria Score (1-5)	Potential Deal Killer? (Y, N)
Prospect Information			
1	Do we know (and can we influence) the key decision makers?		N
2	Is this opportunity aligned with the prospect's business strategy?		N
3	Has the budget been formally approved and funded?		N
4	Do we understand the business need or pain driving this bid?		N
5	Are requirements clearly defined, and are they technically feasible?		N
6	Do we know the evaluation criteria and how it will be weighted?		N
7	Are there serious business/technical/financial issues behind the scene?		N
8	Do we know the proposal time frame, and is it realistic?		N
9	Has the prospect already made a "buy or build" decision?		N
10	Is low price a major factor in selecting the winning bid?		N
11	Are there penalties for not delivering on time or within budget?		N
12	Are the contract terms and conditions acceptable to us?		N
Internal Information			
13	Is this opportunity in sync with our own strategic direction?		N
14	Do we have strong management support and sponsorship?		N
15	Do we have the resources, talent, and will to win this opportunity?		N
16	Do we have the resources and ability to deliver, if we win?		N
17	Can we realistically manage the risks, if we win?		N
18	If additional resources are needed, can we get what we need?		N
19	How well are we known within this business sector?		N
20	Do we have a successful track record with similar opportunities?		N
21	Do we have a relationship with this prospect, and is it favorable?		N
22	Are partners needed, and if so, will they complicate our situation?		N
23	Do we have differentiators that improve our odds of winning?		N
24	Can we afford the investment needed to pursue this opportunity?		N
25	Will winning put any of our existing business at risk?		N
26	Can we contractually protect our intellectual property?		N
27	Are there consequences to us of losing or not bidding?		N
Market/Competitive Information			
28	Do we know who the other competitive bidders are, if any?		N
29	Is a competitor an incumbent, and does that pose a threat?		N
30	Is a competitor favored by prospect decision makers or influencers?		N
31	Are we at a distinct competitive disadvantage from the start?		N
32	Does this solution involve new or unproven technologies?		N
33	Will winning enhance our reputation and market positioning?		N
34	Will winning open up new market opportunities for us?		N
35	Will winning give us an advantage over our competitors?		N
			# of Y's:
Total Score: (Maximum of 175 points)			0
	Total number of scores rated as 1 (Serious competitive disadvantage):	0	
	Total number of scores rated as Unk (Unknown):	0	

그림 2-4 제안서 작성 유무 판단 분석서(Bid/No Bid Decision)

4. 제안서 작성절차관리

[그림 2-5]의 예시는 국제입찰에 참여하기로 결정한 후 전체적인 제안서 작성업무 과업을 단계별로 분류하여 품질관리(In-Process Quality Control)를 하는 전반적인 절차와 운영방법이다. 이러한 운영절차에 따른 정확한 사업 수행 준비절차에 대한 구체적인 복안이 없다면 효과적으로 제안서를 주어진 시간 내로 작성하고 감수 및 제출하는 것이 어려운 과제가 될 것이다.

이러한 중간단계 점검은 제안요청서에 언급된 입찰 일반사항(General Conditions)과 특별사항(Special Conditions)에 언급된 모든 사항을 구체적으로 언급하고 전체적인 평가관리를 할 수 있는 중요한 프로젝트관리시스템이다. 특히 외국에 있는 하청 또는 협업 업무협조를 포함하는 경우 그들의 업무능력을 평가하여 그 역량에 맞는 업무를 지정하고 이에 따른 적정한 가격을 산출하는 것과 물류비용 등을 효과적으로 관리하여 제안서에 반영하는 것이 중요하다.

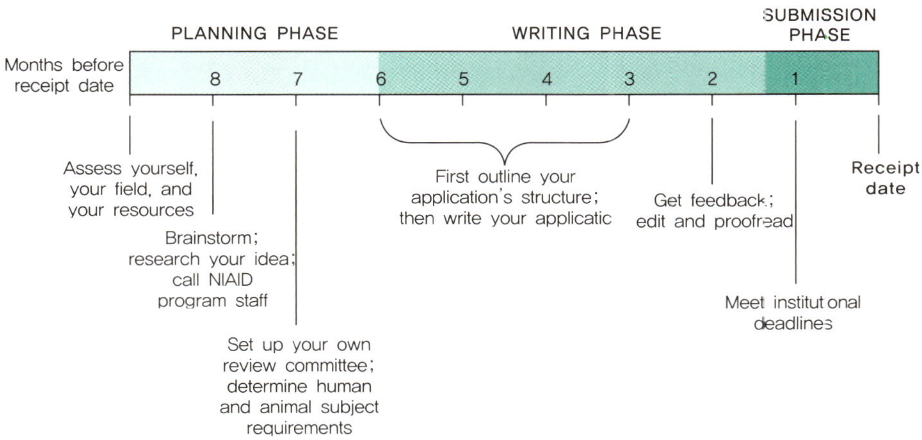

그림 2-5 제안서 작성관리표

03 Chapter

유엔조직

Chapter 03

유엔조직

제1절 유엔조직 개요

1. 개요

제2차 세계대전 중 연합국 간 전후 국제평화와 안전을 유지하기 위한 국제기구 필요성이 제기되었으며, 1945년 유엔(UN)이 정식으로 설립되었다. 유엔의 미션과 업무는 유엔 설립헌장에 포함된 목표와 원칙을 따른다. 헌장의 고유한 국제적 특징과 부여된 권위로 유엔은 21세기 인류가 직면한 평화, 안보, 기후 변화, 지속 가능한 개발, 인권, 테러, 건강, 식량 생산 등과 같은 문제에 대해 단합적인 제재를 취한다.

유엔 회원국은 총 193개국으로 한국은 1991년 가입하여 161번째 유엔 회원국이 되었다. 회원국들에게는 총회, 안전보장이사회, 경제사회이사회, 기타 기구와 위원회에서 자신들의 견해를 밝힐 수 있는 포럼을 제공하고 있다. 이는 유엔 회원국 간 대화를 활성화하고, 협상을 진행함으로써 함께 합의점을 찾고 문제를 해결해 나갈 수 있는 메커니즘을 마련한다.

표 3-1 유엔 회원국 리스트

회원국	가입연도	회원국	가입연도
Afghanistan	1946	Central African Republic	1960
Albania	1955	Chad	1960
Algeria	1962	Chile	1945
Andorra	1993	China	1945
Angola	1976	Colombia	1945
Antigua and Barbuda	1981	Comoros	1975

Argentina	1945	Congo, Republic of the	1960
Armenia	1992	Costa Rica	1945
Australia	1945	Côte d'Ivoire	1960
Austria	1955	Croatia	1992
Azerbaijan	1992	Cuba	1945
Bahamas	1973	Cyprus	1960
Bahrain	1971	Czech Republic	1993
Bangladesh	1974	Democratic People's Republic of Korea	1991
Barbados	1966	Democratic Republic of the Congo	1960
Belarus	1945	Denmark	1945
Belgium	1945	Djibouti	1977
Belize	1981	Dominica	1978
Benin	1960	Dominican Republic	1945
Bhutan	1971	Ecuador	1945
Bolivia	1945	Egypt	1945
Bosnia and Herzegovina	1992	El Salvador	1945
Botswana	1966	Equatoria Guinea	1968
Brazil	1945	Eritrea	1993
Brunei Darussalam	1984	Estonia	1991
Bulgaria	1955	Eswatini	1968
Burkina Faso	1960	Ethiopia	1945
Burundi	1962	Fiji	1970
Cabo Verde	1975	Finland	1955
Cambodia	1955	France	1945
Cameroon	1960	Gabon	1960
Canada	1945	Gambia	1965
Georgia	1992	Libyan Arab Jamahiriya	1955
Germany	1973	Liechtenstein	1990
Ghana	1957	Lithuania	1991
Greece	1945	Luxembourg	1945
Grenada	1974	Madagascar	1960
Guatemala	1945	Malawi	1964

Guinea	1958	Malaysia	1957
Guinea-Bissau	1974	Maldives	1965
Guyana	1966	Mali	1960
Haiti	1945	Malta	1964
Honduras	1945	Marshall Islands	1991
Hungary	1955	Mauritania	1961
Iceland	1946	Mauritius	1968
India	1945	Mexico	1945
Indonesia	1945	Micronesia, Federated States of Micronesia	1991
Iran, Islamic Republic of	1945	Monaco	1993
Iraq	1945	Mongolia	1961
Ireland	1955	Montenegro	2006
Israel	1949	Morocco	1956
Italy	1955	Mozambique	1975
Jamaica	1962	Myanmar	1948
Japan	1956	Namibia	1990
Jordan	1955	Nauru	1999
Kazakstan	1992	Nepal	1955
Kenya	1963	Netherlands	1945
Kiribati	1999	New Zealand	1945
Kuwait	1963	Nicaragua	1945
Kyrgyzstan	1992	Niger	1960
Lao People's Democratic Republic	1955	Nigeria	1960
Latvia	1991	Norway	1945
Lebanon	1945	Oman	1971
Lesotho	1966	Pakistan	1947
Liberia	1945	Palau	1994
Panama	1945	Sri Lanka	1955
Papua New Guinea	1975	Sudan	1956
Paraguay	1945	Suriname	1975
Peru	1945	Sweden	1946
Philippines	1945	Switzerland	2002

Poland	1945	Syrian Arab Republic	1945
Portugal	1955	Tajikistan	1992
Qatar	1971	Thailand	1946
Republic of Korea	1991	The Former Yugoslav Republic of Macedonia	1993
Republic of Moldova	1992		
Romania	1995	Timor-Leste	2002
Russian Federation	1945	Togo	1960
Rwanda	1962	Tonga	1999
Saint Kitts and Nevis	1983	Trinidad and Tobago	1962
Saint Lucia	1979	Tunisia	1956
Saint Vincent and the Grenadines	1980	Turkey	1945
Samoa	1976	Turkmenistan	1992
San Marino	1992	Tuvalu	2000
Sao Tome and Principe	1975	Uganda	1962
Saudi Arabia	1945	Ukraine	1945
Senegal	1960	United Arab Emirates	1971
Serbia	2000	United Kingdom of Great Britain and Northern Ireland	1945
Seychelles	1976	United Republic of Tanzania	1961
Sierra Leone	1961	United States of America	1945
Singapore	1965	Uruguay	1945
Slovakia	1993	Uzbekistan	1992
Slovenia	1992	Vanuatu	1981
Solomon Islands	1978	Venezuela, Bolivarian Republic of	1945
Somalia	1960	Viet Nam	1977
South Africa	1945	Yemen	1947
South Sudan	2011	Zambia	1964
Spain	1955	Zimbabwe	1980

출처: 외교부, 2018 유엔 개황

2. 조직의 구성

유엔은 창설된 해에 유엔의 주요 기관인 ① 총회, ② 안전보장이사회, ③ 경제사회이사회, ④ 신탁통치이사회, ⑤ 국제사법재판소, ⑥ 유엔 사무국으로 구성되었다.

1) 총회(General Assembly)

총회는 유엔 회원국의 대표로 구성되는 최고 중심기관으로 국제평화와 안전의 유지, 국제협력의 촉진, 신탁통치 등 헌장의 범위 내에 있는 주요 문제에 관하여 심의 및 권고, 정책 입안, 주요 기관의 이사국 선출, 유엔 재정 통제 등의 기능을 수행한다. 매년 9월, 연례 총회를 개최하여 모든 회원국에게 1개의 투표권을 부여하며, 국제평화와 안보, 새로운 회원국의 가입과 예산문제와 같은 중요한 사안은 총회 재적 3분의 2 이상의 동의를 얻어 결정하고, 그 외 다른 안건은 단순 다수결로 결정한다.

2) 안전보장이사회(Security Council)

안전보장이사회는 국제평화와 안보 유지에 주요한 책임을 맡고 있으며 유엔 회원국에 대해 구속력을 갖는 결정을 할 수 있는 유일한 기관이다. 침략행위나 평화에 대한 위협의 존재를 결정하는 데 앞장서고 있으며 분쟁 당사자들에게 평화적 수단으로 해결하기를 촉구하며 화해를 권고한다. 하지만 특정한 경우, 국제평화와 안전을 유지하기 위해 제재를 가하거나 무력 사용을 허가하여 강제조치를 집행할 수 있다. 조직은 5개의 상임이사국(미국, 영국, 프랑스, 중국, 러시아)과 10개의 비상임이사국으로 구성되어 있다. 3분의 2 다수결로 매년 5개국이 선출되고, 임기는 2년이며 연임은 불가하다. 비상임이사국의 지역적 배분은 아프리카 및 아시아 5석, 동유럽 1석, 중남미 2석, 서유럽 및 기타 2석으로 이루어져 있다. 모든 회원국은 1개의 투표권을 행사할 수 있으며, 헌장에 따라 위원회의 결정에 따라야 한다.

3) 경제사회이사회(Economic and Social Council)

경제사회이사회는 경제, 사회, 문화, 교육, 보건에 관한 사항을 다루고 인권 및 만인의 기본적인 자유를 존중하고 준수하도록 장려하는 역할을 한다. 지속 가능한 개발에 대한 성찰, 토론, 혁신적 사고를 위한 유엔의 핵심 플랫폼으로 자회사 및 전문기관 등을 관리하며, 이들과의 협의, 권고 혹은 총회, 회원국에 대한 권고를 통해 전문기구의 활동을 조정한다. 이사국은 총 54개국으로 임기는 3년제이다. 총회에서 매년 18개국이 개선되고 연임할 수 있다. 총회 선출 투표 시에는 출석 회원국의 3분의 2 이상의 지지를 받은 국가 중 득표수 순서로 당선되며 지역적 배분원칙에 따라 아시아 11석, 아프리카 14석, 중남미 10석, 동유럽 6석, 서유럽 및 기타 13석으로 구성원이 선출된다.

4) 신탁통치이사회(Trusteeship Council)

신탁통치이사회는 신탁통치 지역의 정치, 경제, 사회발전을 통해 지역주민들의 자치능력을 키우는 것을 주목적으로 하는 기구이다. 유엔 창설 초창기에는 신탁통치 지역이 11개 지역에 달하였으나 현재는 모든 지역이 독립하며 1994년 11월 1일 활동을 중지했다. 1994년 5월 25일 채택된 결의안에 따라 위원회는 매년 간나는 의무를 없애고 필요한 경우 합의하는 절차로 수정하였다.

5) 국제사법재판소(International Court of Justice)

국제사법재판소는 헤이그의 평화의 궁에 위치한 유엔의 주요 사법기관으로 국제법에 따라 제출된 법적 분쟁에 대한 재판 및 자문과 유엔기관 및 전문기관이 언급한 법률적 질문에 대한 자문을 제시하는 역할을 한다. 총회와 안전보장이사회에 의하여 선출된 각기 다른 국적을 가진 15명의 재판관으로 구성되어 있고, 임기는 9년제이며 연임이 가능하다. 3년마다 15명의 재판관 중 5명을 새로 선출하고, 재판소는 재판관 중에서 3년 임기의 재판소장 및 부소장을 선출한다. 모든 회원국은 자동으로 국제사법재판소 규정의 당사국이 되고, 재판소에 제소되는 사건의 당사자는 국가에 한하고 국제기구나 개인은 재판사건의 당사자가 될 수 없다.

6) 사무국(Secretariat)

사무국은 유엔의 전반적 행정업무 및 각 기구로부터 위임된 업무를 수행하며 정치, 안전보장, 평화 유지활동, 경제, 사회, 총회, 공보 등 분야별로 조직이 운영되고 있다. 본부는 미국 뉴욕에 소재하며, 이 밖에 제네바, 비엔나, 나이로비 등의 사무소에 수만 명의 유엔 직원들이 근무하고 있다. 사무총장은 안전보장이사회의 권고에 따라 총회 의장이 임명한 기구의 최고 행정관으로 임기는 5년제이며 1회 연임할 수 있다.

3. 조직의 운영[1]

유엔의 주업무는 ① 국제평화와 안보 유지, ② 인권보호, ③ 인도주의적 원조 제공, ④ 지속 가능한 발전 도모, ⑤ 국제법 유지이다.

유엔은 구조적·기능적으로 서로 다른 수많은 기관으로 이루어져 있다. 유엔 사무국의 주요 기관 및 부속기관들은 유엔총회에서 결의된 예산하에서 운영되지만, 유엔 내의 기타 기관들은 자체 편성된 예산 혹은 자발적인 성금 등으로 운영된다. 이러한 요소들로 인해 해당 기관들은 유엔사무국으로부터 어느 정도 자치권을 인정받는다.

각 유엔기관들은 유엔으로부터 부여받은 사명을 가지고 조달활동을 수행한다. 조달활동은 목표기간 내의 재화, 서비스, 노동의 획득을 목적으로 하고, 다음의 4가지 운용 원칙을 따라야 한다.

① 효율성
② 책임감, 진실성, 투명성
③ 공정성, 경쟁지향성
④ 기관의 이익 극대화

유엔의 모든 기관은 위의 4가지 원칙을 준수하긴 하나, 각 기관마다 구조나 사명, 예산 등에 차이가 있어 상세한 규칙이나 규율은 저마다 차이가 있을 수 있다.

2000년 8월, 새천년을 기념하여 채택된 '새천년개발목표(Millennium Development Goals: MDGs)'는 2000년부터 2015년까지 유엔에서 전 지구적 문제를 해결하기 위해 세운 목표로 극심한 가난문제 해결, 치명적 질병의 예방, 초등교육의 확대 등을

1 UN, *UN Procurement Practitioner's Handbook*, 2017, pp.4-6 정리

목적으로 선언되었다. 이 15년의 기간 동안 유엔은 관개시설 개량, 위생 물자 보급, 영·유아 사망 예방, 에이즈 예방 등 수많은 성과를 올렸다. 그리고 2015년 9월, 역사적인 유엔정상회의에서 세계 각국의 지도자들은 '2030 지속 가능발전 의제'의 17개로 이루어진 지속 가능한 개발목표(Sustainable Development Goals: SDGs)를 채택하였다. 이 목표는 2016년 1월부터 발효되었으며, 이전에 채택되었던 MDGs와는 달리 모든 국가가 지구를 보호하면서 동시에 전 세계의 주요 문제들을 해결하기로 의결하였다. 유엔의 모든 기관은 다음의 17개의 목표를 기준으로 각자의 사명을 수행하기 위한 전략을 수립한다.

17가지 목표를 달성하기 위해 모든 유엔기관들은 저마다의 프로그램과 프로젝트를 계획한다. 이러한 계획들을 효과적으로 실행하기 위해서는 특정 재화, 서비스 혹은 노동이 필요하다. 유엔조달은 유엔기관에서의 사명을 수행하기 위해 효과적으로

표 3-2 SDG의 17개 목표

목표	내용
1	지역 불문 빈곤 근절
2	기아 근절, 식품 안정성 제고, 영양실조문제 개선, 지속 가능한 농업 확충
3	건강한 삶 보장 그리고 모든 나이에서의 Well-being 증진
4	포괄적이고 공평한 양질의 교육 보장 및 평생교육의 기회 개방
5	성평등 추구 및 여성권리 증진
6	지속적으로 관리가 가능한 식수 이용 및 위생 보장
7	저렴하고 지속 가능한 에너지의 이용 보장
8	포괄적이고 지속 가능한 경제성장, 생산적이고 완전한 고용 및 양질의 일자리 보장
9	회복력 있는 기반시설 건설, 포괄적이고 지속 가능한 산업화 및 혁신 촉진
10	국가 간, 국가 내의 불평등문제 해결
11	포괄적이고 안전하며, 회복력 있고 지속 가능한 거주지 마련
12	지속 가능한 소비 및 생산 패턴 보장
13	기후 변화와 그로 인한 결과에 대한 적극적 대책 마련
14	지속 가능한 개발을 위한 해양자원의 보존
15	육상 생태계 보호, 사막화 방지 및 숲 보존, 땅의 황폐화 및 생물 다양성 훼손 방지
16	평화 유지, 정의로운 사회 구현 및 모든 기관의 책임감, 효율성 제고
17	지속 가능한 개발을 위한 글로벌 파트너십 재활성화 및 이행 수단 강화

운영되고 관리되어야 한다.

이러한 이유로 유엔기관들은 재화나 서비스를 조달할 때 혹은 공급자를 선정할 때 각 기관의 사명에 근거한 기준들로 선택하는 경우도 있다. 예를 들어 어떤 유엔기관이 다양한 나라에 기회를 주는 것을 목표로 한다면, 특정 국가를 기준으로 조달업체를 선정할 수 있고, 여성문제에 민감한 기관이 조달을 하려 한다면, 그와 연관된 기업에게 우선순위를 부여할 수도 있다.

제2절 유엔 주요 기관

1. 주요 조달기관

유엔프로젝트조달기구에서 발간한 '2018 Annual Statistical Report on United Nations Procurement'에 따르면 기관별 조달규모 상위 15개 기관은 [표 3-3]과 같으며, 이에 따라 기관별 개요 및 주요 사업을 조사하였다.

표 3-3 주요 유엔기관별 조달규모(2018)

(단위: US 백만 달러)

순번	기관명	조달액
1	WFP	3,497.0
2	UNICEF	3,486.0
3	UNPD	2,636.7
4	UNDP	2,146.5
5	UNHCR	1,100.7
6	UNOPS	920.9
7	PAHO	907.8
8	IOM	841.6
9	WHO	735.1
10	UNFPA	400.1

11	FAO	376.3
12	UNRWA	224.9
13	ILO	217.5
14	IAEA	167.3
15	UNIDO	161.6

출처: UNOPS, 2018 Annual Statistical Report on United Nations Procurement

2. 기관 소개

1) 세계식량기구(World Food Programme: WFP)

(1) 개요[2]

WFP는 개도국 기아 퇴치를 위한 잉여농산물 원조를 목적으로 설립된 유엔산하의 식량원조기구이다. 인위적 및 자연재해 등으로 인해 일시적 식량 위기 지역에 식량을 지원하는 긴급 지원사업과 구호와 개발 간 중간단계의 시차 극복, 전쟁 등으로 인한 장기구호 및 복구사업, 빈곤국가의 농업 및 농촌개발을 위한 식량을 지원하기 위한 개발사업 등을 수행한다.

① **사무소 위치:** Via C. G. Viola 68 Parco dei Medici-00148 Rome, Italy

② **기관장:** 데이비드 비즐리(David Beasley)

③ **홈페이지:** https://www.wfp.org/

* 조달 관련 홈페이지: https://www.wfp.org/do-business-with-wfp

(2) 설립 이념

매년 전 세계 83개국 8,670만 명을 지원하는 WFP는 기아인구를 제로로 만들기 위해 제로 헝거(Zero Hunger)의 목표를 선도하는 인도주의 기구이다. WFP는 단순

2 https://ko.wfp.org/overview

히 식량을 배분하는 것만 아니라 긴급 재난 상황 시 식량을 지원하고, 식량 안보를 개선하며, 무너진 인프라와 생계 복구 능력 강화를 위해서도 노력한다.

(3) 연혁[3]

① 1961년: WFP 설립
② 1963년: 수단에 첫 개발사업 시작
③ 1965년: 유엔의 정식기구로 지정
④ 1984년: 에티오피아 기근을 돕기 위해 2백만 톤의 식량 지원
⑤ 2000년: 새천년개발목표로 세계의 빈곤과 기아 퇴치를 위해 노력

(4) 핵심 사업 및 활동

① **제로 헝거(Zero Hunger)**: 제로 헝거는 2030년까지 '기아인구=제로'를 이루는 것을 목표로 한다. WFP는 기아 퇴치를 위한 유엔의 최전방기관으로서 범유엔 캠페인인 제로 헝거 챌린지를 선도한다. 제로 헝거는 2012년 반기문 유엔 사무총장이 발표한 제로 헝거 챌린지(Zero Hunger Challenge: ZHL) 캠페인에서 발전된 것으로 우리 세대에 기아를 퇴치할 수 있다는 강한 신념에서 비롯되었다. 제로 헝거, 즉 기아 퇴치는 WFP의 사명이자 존재 이유이다.[4]

② **기후 변화 대응사업**: 아프리카, 아시아 및 라틴 아메리카에서 기후 변화로 인해 홍수, 가뭄 및 폭풍이 더욱 빈번하게 발생하고 있으며 피해규모도 증가하여 수백만 명이 피해를 보았다. 매년 이들 지역에서 발생한 자연재해는 전체 자연재해 발생 건의 최대 90%를 차지한다. 이러한 자연재해는 순식간에 식량 및 영양 위기로 비화할 수 있다. 지난 10년 동안 유엔세계식량계획(WFP)이 수행한 긴급 구호 및 복구 작업 중 절반가량이 기후 관련 재난에 대처하기 위한 것이었다.[5]

3 https://reliefweb.int/sites/reliefweb.int/files/resources/WFP-0000064299.pdf
4 https://cdn.wfp.org/ko/2016/webpage/WFP_hungerpage_rev4.html
5 https://ko.wfp.org/climate-action

③ **재난위험 감소사업**: 자연재해와 재난은 기아와 영양실조의 주요 원인이다. 자연재해와 재난은 생명의 손실을 초래하고 가정과 생산적 자산 및 인프라를 파괴하며 식량과 물의 공급에도 영향을 미친다. 피해를 입은 사람들은 식량을 얻기 위해 가축과 도구를 처분하고 아이들을 학교에 보내지 않는 대신 집안일을 시킨다. 이로 인해 장기적으로 굶주림과 빈곤의 악순환에 빠질 수 있다.[6]

2) 유엔아동기금(United Nations International Children's Emergency Fund: UNICEF)

(1) 개요[7]

UNICEF는 국적이나 이념, 종교 등의 차별 없이 어린이를 구호하기 위해 설립된 유엔의 상설 보조기관 가운데 하나이다.

① **사무소 위치**: 760 United Nations Plaza, Manhattan, New York City, New York 10017, United State[Tel: +82-2-720-5488(Seoul Office])]

② **기관장**: 헨리에타 포어(Henrietta H. Fore; 제7대: 2018~현재)

③ **E-mail**: inquiries@un.org

④ **홈페이지**: https://www.unicef.org

* 조달 관련 홈페이지: https://www.unicef.org/supply/index_procurement_ services.html

(2) 설립 이념

유니세프의 설립 정신은 국적이나 이념, 종교 등의 차별 없이 어린이를 구호한다는 '차별 없는 구호'이며 이에 따라 제2차 세계대전의 승전국과 패전국 등 전 세계 어린이들이 유니세프의 도움을 받았다. 유니세프는 점차 그 영역을 넓히면서 모든 개발도상국 어린이들을 위한 긴급 구호, 영양, 예방접종, 식수 및 환경 개선, 기초교

6 https://ko.wfp.org/disaster-risk-reduction

7 https://terms.naver.com/entry.nhn?docId=1067294&cid=40942&categoryId=40513

육 등의 사업을 펼쳤으며 이에 대한 공로로 1965년에는 노벨평화상을 수상하기도 했다.

(3) 연혁

① 1946년: 유니세프 창설
② 1953년: 유엔 상설기구 지정
③ 1965년: 유니세프 노벨평화상 수상

(4) 핵심 사업 및 활동

① **보건**: 예방접종과 구강 수분 보충염, 미량영양소 공급 등 보건환경 개선을 통해 어린이 건강을 개선할 수 있도록 다양한 사업을 진행하고 있다.
② **에이즈**: HIV/AIDS 퇴치를 위해 치료제 공급과 더불어 감염자들을 위한 다양한 활동과 감염의 원인을 감소시키기 위한 노력을 하고 있다.
③ **식수와 위생**: 비정부기구들과 함께 식수와 위생을 위하여 2025년까지 위생시설 보급과 위생 개선을 위한 국제적인 노력을 하고 있다.
④ **영양**: 유니세프는 어린이와 여성의 영양 상태 개선을 위해 지역사회에 기반을 둔 다양한 영양 관련 사업을 펼치고 있다.
⑤ **교육**: 전 세계 모든 어린이가 초등교육을 받도록 하는 새천년개발목표와 개발목표 제3항인 성평등 달성을 위해 전 세계 개발도상국에서 교육사업을 지원한다.
⑥ **어린이보호**: '특별한 보호를 필요로 하는 어린이'들을 위한 사업을 말하며 전쟁, 자연재해 등 긴급 상황에 처한 어린이들, 위험한 노동을 하는 어린이들, 에이즈로 인하여 부모의 보호를 받지 못하는 어린이들, 성착취에 희생된 어린이들, 장애를 지닌 어린이들, 그리고 범법행위에 연루된 어린이들을 위해 활동한다.
⑦ **사회통합**: 유니세프는 모든 어린이의 평등에 대해 새롭게 초점을 맞추고 불평등의 근본적인 원인을 규명하고 제거하고자 노력하고 있다.

3) 유엔조달본부(UN Procurement Division: UNPD)

(1) 개요[8]

UNPD는 유엔의 주요 기관 중 하나로서 유엔의 실질적이고 행정적인 업무를 수행한다. 주요 업무는 기업들에게 양질의 공급체계서비스를 제공하고, 전문적인 비즈니스 컨설팅을 제공하는 것이다. 유엔조달본부가 제공하는 가장 핵심적인 제품과 서비스는 항공운송, 화학·섬유제품, 식량배급, 건축, 공학, 임대, 화물·운송 등이 있다.

① **사무소 위치**: 1 United Nations Plaza 15th Floor New York, NY 10017

② **기관장**: 드미트리 도브고폴리(Dmitri Dovgopoly)

③ **홈페이지**: https://www.un.org/Depts/ptd/

* 조달 관련 홈페이지: https://www.un.org./depts/ptd/business-opportunities/supplier-resources

(2) 설립 이념

유엔본부와 기타 유엔기관의 규율과 절차에 따라 공정하고 투명한 과정을 통해 양질의 조달서비스와 비즈니스 컨설팅서비스를 제공하는 것을 목표로 한다. 또한 기업들이 공정하고 투명한 파트너십에 따라 그들의 목표를 이룰 수 있도록 최선의 노력을 다한다. UNPD의 주요 사업 고객은 전 세계의 기업들이지만 특히 상황이 어려운 국가나 개발도상국들에게 물자나 서비스를 제공하는 것을 최우선 과제로 선정한다.

(3) 핵심 사업 및 활동

① **전자입찰시스템**[9]: UNPD는 기업들에게 편리하고 안전한 방법인 전자입찰과정을 제공함으로써 입찰 및 제안서를 제출할 수 있는 웹 기반의 시스템을 시험하고 있다. 이 시스템을 통해 달성하고자 하는 주요 목표는 효율성 제고, 복사 및

8 https://www.un.org/Depts/ptd/about-us/about-un-procurement-division-ur.pd

9 https://www.un.org/Depts/ptd/story/electronic-bid-submission-pilot

보관비용의 감소, 언제 어디서든지 사업 기회를 창출할 수 있도록 하는 것 등이 있다. 이러한 과정은 아직 완성되지는 않았지만, 추후 이메일이나 팩스, 직접 전달 형식 등을 대체할 수 있는 핵심 사업이다. 이 사업에 참여하기 위해서는 우선 유엔조달통합관리시스템(UNGM: UN Global Marketplace)에 등록이 되어 있어야 한다.

② **유엔사무국 조달 프로그램**: UNPD에서는 모든 유엔기관의 조달을 담당하는 것이 아니다. WFP, UNICEF, UNESCO 등 유엔의 전문기관들은 모두 각자의 조달 담당 부서가 존재한다. UNPD는 뉴욕에 위치한 유엔사무국의 조달, 그리고 본사로부터 멀리 떨어져 있고, 재정적 한계로 조달업무를 제대로 수행할 수 없는 일부 사무소의 조달을 담당한다. UNPD는 조달업무를 위임받아서 제한적인 상황의 지역들에 각각의 프로젝트들을 위한 알맞은 제품을 조달한다.

③ **효율적인 조달 운영을 위한 비즈니스 세미나 개최**[10]: 잠재적 판매자, 무역회사, 상공회의소 등을 위해 정기적으로 비즈니스 세미나를 개최하고 있다. 이 세미나를 통해 각 주체들은 유엔조달의 과정, 평가기준, 벤더 등록절차와 다양한 유엔기관들 내에서 어떻게 자사의 제품을 판매할 수 있는지에 대한 정보를 공유받을 수 있다.

4) 유엔개발계획(United Nations Development Programme: UNDP)

(1) 개요[11]

UNDP는 국제연합의 개발도상국에 대한 원조계획을 조정·통일하는 기관이다. 원조계획을 결정하는 집행이사회는 선진국 12개국과 한국을 포함한 개도국 24개국으로 구성되어 있다. 한국은 1970년대와 1980년대에 UNDP로부터 자금 지원을 받은 대표적인 수혜국의 하나였으나 1993년 수혜금액보다 지원금액이 많은 순공여국이 됐다.

① **사무소 위치**: United Nations Development Programme, One

10 https://www.un.org/Depts/ptd/business-seminar

11 https://terms.naver.com/entry.nhn?docId=19070&cid=43659&categoryId=43659

United Nations Plaza, New York, NY 10017, USA(Tel: +1 212 906 5884)

② 기관장: 아킴 스타이너(Achim Steiner)(2017년~현재)

③ E-mail: UNDP-newsroom@undp.org

④ 홈페이지: https://www.undp.org

* 조달 관련 홈페이지: https://procurement-notices.undp.org/

(2) 설립 이념[12]

유엔헌장 정신에 입각한 개도국의 경제적·정치적 자립과 경제·사회발전 달성을 목표로 개도국의 국가개발목표에 일치하는 원조를 체계적이고 지속해서 제공함으로써 개도국의 경제·사회개발을 촉진·지원한다.

(3) 연혁

① 1949년: 유엔기술원조 확대계획 설립

② 1958년: 유엔특별기금 설립

③ 1965년: 유엔개발계획 설립

④ 1970년: 현 UNDP 조직 및 활동내용 정식 규정

(4) 핵심 사업 및 활동[13]

① 모든 형태와 차원의 빈곤 퇴치: 전 세계 약 7억 명의 사람들이 여전히 하루에 1.90달러 미만으로 사는 것으로 추정되며, 총 13억 명의 불균형한 수의 여성과 장애인을 포함한 80%의 사람들이 빈곤에 처해 있다. UNDP는 세계 전체에서 현지에 이르기까지 불평등과 빈곤을 함께 해결하고자 정치적 자립과 경제, 사회발전 달성을 목표로 개발 촉진을 지원한다.

② 지속 가능한 개발을 위한 구조적 혁신 가속화: 불평등과 배제를 해결하고 탄소제로개발로 전환하여 세계화, 도시화, 기술 및 인구통계학적 변화와 같은 거대 트렌드에 대응할 수 있는 보다 효과적인 거버넌스를 구축함으로써 국가가 구조적 변화를 가속화하도록 지원한다.

12 노영희, 홍현진, 개발원조관련 국제기구 지식정보원, 2009, 한국학술정보

13 https://www.undp.org/content/undp/en/home/three-development-settings.html

③ **위기에 대한 복원력 구축**: 일부 국가는 기후 변화, 재난, 폭력 극단주의, 갈등, 경제적 및 재정적 변동성, 전염병, 식량 불안정 및 환경 악화와 같은 충격과 스트레스 요인에 의해 불균형하게 영향을 받는다. 갈등, 종파 투쟁 및 정치적 불안정이 증가하고 있으며, 16억 명이 넘는 사람들이 갈등의 영향을 받는 환경에 살고 있다. UNDP는 정부가 충격과 위기로부터 보다 효과적으로 위험관리, 예방, 대응 및 복구조치를 취하고 통합된 방식으로 근본적인 원인을 해결할 수 있도록 지원함으로써 탄력성을 강화하고 있다. 이러한 지원은 남녀평등, 여성과 소녀의 권한 강화, 취약한 그룹의 요구충족에 중점을 둔 포괄적이고 책임있는 지배구조의 토대 위에 구축되어 아무도 배제되지 않도록 한다.

5) 유엔난민기구(UN High Commissions of Refugees: UNHCR)

(1) 개요

UNHCR은 1949년 12월 3일 창설된 유엔의 산하기관으로 난민들을 보호하고 전 세계적으로 일어나고 있는 다양한 난민문제들을 해결하기 위해 국제적인 조치들을 수행하고 있다. UNHCR 활동의 주요 목표는 난민들을 보호하고 그들의 권리와 복지를 증진하는 데 있다.

UNHCR
The UN Refugee Agency

① **사무소 위치**: United Nations High Commissioner for Refugees Case Postale 2500 CH-1211 Genève 2 Dépôt Suisse.

② **기관장**: 필리포 그란디(Filippo Grandi)

③ **홈페이지**: https://www.unhcr.org/

* 조달 관련 홈페이지: https://www.unhcr.org/doing-business.html

(2) 설립 이념[14]

전 세계의 수많은 파트너들과 함께, UNHCR은 난민들이 안전하게 해외에서 망명지를 찾을 수 있도록 협력한다. 반세기가 넘는 기간 동안 UNHCR은 수백만 명의 난

14 https://www.unhcr.org/who-we-help.html

민들이 새 삶을 시작할 수 있도록 지원해왔다. 또한 난민들이 안전한 보금자리에서 보호받고, 교육 및 건강 등을 책임짐으로써 그들의 어두웠던 과거를 밝은 미래로 이끄는 데 앞장서고 있다.

(3) 연혁[15]

① 1950년: UNHCR 설립

② 1954년: 노벨평화상 수상

③ 1956년: 헝가리 혁명 당시 발생한 20만 명의 난민들을 지원

(4) 핵심 사업 및 활동

① **망명 및 이주민 지원활동**[16]: UNHCR은 난민들의 망명이 국제적 이수, 정책과 무관하지 않다는 것을 인지하고 있다. 이에 따라 UNHCR은 난민들이나 보금자리가 없는 사람들을 위해 그들에게 큰 영향을 끼치는 이민정책에 적극적으로 관여하려고 노력한다. 이를 위해 UNHCR은 이민 관련 법적·제도적으로 난민들의 안전을 보장할 수 있는 정책들을 추진하고 있으며 안전문제에 민감한 지역에 관해서는 관련 국가나 파트너들과 협업함으로써 문제를 효율적으로 해결하고자 한다.

② **난민 교육사업**[17]: UNHCR이 관리하는 1,990만 명의 난민들 중 740만 명 아이들의 교육 기회는 굉장히 제한적이며, 특히 400만 명의 아이들은 등교조차 할 수 없는 상황이다. '난민 및 이주민에 관한 뉴욕선언'(2016, UN General Assembly)에서는 국제난민문제에 있어서 교육 관련 문제 해결은 굉장히 중요하다고 꼬집었다. UNHCR과 협력관계에 있는 국가들 및 국제단체들은 전 세계에 있는 난민들의 이러한 교육문제를 해결하기 위해 고군분투하고 있다.

③ **재난 및 기후 변화에 따른 환경보호사업**[18]: 재난이나 기후 변화에 대한 우려는 점점 더 커지고 있다. 2008년 이후로는 2,250만 명의 사람들이 기후 변화로 인해 실향민이 되었다.[19] UNHCR은 특히 재난이나 기후 변화에 쉽게 피해를 입

15 https://www.unhcr.org/history-of-unhcr.html

16 https://www.unhcr.org/asylum-and-migration.html

17 https://www.unhcr.org/education.html

18 https://www.unhcr.org/environment-disasters-and-climate-change.html

을 수 있는 지역에 집중하고 있다. 이는 재난이나 기후 변화로 인해 실향민이 되거나 이주민이 발생되는 지역에서는 분쟁이 쉽게 발생될 수 있기 때문이다. 이를 위해 UNHCR은 환경에 적응할 수 있는 장치들을 마련하기 위해 최선을 다하고 있다.

6) 유엔프로젝트조달기구(United Nations Office for Project Services: UNOPS)

(1) 개요[20]

UNOPS는 유엔국제금융기관, 정부 및 전 세계의 다른 국가들과 파트너를 통한 대규모 프로젝트를 수행하기 위해 조직된 UN의 운영사무국 조직이다. 국제연합체계의 역량을 향상시켜 평화 재건 및 구호・개발사업의 원활한 시행이 가능하도록 하는 것이 기관의 목표이다. 국제연합 및 협력기관들에게 프로젝트관리, 물품조달 및 공급망관리, 인적자원관리, 재정관리의 전문인력 및 지식을 제공하며, 자연재해로 인한 피해 복구, 전후 재건 등에 주로 참여한다. 36개국 대표로 구성된 이사진이 운영 전반을 관리하며, 1년에 세 번 회의를 개최한다. 운영비는 UNOPS가 참여한 사업에 대해 받은 수수료로 자체 조달한다.

① **사무소 위치**: Marmorvej 51, PO Box 2695, 2100 Copenhagen, Denmark(Tel: +45 4533 7500)

② **기관장**: 그레테 파레모(Grete Faremo)

③ **E-mail**: procurement@unops.org

④ **홈페이지**: https://www.unops.org

* 조달 관련 홈페이지: https://www.unops.org/business-opportunities

19 http://www.internal-displacement.org/global-report/grid2018/downloads/2018-GRID.pdf

20 https://terms.naver.com/entry.nhn?docId=1393103&cid=40942&categoryId=40468

(2) 설립 이념[21]

유엔헌장 정신에 입각한 개도국의 경제적·정치적 자립과 경제·사회발전 달성을 목표로 개도국의 국가개발목표에 일치하는 원조를 체계적이고 지속적으로 제공함으로써 개도국의 경제·사회개발을 촉진·지원하는 것이 설립목적이다. 세계 최대의 다자간 기술원조 공여계획으로서 유엔의 개발활동을 조정하는 중앙기구로 운영되고 있다.

(3) 연혁

① 1974년: 유엔프로젝트조달기구 설립
② 1995년: 유엔으로부터 독립하여 독립채산제로 운영

(4) 핵심 사업 및 활동[22]

UNOPS는 국제연합 및 협력기관들에게 프로젝트관리, 물품조달 및 공급망관리, 인적자원관리, 재정관리의 전문인력 및 지식을 제공하며 자연재해로 인한 피해 복구, 전후 재건 등에 주로 참여한다.

① **사회기반시설:** 넓은 범위의 지속 가능하고 회복력 있는 사회 기반시설을 계획, 디자인, 건설, 유지한다. 운반, 에너지, 건강, 교육 관련 기반시설부터 정부에게 더 효과적인 기반시설에 대해 조언해주는 것까지 UNOPS는 기반시설 투자에 대한 결과를 향상시키기 위해 노력한다.

② **필요 프로젝트 물품 획득 및 구매:** 조달은 UNOPS의 가장 핵심적인 업무로서 파트너들이 지속 가능하고 시의적절한 세계의 평화와 안전, 인도, 개발에 대한 노력을 보장하는 지원을 한다. 투명하고 효과적인 방법을 통해 UNOPS는 정부가 공공조달을 더욱 효율적으로 할 수 있도록 새로운 방향을 모색하는 데 특화되어 있다.

③ **프로젝트 일반관리:** 모든 종류의 다양한 프로젝트를 관리함과 동시에 개발도상국이 자체적으로 관리할 수 있는 역량을 향상시켜준다. UNOPS는 면밀하고 기술적인 전문지식을 바탕으로 비용과 기일, 질적 요구사항에 맞게 프로젝트를

21 https://terms.naver.com/entry.nhn?docId=1393103&cid=40942&categoryId=40468
22 https://www.unops.org/expertise

완수한다.

④ **프로젝트 재정관리**: 제네바에서 양곤에 이르는 포트폴리오를 관리하면서 민간 부문의 효율성과 유엔의 가치를 조화시킨다. UNOPS의 서비스에는 보조금 및 공동 자금관리, 프로젝트 및 프로그램 예산에 대한 조언 및 감독이 포함된다.

7) 범미국건강기구(Pan American Health Organization: PAHO)

(1) 개요[23]

PAHO는 미대륙민들을 위한 국제보건전문기구이다. 소속 국가들과 함께 기술적으로 협력함으로써 전염성 혹은 비전염성의 질병들에 대응하고, 사람들의 건강을 책임지며 비상 상황 혹은 재난에 대비한다. PAHO는 미대륙민들이 의료비에 대한 걱정을 하지 않으면서 그들이 원할 때 양질의 의료서비스를 보장한다. 이를 위해 다른 대륙이나 국가들의 국제보건기구와 활발한 교류를 하고 있으며 국제단체나 대학, 기타 기관들과 기술적으로 건강에 관한 학술적 교류를 이어가고 있다.

① **사무소 위치**: 525 Twenty-third Street, N.W., Washington, D.C. 20037, United States of America

② **기관장**: 카리사 F. 에티엔(Carissa F. Etienne)

③ **홈페이지**: https://www.paho.org/hq/index.php?lang=en

* 조달 관련 홈페이지: https://www.paho.org/hq/index.php?option=om_content &view=article&id =186:doing-business-with-paho&Itemid=1110&lang=en

(2) 설립 이념

PAHO의 목표는 미대륙에 있는 모든 사람이 최상의 의료서비스를 누릴 수 있고, 그들의 가족이나 소속되어 있는 사회 구성원 모두 복지혜택을 누릴 수 있도록 보장하는 것이다. 이를 위해 소속 국가나 단체들과 협력적인 관계를 유지하여 평등한

23 https://www.paho.org/hq/index.php?option=com_content&view=article&id=91:about-paho &Itemid=220&lang=en

보건서비스, 질병 예방, 미대륙민들의 삶의 질을 증진시킬 수 있도록 한다.

(3) 연혁

① 1902년: PAHO 설립

② 1949년: WHO 산하기관으로 예속

(4) 핵심 사업 및 활동

① **미대륙민들을 위한 지속 가능한 건강보험사업**[24]: 2030년까지 미대륙에 있는 모든 사람이 건강하고 윤택한 삶을 살 기회를 제공하는 것이 이 사업의 목적이다. 건강보험이 일부 사람들에게만 적용되는 혜택이 아닌, 부에 상관없이 위험에 처한 모든 사람에게 적용될 수 있도록 재정적 지원 및 기본적인 백신이나 구호물자를 제공하는 것이 목표다. 또한 건강보험에 관한 정보가 부족해 혜택을 못 받는 일이 없도록 투명한 관리를 목표로 하며 더욱 양질의 의료혜택을 제공하기 위해 관련 시설이나 연구기관에 적극적으로 투자한다.

② **알코올 중독, 약물남용관리 프로그램**[25]: 알코올 프로그램은 음주 소비와 관련된 공공보건정책에 대해 회원국들에게 기술적 협력을 제공한다. 따라서 알코올 사용과 관련된 정확한 정책과 정보를 생성 및 보급한다. 또한 알코올 사용에 따른 부정적인 건강 결과를 최소화한다는 목표로 소비 및 관련 문제의 동향을 주시한다. PAHO는 특히 2021년까지 이 전략에 따라 기술적 협력을 강화하고 각 지역 대응을 조정한다.

③ **당뇨병관리 프로그램**[26]: 당뇨병은 혈당 상승이 특징인 만성 대사질환이다. 특히 인슐린의 절대적 또는 상대적 결핍과 큰 관련성을 가지고 있다. 이러한 당뇨병은 적절한 조치가 이루어지지 않으면 눈과 같은 신경기관의 손상을 초래할 수 있으며 심장마비와 뇌졸중의 위험을 증가시킬 수 있다. 이를 예방하기 위해 PAHO/WHO는 매해 당뇨병의 날을 지정해 당뇨가 예방될 수 있고 관리

24 https://www.paho.org/hq/index.php?option=com_content&view=article&id=13246:health-agenda-americas&Itemid=42349&lang=en

25 https://www.paho.org/hq/index.php?option=com_content&view=article&id=1581:2009-about-alcohol-substance-abuse-program&Itemid=1400&lang=en

26 https://www.paho.org/hq/index.php?option=com_content&view=article&id=6715:2012-diabetes&Itemid=39446&lang=en

될 수 있다는 것을 널리 알리고자 한다.

8) 국제이주기구(International Organization for Migration: IOM)

(1) 개요[27]

IOM은 이주분야에 있어 선도적인 정부 간 기구로 현재 172개국이 IOM의 회원국으로 가입되어 있다. IOM은 회원국 정부와 이주민 모두에게 다양한 서비스와 정책 제안을 제공함으로써 인도적이고 질서 있는 이주를 증진해왔으며 이주관리에 관한 국제협력을 장려하고, 이주문제에 대한 실무적인 해결책을 추구하며, 이주 노동자들은 물론 이재민, 난민, 트래피킹 피해자 등 어려움을 겪는 모든 이주자에게 도움을 제공하고 있다.

① **사무소 위치:** 17 Route des Morillons, 1218 Grand-Saconnex, Switzerland(Tel: +41 22 717 9111)

② **기관장:** 안토니오 비토리노(António Vitorino, 2018년~현재)

③ **E-mail:** hq@iom.int

④ **홈페이지:** https://www.iom.int

* 조달 관련 홈페이지: https://www.iom.int/iom-general-procurement-principles-and-processes

(2) 설립 이념

IOM은 인도적이고 질서 있는 이주가 이주민과 사회 모두에 유익하다고 믿고, 이를 실현하기 위해 국제사회의 여러 파트너와 함께 이주에 관한 이해 증진, 이주관리, 이주를 통한 사회발전, 이주자 인권보호를 위해 일하고 있다.

(3) 연혁

① 1951년: 유럽 이주 정부 간 위원회(PICMME) 창설

27 http://iom.or.kr/index.php/iom/

② 1989년: ICEM, ICM으로 개칭된 후 IOM으로 재탄생

(4) 핵심 사업 및 활동

① **이주와 개발:** 이주가 가진 개발 잠재성을 이주자와 사회 모두의 성장 원동력으로 이용하는 데 목표를 두고 있다. 관련된 프로그램으르는 이주자가 출신국의 개발과정에 효과적으로 참여할 수 있도록 출신국 정부와 관련 기관의 역량을 강화하는 프로그램, 이주자 송출이 많이 발생하는 지역의 경제 및 공동체개발을 촉진하는 프로그램 등이 있다.

② **이주 촉진 및 이주자 통합 지원:** 이주자들의 사회 통합을 촉진하기 위해 정부와 이주자 모두에게 맞춤형 프로그램을 제공하고 있다. IOM은 이주에 필요한 문서증명, 이주정보, 이주신청자 면접, 이주지원자 심사, 건강검진, 교통편 지원 등의 업무들을 대신 처리함으로써 이주과정을 쉽게 하고 나아가 이주를 촉진한다. 또한 이주자가 목적국에 도착한 후에는 새로운 문화에 적응하면서 겪는 어려움을 덜어주기 위한 통합 지원을 제공한다.

③ **이주 규제:** 이주의 부정적인 효과를 최소화하기 위해 국가적, 지역적, 국제적 차원의 이주를 총체적으로 규제하고 있다. IOM은 정부가 이주에 관한 정책, 법제, 행정절차를 개발하고 집행할 수 있도록 지원하여 이주관리를 향상하며 동시에 이주자들에게 성별 및 나이를 고려한 보호를 제공한다. 또한 이주관리 행정체계의 개선을 위해 정부의 이주 담당자에게 기술 지원과 교육을 제공하고 있다. 여기에는 이주 관련 여행문서와 발행시스템 정보시스템, 생체인식 등 이주 규제와 관련된 국경관리기술이 포함된다.

④ **강제이주:** 전쟁이나 재난 또는 범죄 등으로 인해 강제로 이동하게 된 이주자의 인권보호에 특별한 관심을 쏟고 있다. IOM은 전쟁이나 재난 등의 긴급한 상황에서 발생한 이재민과 난민들에게 물질적 원조와 이동수단 및 교육을 제공하여 신속한 사태 해결을 돕는다. 난민 재정착에서는 관련국들과의 협력협정 아래 건강검진과 치료, 성공적 통합을 위한 교육, 출국 전 교육과 이동을 담당하고 있다.

9) 세계보건기구(World Health Organization: WHO)

(1) 개요[28]

WHO는 사람들의 건강을 증진시키고, 세계를 더 안전하게 보호하기 위해 범세계적으로 움직이고 있다. WHO의 목표는 건강을 보장받지 못하는 십억 명이 넘는 사람들이 그들의 목숨을 위협받을 수 있는 상황으로부터 보호를 받고, 조금 더 건강하고 나은 삶을 살 수 있도록 하는 것이다.

① **사무소 위치**: Avenue Appia 20 1202 Geneva

② **기관장**: 테드로스 아드하놈 게브레예수스(Tedros Adhanom Ghebreyesus)

③ **홈페이지**: https://www.who.int/

＊조달 관련 홈페이지: https://www.who.int/about/finances-accountability/procurement/en/

(2) 설립 이념

WHO는 유엔 산하에서 전 세계의 보건을 책임지는 국제기구로서 유엔의 핵심 가치인 통합성, 전문성, 다양성에 대한 존중을 고수한다. 또한 WHO 헌법에 명시된 인권, 보편성 및 형평성의 원칙과 조직의 윤리적 기준을 따른다. 모든 사람이 가능한 한 높은 수준의 건강을 달성·증진하고, 세계를 안전하게 유지하며, 취약계층에 봉사하는 것이 핵심 임무로 국제보건사업 지도 및 조정, 회원국 정부의 요청이 있을 경우, 요청국의 보건부문발전을 위한 원조 제공, 평상시 및 긴급 사태 발생 시 각국 정부에 대한 기술원조 제공, 전염병 및 기타 질병 퇴치사업 등 다양한 국제보건사업을 수행하고 있다.

(3) 연혁[29]

① 1948년: WHO 설립

28 https://www.who.int/about/what-we-do

29 http://www.euro.who.int/en/about-us/organization/who-at-70/milestones-for-health-over-70-years

② 1969년: 세계보건총회에서 첫 국제보건규율 제정

③ 2005년: 국제보건규율 개정

④ 2012년: WHO 회원국 간 심장병, 당뇨, 암 등의 만성질환을 예방하기 위한 대책 마련

(4) 핵심 사업 및 활동

① **콜레라 퇴치활동**[30]: 콜레라는 비브리오 콜레라에 오염된 음식이나 물을 섭취하여 생기는 급성 설사염이다. 콜레라는 공중보건에 대한 세계적인 위협이자 불평등과 사회발전 부족의 지표로 남아 있다. 콜레라 예방을 위한 주요 대책은 아직 기본적인 보건서비스를 받지 못한 사람들에게 깨끗한 물과 적절한 위생 시설을 제공하는 것, 그리고 구강 콜레라 백신 접종으로 이루어진다.

② **국제 인플루엔자 예방대책 2019–2030**[31]: 2019년 3월 11일 WHO는 독감으로 인해 피해를 입고 있는 전 세계의 국가들을 보호하기 위해 국제 인플루엔자 예방대책 2019–2030을 착수하였다. 이를 위해 회원 국가들, 학계, 시민단체, 산업, 다방면의 전문가들과의 협력체계를 구성하여 공공보건 수준을 높이기 위해 노력하고 있다. 이 대책의 목표는 계절성 독감을 예방하고, 동물로부터의 전염성을 조절하고, 앞으로 다가올 유행성 독감에 대비하는 것에 있다.

③ **황열병(Yellow Fever) 근절 활동**[32]: 황열병 퇴치를 위한 가장 최근의 전략은 유니세프, WHO 등의 단체의 연합에 의해 개발되었다. 이 장기전략(2017~2026)은 가장 취약한 국가를 대상으로 하며, 도심에 회복력을 구축하고, 발병 가능성이 있는 지역에 대한 대비와 안정적인 백신 공급을 보장함으로써 글로벌 리스크를 해결하고자 한다. 황열병은 백신 보급 그리고 모기 퇴치를 통해 예방할 수 있다. 특히 백신은 황열병을 예방하는 데 있어서 매우 안전하고 값싼 대책 중 하나이다. 또한 한 알의 백신으로도 한 사람의 황열병을 평생 예방할 수 있을 정도로 효력 또한 입증되어 있다.

30 https://www.who.int/health-topics/cholera#tab=tab_1

31 https://www.who.int/influenza/en/

32 https://www.who.int/csr/disease/yellowfev/en/

10) 유엔인구기금(United Nations Population Fund: UNFPA)

(1) 개요[33]

UNFPA는 인구분야의 중추적인 역할을 담당하는 유엔 산하기관이다. 임신의 자유와 출산의 안전 그리고 아동 및 청소년의 잠재력개발을 위한 활동을 주도하며, 여성과 아동 및 청소년이 건강하고 생산적인 삶을 살아갈 수 있는 기회를 확장하고 있다. 인구문제의 사회적·경제적 및 인권적 측면에 대한 인식을 제고하고, 개별 개발도상국에 적합한 방법으로 지속적인 원조를 제공하고 있다.

① **사무소 위치**: 605 Third Avenue, New York, NY 10158, USA(Tel: +1-212 297-5000)

② **기관장**: 나탈리아 카넴(Natalia Kanem, 2017년~현재)

③ **E-mail**: hq@unfpa.org

④ **홈페이지**: http://www.unfpa.org

*조달 관련 홈페이지: https://www.unfpaprocurement.org/contact

(2) 설립 이념

UNFPA는 유엔의 성과 생식에 관한 보건기관으로서 설립 이념은 모든 임신을 자유롭게, 모든 출산이 안전하게, 모든 청소년의 잠재력이 충족되는 세상을 만드는 데 있다.

(3) 연혁

① 1967년: 유엔인구활동신탁기금 설치

② 1969년: 유엔인구활동기금으로 개칭

③ 1987년: 유엔총회 결의에 의거 유엔인구기금으로 개칭

33 https://ko.wikipedia.org/wiki/%EC%9C%A0%EC%97%94_%EC%9D%B8%EA%B5%AC_%EA%B8%B0%EA%B8%88

(4) 핵심 사업 및 활동

① **임신의 자유 보장:** 자녀의 수와 출산 간격은 여성의 삶에 큰 영향을 미친다. 따라서 UNFPA에서는 과거로부터 체결된 국제협약들을 이행함에 따라 개인의 가족 구성과 자녀계획의 자유와 권리를 보장한다. 자발적인 가족계획만으로도 산모 사망률의 3분의 1을 감소시키고 그에 비례하여 비용절감효과를 얻을 수 있다. 이는 기초 의료서비스에 피임기구를 포함시킴으로써 자연적으로 산모와 신생아를 위한 의료서비스의 수요가 줄어들기 때문이다. 이를 통해 5,400만 건의 비계획 임신, 2,600만 건의 낙태(이 중 1,600만 건은 위험한 시술을 통해 이루어진다), 그리고 700만 건의 유산을 막을 수 있다. 또한 79,000건의 산모 사망과 1,100만 건의 유아 사망을 예방하는 효과도 있다.

② **산모 건강 보장:** 다양한 방법을 통해 출산 중 사망하는 여성들을 구하고 있다. 가장 기본적인 조치는 여성들이 계획된 임신과 출산을 할 수 있도록 보장하는 것이다. 산모 사망률 및 출산 후 장애 발생 건수를 줄이는 데 있어서 가장 큰 어려움은 오지 및 낙후 지역뿐 아니라 재해 발생 지역 등 전 세계 여성들에게 서비스를 제공할 수 있는 방법을 찾는 것이다. 이를 위해서는 보건시스템을 보강할 필요가 있다. 또한 임산부가 출산 전 HIV 감소에서부터 출산 후 신생아관리에 이르기까지 필요한 모든 보호 및 관리를 받을 수 있도록 하는 것이 중요하다. 이를 통해 비용절감뿐 아니라 수많은 생명을 살릴 수 있다.

③ **아동과 청소년의 잠재력개발 지원:** 세계 총인구의 43%는 25세 이하의 청소년이며 많은 개발도상국에서는 해당 수치가 60%에 이른다. UNFPA에서는 이들의 임신 및 출산 선택이 미래의 인구통계학적 흐름을 바꿀 것으로 예상한다.
UNFPA는 성과 임신 및 출산 건강에 대한 정확한 정보와 서비스를 받을 권리 등을 포함하는 청소년들의 기본권리를 지지한다. 청소년들이 자신을 보호하고 정보에 기초한 결정을 내릴 수 있는 지식과 능력을 갖추게 된다면 본인들의 잠재력을 완전히 개발할 수 있고 또한 경제적·사회적 변혁에 공헌할 수 있게 될 것이다.

11) 식량농업기구(Food and Agriculture Organization: FAO)

(1) 개요[34]

FAO는 세계의 기아문제를 해결하기 위한 유엔 산하의 전문화된 국제기구이다. FAO의 목표는 모든 사람이 능동적이고 건강한 삶을 영위할 수 있도록 양질의 식량을 충분히 공급받을 수 있도록 식품 안전을 보장하는 데 있다. 194개국의 회원국들과 함께 FAO는 130여 개의 국가에서 활동하고 있다. FAO의 임무는 기아·영양실조 등을 근절하고, 농업·임업·어업 등을 더욱더 생산적이고 지속할 수 있도록 만들며 농촌 빈곤문제를 해결하고, 여러 위협과 위기로부터 사람들이 회복할 수 있도록 만드는 데 있다.

① **사무소 위치:** Viale delle Terme di Caracalla 00153 Rome, Italy)

② **기관장:** 취동위(Qu Dongyu)

③ **홈페이지:** http://www.fao.org/home/en/

*조달 관련 홈페이지: http://www.fao.org/unfao/procurement/general-information/en/

(2) 설립 이념

오늘날 국가들은 농업개발에서 점점 더 많은 수요와 도전에 직면하고 있다. FAO는 이를 지원하기 위해 조직이 자신의 지식, 전문지식 및 경험을 가장 잘 적용하고 활용할 수 있는 5가지 핵심 우선순위를 식별했다. 이러한 우선순위, 즉 전략적 목표는 기아, 영양실조, 빈곤이 없는 세상을 달성하고, 지속 가능한 방식으로 목표를 이루기 위한 작업의 주요 영역을 나타낸다. 이는 2030년 지속 가능한 개발을 위한 목표 이행에 이바지한다.

(3) 연혁

① 1945년: FAO 설립

34 http://www.fao.org/about/what-we-do/en/

② 1951년: 로마로 이전
③ 1963년: 세계식량계획 출범
④ 1996년: 세계식량정상회의 개최

(4) 핵심 사업 및 활동

① **사막화 방지조치**[35]: 사막화 방지조치는 아프리카, 카리브해, 태평양의 메마른 땅과 황폐한 땅을 복구하고 토지 파괴와 사막화의 해로운 영향에 대처하기 위한 범국가적 계획이다. 사막화 방지조치는 아프리카의 6개국인 부르키나파소, 에티오피아, 감비아, 니제르, 나이지리아, 세네갈뿐만 아니라 피지와 아이티에서도 지역사회, 정부, 시민사회를 지원하여 황폐한 땅을 복구하고 취약한 생태계를 지속 가능한 방법으로 관리한다.

② **아프리카 지속 가능 식량사업 2050**[36]: 앞으로 30, 40년 뒤에는 아프리카 대륙의 인구증가, 구매력, 도시화 등으로 인해 육류에 대한 수요가 급격히 증가할 것으로 예측된다. 이에 따라 가축 농장시스템에 대한 투자가 상당히 증가할 것으로 전망된다. 이러한 투자의 여파로 아프리카인들의 생활, 공공보건, 환경 등이 전례 없을 정도로 증진될 것으로 보인다. 이러한 미래에 대비하기 위해 FAO는 인구증가, 소비자 선호도 변화, 기술 변화, 기온 변화 등과 같은 요인이 어떻게 아프리카의 가축시장을 변화시킬 것인지 분석한다. 또한 이러한 분석을 바탕으로 어떤 정책을 수립해야 효율적으로 미래를 대비할 수 있는지 분석한다.

③ **기후 변화에 대비한 관개시스템 확립**[37]: 서부와 중부 아프리카의 농촌 지역에서는 기후 변화가 그들의 생활에 매우 큰 영향을 미친다. 그래서 이러한 기후 변화에 대비해 작은 규모의 관개시스템을 보급하는 것은 그들의 미래를 안정화하는 데 굉장히 중요한 요소이다. 이 프로젝트는 서부와 중부 아프리카의 모든 국가를 대상으로 한 번에 관개시스템을 퍼뜨리는 것이 아니라, 우선순위를 정해서 가장 필요한 국가부터 천천히 시스템을 보급하는 것을 목표로 한다.

35 http://www.fao.org/in-action/action-against-desertification/en/
36 http://www.fao.org/in-action/asl2050/en/
37 http://www.fao.org/in-action/aicca/overview/background/en/

12) 유엔 팔레스타인 난민 구호사업기구(United Nations Relief and Works Agency for Palestine Refugees in the Near East: UNRWA)

(1) 개요

UNRWA는 유엔의 산하기관으로 가자 지구, 요르단 강 서안 지구, 요르단, 레바논, 시리아에 있는 400만 명 이상의 팔레스타인 난민에 대한 교육, 보건, 복지, 구급 등의 원조와 인적개발 봉사기관이다.

① **사무소 위치**: Bayader Wadi Seer, PO Box 140157, Amman 11814, Jordan(Tel: +962 6 580 8100), Gamal Abdul Nasser Street, Gaza City, PO Box 338, IL-78100, Ashqelon, Israel Gaza City, Palestinian Territory(Tel: +972 8 288 7701, +970 8 288 7709)

② **기관장**: 피에르 크라엔뷜(Pierre Krähenbühl), 산드라 미첼(Sandra Mitchell)

③ **홈페이지**: https://www.unrwa.org

* 조달 관련 홈페이지: https://www.unrwa.org/procurement

(2) 설립 이념

UNRWA는 팔레스타인 난민의 인적개발을 촉진하여 지식과 기술의 습득, 지속적이고 건강한 삶, 알맞은 생활 수준 달성, 최대한의 인권을 유지하도록 돕는다.

(3) 연혁

① **1949년**: 유엔 팔레스타인 난민 구호사업기구 설립

② **1950년**: 활동 시작 및 권한 갱신

(4) 핵심 사업 및 활동[38]

① **교육**: 교육이 각 아동의 잠재력과 인권을 최대한 발휘할 수 있도록 하는 데 필수적이라는 것을 인식하고 팔레스타인 난민 어린이들이 양질의 교육을 받을

38 https://www.unrwa.org/what-we-do

수 있도록 약 70년 동안 일해왔다. 양질의 교육은 젊은 팔레스타인 난민들이 그들이 살고 있는 세계를 이해하고 관용, 문화적 정체성, 남녀평등의 가치를 장려한다.

② **건강**: 건강 프로그램은 60년 넘게 팔레스타인 난민에게 예방 및 치료의 포괄적인 1차 건강관리(PHC)서비스를 제공하고 2차 및 3차 건강관리서비스를 이용할 수 있도록 지원해왔다. 또한 난민 캠프에서 벡터 및 설치류 제어를 통해 전염병의 위험을 줄인다.

③ **구호와 사회복지**

- 가장 빈곤한 팔레스타인 난민에게 분기별로 사회안전망 지원을 제공한다.
- 팔레스타인 난민의 기록을 유지, 업데이트 및 보존한다.
- 팔레스타인 난민에게 힘을 실어준다(소외계층의 개발과 자립을 장려).

④ **소액 금융**: 소액 금융부는 신용, 보완 금융서비스를 가구, 기업가 및 소기업 소유자에게 확대한다. 이러한 투자는 일자리를 창출하고 유지하며 빈곤을 줄이고 고객, 특히 여성에게 힘을 실어준다.

⑤ **인프라 및 캠프 개선**: 시설, 대피소, 학교 및 보건센터의 계획, 설계 및 건설, 환경, 건강 부문에 대한 포괄적인 계획을 통해 팔레스타인 난민의 생활환경을 개선하기 위해 시작되었다. 또한 팔레스타인 난민 캠프와 주변 지역의 하수 및 배수 작업, 우물 및 폐수 처리의 복원에 관한 작업도 포함된다.

⑥ **비상 대응**: 상당한 어려움에도 불구하고, 시리아의 팔레스타인 난민들과 레바논과 요르단 등 UNRWA 지역 내의 인근 국가로 피난을 간 사람들에게 긴급 구호, 건강, 보호 및 교육서비스를 지속해서 제공하고 있다.

13) 국제노동기구(International Labour Organization: ILO)

(1) 개요[39]

ILO는 1919년 창설된 3자로 된 유일한 유엔기구로, 187개 회원국의 정부,

39 https://www.ilo.org/global/about-the-ilo/lang--en/index.htm

고용주와 노동자들을 하나로 모아 노동기준을 정하고, 정책을 개발하고, 모든 여성과 남성에게 양질의 일자리를 장려하는 프로그램을 고안한다. ILO의 독특한 삼자구조는 노동자와 고용주 및 정부에게 각각 파트너의 견해가 노동표준과 정책 및 프로그램 형성에 밀접하게 반영되도록 동등한 목소리를 제공한다.

① **사무소 위치**: 4 route des Morillons, CH−1211, Genève 22, Switzerland
② **기관장**: 가이 라이더(Guy Ryder)
③ **이메일**: ilo@ilo.org
④ **홈페이지**: https://www.ilo.org/global/lang--en/index.htm
* 조달 관련 홈페이지: https://www.ilo.org/global/about-the-ilo/procurement/lang--en/index.htm

(2) 설립 이념

ILO의 주요 목표는 직장에서의 권리를 증진하고, 양질의 고용 기회를 장려하며, 사회적 보호를 강화하고, 노동과 관련된 문제에 대한 논의를 강화하는 것이다. 이를 위해 ILO는 회원국들에게 변화하는 업무환경에서 모든 사람이 혜택을 받을 수 있도록 보장하고, 고용관계의 지속성 보장, 모든 노동자의 적절한 보호 보장, 지속적인 경제성장, 완전 고용 및 양질의 일자리 증진을 장려하고 있다.

(3) 연혁

① 1919년: ILO 설립
② 1944년: 제2차 세계대전 중 필라델피아 선언 채택
③ 1946년: 새로 결성된 유엔의 전문기관으로 편입
④ 1969년: 50주년에 노벨평화상 수상

(4) 핵심 사업 및 활동

① **노동 착취 근절 프로젝트**[40]: 현대 노예제도는 아직 진행형이다. 그러나 많은 사람은 이를 인지하지 못하고 있다. 노예제는 아직 과거의 유산이 아니다. 노예

40 http://50forfreedom.org/modern-slavery/

제가 과거에 기원을 둔 것은 맞지만 여전히 다양한 형태로 세계 곳곳에 존재한다. 현대적 노예제도라는 개념 자체가 법제화된 것은 아니지만, 이 용어는 주로 협박, 강요, 폭력 등에 의해 강제로 노동을 하거나 결혼을 하는 경우를 말한다. 그러나 이러한 현대적 노예제는 근절할 수 없는 제도가 아니다. 이 제도는 각국 정부와 여러 시민단체의 협력을 통해 충분히 없앨 수 있다. 이를 위해 ILO는 강제노역에 관한 규약을 만들었다.

② **국제 노동문제 해결을 위한 아티스트 참여사업(ArtWorks)**[41]: ArtWorks는 ILO에서 주최하는 프로그램 중 하나로 세계 각지의 예술인들이 참여하는 프로그램이다. 이 프로그램은 예술인들을 하나로 모아 노동문제에 대한 인식을 고무시키고, 기본권리를 증진하며 사회 변화를 지지함을 목표로 한다. ArtWorks는 특히 노예제와 아동노동으로부터의 해방, 노동 현장에서의 에이즈 환자 차별 금지, 녹색직업(Green Jobs)[42] 지원 등에 집중하고 있다.

③ **2019 노동의 미래에 대한 ILO 100주년 선언**[43]: 세계의 노동 이슈는 기술 혁신, 인구의 증가, 기후 변화, 세계화 등의 요인으로 인해 변혁을 겪고 있다. 이러한 도전에 대응하고 ILO 창립 100주년을 기념하기 위해 노동의 미래에 대한 100주년 선언은 2019년 108번째 국제노동회의에서 채택되었다. 이 선언은 노동자들의 역량강화를 위한 투자 증대, 노동기관에 대한 투자 증대, 양질의 일자리에 대한 투자 증대 등에 집중한다.

14) 국제원자력기구(International Atomic Energy Agency: IAEA)

(1) 개요

IAEA는 원자력을 군사적인 목적으로 이용하는 것을 막고 평화적인 목적의 이용을 장려하기 위해 설립되었다. 비엔나에 소재(뉴욕과 도쿄에 연락사무소 설치)하고 있으며, 168개 회원국이 가입하였다.

41 https://www.ilo.org/global/about-the-ilo/artworks/about/lang--en/index.htm

42 녹색직업이란 지속 가능한 사업 혹은 환경보호에 적극적인 일자리를 말한다.
https://www.ilo.org/global/topics/green-jobs/lang--en/index.htm

43 https://www.ilo.org/global/about-the-ilo/mission-and-objectives/centenary-declaration/lang--en/index.htm

① **사무소 위치**: Vienna International Centre, PO Box 100, A-1400 Vienna, Austria(Tel: +43 (1) 2600-0)

② **기관장**: 라파엘 마리아노 그로시(Rafael Marinao Grossi)

③ **E-mail**: Official Mail(https://www.iaea.org/contact/official-mail)

④ **홈페이지**: https://www.iaea.org

*조달 관련 홈페이지: https://www.iaea.org/about/procurement

(2) 설립 이념[44]

IAEA는 전 세계에 원자력의 평화적 이용을 위한 연구개발 실용화를 장려하고 이에 필요한 물자, 서비스 설비를 제공하고, 과학적·기술적인 정보교환을 촉진하며, 핵분열 물질이 군사 목적으로 사용되지 않도록 보장조치를 마련한다.

(3) 연혁

① 1953년: 제8차 유엔총회에서 미국 아이젠하워 대통령의 제창으로 설립

② 1956년: 국제원자력기구 창립

③ 1957년: 7월 헌장 발효

(4) 핵심 사업 및 활동[45]

① **원자력발전 및 응용사업**: 원자로개발, 원전 운영, 핵연료 주기, 방사성폐기물 등에 관련된 기술현황 조사보고서 발간 및 개발방향 제시, 원자력의 경제성 비교 등 수행/원자력의 농업, 보건, 산업이용 및 핵융합 등 기초과학 연구개발활동을 지원한다.

② **기술 협력사업**: 개도국 대상 평화적 목적의 원자력 기술 이전 및 회원국 간 교류 증진을 위한 사업을 장려한다.

③ **안전조치활동**: 해당국의 시설과 시설 외부에 존재하고 있는 핵물질에 관한 정보관리, 기구에 제출되는 각종 핵물질 보고서의 검토 및 평가, 핵물질 국제이

---

44 https://ko.wikipedia.org/wiki/%EA%B5%AD%EC%A0%9C_%EC%9B%90%EC%9E%90%EB%A0%A5_%EA%B8%B0%EA%B5%AC#%EC%82%AC%EB%AC%B4%EC%B4%9D%EC%9E%A5

45 http://www.mofa.go.kr/www/wpge/m_20284/contents.do

전에 관한 정보관리, 미계량물질의 원인분석 및 추적관리, 현장 사찰을 통해 해당국의 의무사항 준수 여부 확인 및 시정조치를 취한다.

④ **안전성 관련 활동**: 방사선 피해로부터 인체 및 재산보호를 위한 안전성 관련 활동 수행, 인명 및 재산에 대한 위험 최소화를 위한 안전기준 설정 및 적용, 가동 중인 원자력발전소의 안전성 점검(OSART) 등 원전의 안전성 확보를 위한 서비스를 제공한다.

⑤ **핵안보 관련 활동**: 핵물질 위협의 개념을 정립하고 대처방안 논의, 핵물질, 여타 방사능물질 혹은 관련 시설에 대한 탈취, 무단접근, 불법 이전 혹은 기타 악의적 행위에 대한 예방・방지・대응 관련 자문서비스를 제공하고 이와 관련된 각국의 사회적 기반시설 구축을 지원한다.

⑥ **정보 수집 및 제공**: 세계 각국에서 발행되는 원자력의 평화적 이용과 관련된 각종 정보 자료를 수집, 처리, 관리하여 적시에 필요한 정보를 회원국에 제공하고, 이를 위해 INIS(International Nuclear Information System) 등 각종 정보시스템을 운영한다.

15) 유엔산업개발기구(UN Industrial Development Organization: UNIDO)

(1) 개요[46]

UNIDO는 유엔의 전문기구로 빈곤 감소, 세계화, 환경적 지속 가능성을 증진시키는 데 힘쓰고 있다. 2019년 4월 1일 기준 UNIDO의 회원국 수는 170개다. 회원국들은 정책 결정 회의에서 UNIDO의 지도원칙과 정책을 정기적으로 논의하고 결정한다. 특히 개발도상국의 산업개발 확대 및 근대화 지원, 개도국 간 혹은 개도국 및 선진국 간 협력 촉진, 산업개발 관련 유엔기구활동 조정 등의 역할을 수행하고 있다. LDC(Least Developed Country) 국가들 산업의 지속 가능한 발전을 지원하고 환경오염 등의 산업문제를 극복하고 사람들의 삶과 세계의 번영을 목표로 한다.

46 https://www.unido.org/who-we-are/unido-brief

① **사무소 위치:** Vienna International Centre Wagramerstr, 5, P.O. Box 300 A-1400 Vienna Austria

② **기관장:** 리용(Li Yong)

③ **홈페이지:** https://www.unido.org/

*조달 관련 홈페이지: https://www.unido.org/unido-procurement

(2) 설립 이념[47]

UNIDO의 임무는 2013 UNIDO 총회에서 결의된 것처럼 포괄적이고 지속 가능한 산업발전(Inclusive and Sustainable Industrial Development: ISID)을 증진시키는 데 있다. ISID는 UNIDO가 2030년까지 이룩하고자 하는 목표인 지속 가능한 발전 목표(Sustainable Development Goals: SDGs)와 큰 연관이 있다. 그 내용으로 자생력 있는 기반시설 건설, 포괄적이고 지속 가능한 산업화 촉진, 혁신개발 등이 있다.

(3) 연혁

① **1966년:** UNIDO 설립(유엔 내 자치기구로 기능)

② **1975년:** 유엔 전문기구로 편입

③ **2001년:** 유엔 새천년개발목표에 발맞춰 UNIDO 프로그램 수립

(4) 핵심 사업 및 활동

① **개발도상국 산업 경쟁력 강화 프로그램[48]:** 산업발전에 있어서 기업가 정신, 사업투자, 기술발전, 기술 고도화, 양질의 일자리 창출 등은 매우 중요한 요소이다. 이러한 모든 요인은 개발도상국들의 열악한 상황을 반전시킬 수 있는 지속적인 생산성 향상에 기여한다. 게다가 국내 또는 국제시장에 더 잘 접근할 수 있는 시스템이 보완된다면 개발도상국에 빈곤 퇴치에 엄청난 기여를 할 수 있다. 또한 개발도상국들은 더 많은 일자리 창출, 수출, 그리고 외국인 직접투자(FDI)를 포함한 세계화로 인한 이득을 취할 수 있다. 개발도상국이 세계무역시장에 참여하는 것은 그 국가의 경제발전에 관한 전략적 차원에서 굉장히 중

47 https://www.unido.org/who-we-are/unido-sustainable-development-goals

48 https://www.unido.org/our-focus/advancing-economic-competitiveness

요한 요소이기도 하다.

② **무분별한 개발로 인한 환경파괴 정화 프로그램**[49]: 오염, 기후 변화, 서식지 파괴, 그리고 천연자원의 지나친 탐사는 가난한 지역들 사이에서 인간의 건강, 웰빙, 그리고 생계에 큰 해를 끼치고 있으며 장기적인 회복력과 튼튼한 경제에 대한 전망을 훼손시키고 있다. 산업계가 지속 가능한 방식으로 번영하기 위한 전제 조건 중 하나는 자원 효율의 향상과 함께 저렴하고 깨끗한 에너지의 확실한 공급을 확보하는 것이다. 환경파괴문제를 해결하려면 공공과 민간 모두 산업과 기관이 환경 변화를 평가하고 이해하고, 적절한 정책을 설계 및 구현하고, 자원 효율적 사회와 저배출 성장을 위해 노력할 수 있어야 한다.

③ **지속 가능한 성장을 위한 연구개발 역량 강화 프로그램**[50]: 연구개발 강화와 연구시설 설립은 UNIDO가 강조하는 개발도상국 경제발전의 필수적인 요소 중 하나이다. 한 나라가 지속 가능한 성장을 이룩하기 위해서는 위의 요소에 대한 투자를 아낌없이 할 수 있어야 한다. 개발도상국이 초기에 연구개발에 대한 전략을 잘 수립함으로써 경제발전의 선순환이 이루어질 수 있도록 지원하고 있다.

49 https://www.unido.org/our-focus/safeguarding-environment

50 https://www.unido.org/our-focus/strengthening-knowledge-and-institutions

04 Chapter

유엔조달시장의 이해

Chapter 04

유엔조달시장의 이해

제1절 유엔조달 개요[1]

1. 개요(유엔조달 운용원칙)

유엔은 스튜어드십(Stewardship)의 개념을 근간으로 조달을 운용하고 있다. 스튜어드십이란 유엔기관들이 공적자금을 운용하는 일종의 간사라는 의미다. 유엔기관들로 들어오는 자금은 모두 유엔의 목표를 이루기 위해 신뢰를 기반으로 다양한 정부 및 기관들이 동의하고 제공하는 것이다. 즉 이러한 이해관계자들의 자금을 운영해야 하는 것이기 때문에 공적자금은 각 기관의 사명에 걸맞게 알맞은 위치에서 적절한 금액이 쓰여야 한다. 이러한 공적자금의 흐름을 관리하는 사람들을 조달 책임자(Procurement Officer)라고 부른다. 이들은 자금이 공정하고 투명하게 운용되고, 효율적으로 사용되도록 전문적으로 자금을 관리한다.

앞서 언급했듯이 조달에는 4가지의 운용원칙이 있다. 자금은 효율적으로 운영되어야 하고, 책임감·진실성·투명성을 가지고 운용해야 하며 조달과정은 공정하고 경쟁지향적이어야 하고 조달의 결과는 그 기관에 이익을 극대화시켜주어야 한다. 그렇다면 각 운용원칙이 정확히 의미하는 바는 무엇인가?

우선 자금이 효율적으로 쓰인다는 것은 조달제품 혹은 서비스의 질, 비용, 전달기간 등이 최종사용자의 요구에 부응하는 요소들 사이에서의 최상의 조합을 찾는 것이다. 이것은 단순히 최저가의 조달을 의미하는 것이 아닌, 투자 대비 가장 성과가 좋거나 제안요청서에서 명시된 요구사항들을 가장 많이 충족하는 결과를 말한다. 이러한 효율성을 높이기 위해서 계약자는 반드시 경쟁을 활성화하고, 업체 선정

1 UN, *UN Procurement Practitioner's Handbook*, 2017, pp.7-15 참고

과정의 복잡성을 최소화하며, 공정한 평가를 보장하고 사업을 가장 잘 이해하고 현실화시킬 수 있는 업체를 선정해야 한다.

책임감 있게 운용한다는 것은 각 유엔기관들이 주인의식을 가지고 모든 의무와 책무에 따른다는 것을 의미한다. 예를 들어 각 기관은 자금 규제·규율에 순응하고, 계약서에 명시된 이행조건들을 충실히 지켜야 한다. 진실성이라는 것은 모든 입찰자에게 공정성을 보장하는 것이고, 사적인 이익에 의해 조달의 전체적인 과정을 훼손해서는 안 된다는 것이다. 투명성이라는 것은 입찰부터 시작하는 과정이 모두에게 열려있어야 한다는 것이고 업체의 강점과 약점이 모두 드러나서 부적절한 공급자들이 조기에 감지되도록 하는 것이다.

공정하고 투명한 경쟁은 유엔조달의 핵심이라고 할 수 있다. 경쟁이 효과적으로 운영되기 위해서는 부패를 방지하고 명확하고 적절한 규제가 선행되어야 하며 평가기준은 모든 사람이 이해할 수 있을 정도로 모호한 요소가 없어야 한다. 또한 조달의 전체적인 과정은 모든 공급자에게 열려있어야 하고 최대한 다수의 공급자가 참여할 수 있도록 유도해야 한다.

조달의 결과가 그 기관의 이익을 극대화시켜준다는 것은 그 기관의 사명 및 목표를 조달을 통해 달성시킬 수 있어야 한다는 것을 의미한다. 각 기관은 조달을 통해 공공의 이익을 실현하고, 동시에 이해관계자들의 이익을 보장하고 기관의 대외 이미지나 명성을 유지해야 한다.

2. 재정규정과 조달절차

재정규정(Financial Regulations and Rules: FRR)은 각 유엔기관이 저마다의 조달과정을 운영하는 데 있어서 어떻게 수행해야 하는지에 대한 토대를 제공해준다. 유엔기관들은 대부분 비슷한 FRR규칙을 가지고 있지만 자본의 양, 조직체계, 조달 승인과정 등의 요소 차이로 인해 조금씩 다른 내용의 규칙들도 가지고 있다. FRR의 내용은 주로 전체적인 조달과정을 규정하고, 공급자를 평가하고 선정하는 적절한 방법을 알려준다.

FRR에서는 조달 예산이 승인되었을 때만 절차를 수행할 수 있도록 규정하고 있다. 하지만 만약 특정 기관이 예상치 못한 상황에 직면해서 조달을 수행해야 할 경우, 예외적으로 예산이 승인되기 전에 내부 조달절차를 수행할 수 있도록 허용하고 있기도 하다. 이러한 경우에 잠재적인 공급자들은 꼭 그 입찰이 '조달 예정(in anticipation)'이라는 것과 모든 승인이 완료되어야 조달이 진행되리라는 것을 전달받아야 한다.

또한 FRR에서는 유엔기관들이 조달에 관한 책임을 분리하도록 조직체계를 구성할 것을 규정하고 있다. 이러한 분리의 주요한 목적은 사기와 부패를 방지하고, 조달과정에 있어서 주요 실무자들의 책임감을 강조하기 위해서이다. 이 분리구조는 기관 자체적으로 조달과정을 감시하고, 각 이해관계자의 균형을 유지하며 각자의 전문영역을 특화하기 위해 조달 수혜자, 예산관리자, 구매자, 공급자, 납부자 등을 독립된 개체로 인지한다.

그리고 FRR에서는 유엔기관의 사무장들이 조달활동과 관련해서 특정 직원을 임명하도록 규정하고 있다. 이는 조달을 수행하는 데 있어서 행정적인 장애물을 없애고, 직접 임무를 부여함으로써 책임감을 가지고 조달을 수행하도록 하기 위해서이다. 이들이 수행하는 역할은 주로 계약을 맺는 것, 지불수단을 실행하는 것 등이 있다. 이러한 역할을 수행함으로써 조달 책임자는 조달과정에서 생기는 실수나 위법행위에 관해서 법적 책임을 가지게 된다. 조달 책임자의 역할 정도에 관해서는 각 기관마다 조금씩 다르지만 FRR에서는 크게 5단계 정도의 역할을 규정함으로써 각 단계별로 조달에 관해 책임지는 영역을 다르게 설정했다.[2]

3. 유엔조달 개혁사업

유엔은 유엔의 국제적 특성을 고려하면서도 투명성, 효과성, 효율성의 원칙을 강화하기 위해 유엔조달 개혁사업을 1999년 이래로 시행하고 있다. 이 사업의 내용으로는 개발도상국이나 과도기 국가에게 조달 기회를 늘려주는 것, 경쟁입찰에 의한 공정하고 비용-효율적인 조달과정 수립, 정보화시대에 따른 입찰, 제안, 요청 등의 전자화 등이 있다. 이러한 개혁 작업은 고위 조달 네트워크 경영진위원회(High Level Committee on Management Procurement Network: HLCM PN)의 지지 아래

2 5단계의 자세한 사항은 UN, *UN Procurement Practitioner's Handbook*, 2017, p.11 참고

수행되었다. 이 사업의 일환으로 UNGM(UN Global Market) 사이트가 개설되었으며, 공급자들은 간략해진 벤더 등록절차를 통해 더욱 손쉽게 유엔기관에 조달을 할 수 있게 되었다. 또한 다양한 유엔조달 관련 지침서들이 만들어졌고, 교육훈련 등이 개설되었다. 이 외에도 개혁사업의 일환으로 많은 유엔기관들이 조달 관련 규정을 개선하기 위해 팀을 만들어 활동하기도 했다. 예를 들어 스위스 제네바에 근간을 두고 있는 기관들은 공용조달활동 그룹(the Common Procurement Activities Group: CPAG)을 만들어 조달절차를 단순화하여 효율성을 극대화시켰다. 이들은 유엔기관 간 조달정책의 표준화를 지향하였고, 가까운 기관들끼리 조달을 공용함으로써 규모의 경제를 실현하고자 했다.

4. 유엔의 조달 전문인력 양성

유엔 내에서 조달이란 개념은 과거와 달리 단순히 구매를 담당하는 작은 부서에서, 부가가치를 창출하고 기관의 목표를 성취하는 전문부서로 거듭나게 되었다. 조달이란 분야는 대부분의 유엔기관에서 중요한 전략으로 자리 잡게 된 것이다. 이로 인해 조달 책임자는 굉장한 신뢰감을 요구하는 자리가 되었고 높은 수준의 전문성을 요구하게 되었다. 따라서 조달 책임자의 전문성과 윤리성을 제고하는 것은 유엔 조달 개혁사업에 있어서 핵심적인 부분을 차지하였다.

이러한 요구에 부응하여 유엔 내에서는 조달 전문인력을 양성하기 위한 교육 및 인증 프로그램을 다수 운영하고 있다. 훈련은 온라인, 오프라인으로 나누어져 있고, 다양한 기관에 의해 훈련이 개발되기도 하였다. 유엔개발계획(UN Development Programme: UNDP)은 다른 기관보다 전문화된 조달 교육 및 인증 프로그램을 개설하였다. UNDP의 교육은 초급(Introductory, Level 2), 심화(Advanced, Level 3), 졸업(Diploma, Level 4)으로 이루어져 있으며 유엔 및 공공조달에 관한 규율, 정책, 절차 등을 성공적으로 수행할 수 있도록 맞춤형 교육을 제공하고 있다.

이 과정을 모두 마치면 공인조달공급연구소(The Chartered Institute of Purchasing and Supply: CIPS)에서 더욱 심화된 교육을 받을 수 있으며 조달 및 공급망관리에 대한 전문지식을 쌓을 수 있다.

제2절 유엔조달현황

1. 개요(유엔조달규모)

2018년 유엔조달시장규모는 약 187억 달러로 2017년 대비 약 0.8% 증가하였고, 최근 10년간(2009~2018) 조달규모는 꾸준히 증가하는 추세를 보였다. 조달분야별로 살펴보면 2018년 물품분야는 약 90억 달러, 서비스분야는 약 97억 달러로 5 : 5 비중으로 나타났다.

(단위: US 백만 달러)

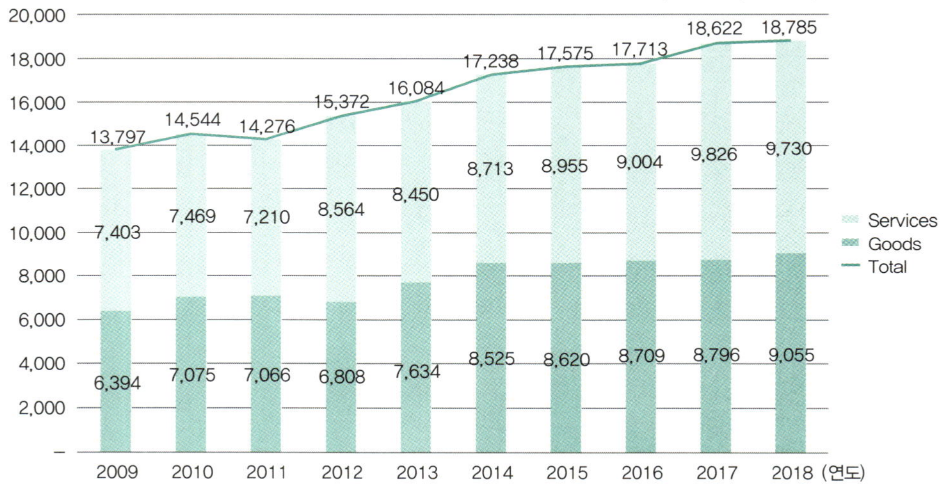

출처: UNOPS, 2018 Annual Statistical Report on United Nations Procurement

그림 4-1 최근 10개년 유엔조달규모

2. 품목별 조달규모

2018년 조달규모가 가장 큰 품목을 살펴보면 의약품이 15.9%로 가장 높게 나타났으며, 다음으로 운송 및 보관서비스 12.7%, 식품 및 음료제품 10.8% 순으로 높게 나타났다.

물품분야에서는 의약품 15.9%, 식품 및 음료제품 10.8%, 연료 및 윤활제 3.3%, 의료기기 3.2%, 서비스분야에서는 운송 및 보관서비스 12.7%, 관리 및 행정서비스 8.9%, 건설 및 유지보수서비스 7.4%, 엔지니어링 및 조사서비스 5.3% 순으로 높게 나타났다.

표 4-1 2018년 주요 품목별 조달규모

(단위: US 백만 달러)

조달품목(UNSPSC Code)	조달액
Pharmaceuticals, Contraceptives, Vaccines (51000000)	2,996
Transportation, Storage, Mail Services (78000000)	2,386
Food and Beverage Products (73130000)	2,047
Management and Admin Services (80000000)	1,672
Building and Maintenance Services (72000000)	1,393
Engineering and Research Services (81000000)	1,105
Fuels and Lubricants etc. (15000000)	635
Medical Equipment (42000000)	605
Travel, Food and Lodging (90000000)	450
IT and Communications Equipment (43000000)	440

출처: UNOPS, 2018 Annual Statistical Report on United Nations Procurement

3. 기관별 현황

2018년 조달규모가 가장 큰 상위 10개 기관을 살펴보면 WFP가 약 21%로 가장 많은 비중을 차지하였다. 다음으로 UNICEF, UNPD, UNDP, UNHCR 순으로 높게 나타났다.

WFP는 총 155개 국가로부터 조달하였으며, 식음료 45.7%, 운송 및 보관서비스 32.3%, 연료 및 윤활제 3.7%, 운영 및 행정서비스 2.8% 순으로 높게 나타났다.

UNICEF는 총 173개 국가로부터 조달하였으며 의약품이 45.3%, 의료기기 11.1%, 운영 및 행정서비스 9.4%, 엔지니어링 및 조사서비스 6.3% 순으로 높게 나타났다.

이와 같이 UNGM 웹사이트(https://www.ungm.org)를 통해 연간 유엔조달현황을 살펴보고 자사의 품목 및 서비스를 주로 조달하는 기관에 대한 정보를 습득하는 것이 중요하다.

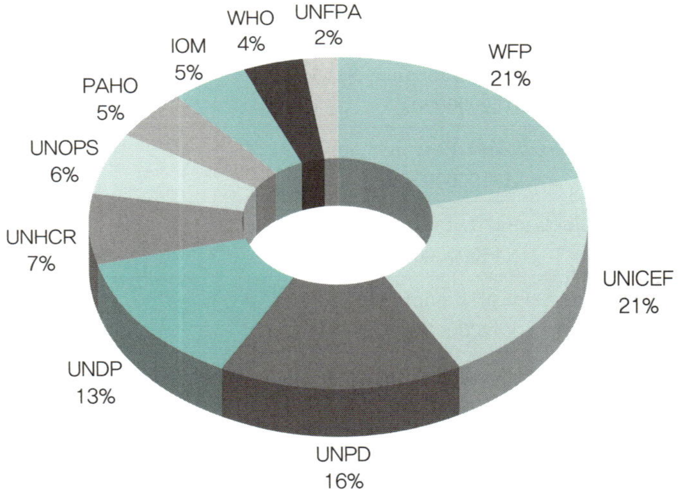

출처: UNOPS, 2018 Annual Statistical Report on United Nations Procurement

그림 4-2 2018년 주요 유엔기관별 조달규모

1) WFP

표 4-2 WFP 최근 3개년 조달규모

(단위: US 달러)

WFP	2016	2017	2018
서비스	1,356,602,338	1,381,810,987	1,585,750,588
재화	1,605,301,360	1,693,521,809	1,911,290,068
총액	2,961,903,698	3,075,332,797	3,497,040,657

출처: UNGM 사이트

표 4-3 WFP 대표 조달품목 및 조달규도

(단위: US 달러)

조달품목(UNSPSC Code)	조달액
Food and Beverage Products (73130000)	1,600,000,000
Transportation, Storage, Mail Services (78000000)	1,130,000,000
Fuels and Lubricants etc. (15000000)	130,000,000
Management and Admin Services (80000000)	100,000,000
Industrial Manufacturing Services (23000000)	64,825,000
Politics and Civic Affairs Services (93000000)	54,193,000
Motor Vehicles and Parts (25000000)	46,935,000
Engineering and Research Services (81000000)	45,232,000
Public Sector Related Services (83000000)	41,943,000
IT and Communications Equipment (43000000)	39,184,000

출처: UNGM 사이트

2) UNICEF

표 4-4 UNICEF 최근 3개년 조달규모

(단위: US 달러)

UNICEF	2016	2017	2018
서비스	854,714,386	1,090,711,495	1,110,962,684
재화	2,630,479,605	2,337,972,752	2,375,072,853
총액	3,485,192,991	3,428,684,247	3,486,035,538

출처: UNGM 사이트

표 4-5 UNICEF 대표 조달품목 및 조달규모

(단위: US 달러)

조달품목(UNSPSC Code)	조달액
Pharmaceuticals, Contraceptives, Vaccines (51000000)	1,580,000,000
Medical Equipment (42000000)	390,000,000
Management and Admin Services (80000000)	330,000,000
Engineering and Research Services (81000000)	220,000,000
Building and Maintenance Services (72000000)	190,000,000
Transportation, Storage, Mail Services (78000000)	150,000,000
Financial and Insurance Services (84000000)	100,000,000
Apparel, Luggage and Personal Care (53000000)	70,000,000
Tools and General Machinery (27000000)	67,000,000
Office Equipment (44000000)	57,000,000

출처: UNGM 사이트

3) UNPD

표 4-6 UNPD 최근 3개년 조달규모

(단위: US 달러)

UNPD	2016	2017	2018
서비스	1,931,699,375	1,623,699,268	1,540,628,909
재화	1,301,515,394	1,123,022,452	1,096,067,415
총액	3,233,214,770	2,746,721,721	2,636,696,325

출처: UNGM 사이트

표 4-7 UNPD 대표 조달품목 및 조달규모

(단위: US 달러)

조달품목(UNSPSC Code)	조달액
Transportation, Storage, Mail Services (78000000)	590,000,000
Fuels and Lubricants etc. (15000000)	420,000,000
Food and Beverage Products (73130000)	360,000,000
Building and Maintenance Services (72000000)	200,000,000
Engineering and Research Services (81000000)	180,000,000
Management and Admin Services (80000000)	150,000,000
Public Order and Security Services (92000000)	92,025,000
Travel, Food and Lodging (90000000)	86,517,000
IT and Communications Equipment (430000000)	77,912,000
Financial and Insurance Services (84000000)	67,012,000

출처: UNGM 사이트

4) UNDP

표 4-8 UNDP 최근 3개년 조달규모

(단위: US 달러)

UNDP	2016	2017	2018
서비스	1,121,188,270	1,396,132,171	1,501,534,336
재화	576,277,777	720,877,502	644,960,661
총액	1,697,466,048	2,117,009,673	2,146,494,997

출처: UNGM 사이트

표 4-9 UNDP 대표 조달품목 및 조달규모

(단위: US 달러)

조달품목(UNSPSC Code)	조달액
Building and Maintenance Services (72000000)	400,000,000
Management and Admin Services (80000000)	360,000,000
Pharmaceuticals, Contraceptives, Vaccines (51000000)	310,000,000
Engineering and Research Services (81000000)	260,000,000
Transportation, Storage, Mail Services (78000000)	87,372,000
Education and Training Services (86000000)	70,107,000
Public Sector Related Services (83000000)	69,980,000
Travel, Food and Lodging (90000000)	65,541,000
Motor Vehicles and Parts (25000000)	64,371,000
IT and Communications Equipment (43000000)	54,694,000

출처: UNGM 사이트

5) UNHCR

표 4-10 UNHCR 최근 3개년 조달규모

(단위: US 달러)

UNHCR	2016	2017	2018
서비스	617,132,989	806,513,534	662,387,437
재화	562,627,684	432,902,684	438,331,575
총액	1,179,760,674	1,239,416,219	1,100,719,013

출처: UNGM 사이트

표 4-11 UNHCR 대표 조달품목 및 조달규모

(단위: US 달러)

조달품목(UNSPSC Code)	조달액
Management and Admin Services (80000000)	180,000,000
Financial and Insurance Services (84000000)	130,000,000
Transportation, Storage, Mail Services (78000000)	79,315,000
Building and Maintenance Services (72000000)	76,224,000
Domestic Appliances and Electronics (52000000)	69,706,000
Engineering and Research Services (81000000)	64,009,000
Motor Vehicles and Parts (25000000)	56,645,000
Politics and Civic Affairs Services (93000000)	52,594,000
Structures, Construction Components (30000000)	51,189,000
Public Order and Security Services (92000000)	46,841,000

출처: UNGM 사이트

6) UNOPS

표 4-12 UNOPS 최근 3개년 조달규모

(단위: US 달러)

UNOPS	2016	2017	2018
서비스	578,319,685	474,006,995	427,842,934
재화	321,858,860	594,864,114	493,053,859
총액	900,178,546	1,068,871,109	920,896,794

출처: UNGM 사이트

표 4-13 UNOPS 대표 조달품목 및 조달규모

(단위: US 달러)

조달품목(UNSPSC Code)	조달액
Pharmaceuticals, Contraceptives, Vaccines (51000000)	120,000,000
Building and Maintenance Services (72000000)	96,873,000
Public Order and Security Services (92000000)	90,145,000
Motor Vehicles and Parts (25000000)	77,956,000
Engineering and Research Services (81000000)	60,140,000
Laboratory and Testing Equipment (41000000)	54,646,000
IT and Communications Equipment (43000000)	49,592,000
Management and Admin Services (80000000)	45,548,000
Transportation, Storage, Mail Services (78000000)	40,209,000
Medical Equipment (42000000)	33,971,000

출처: UNGM 사이트

7) PAHO

표 4-14 PAHO 최근 3개년 조달규모

(단위: US 달러)

PAHO	2016	2017	2018
서비스	112,162,061	249,844,346	155,709,508
재화	677,512,262	669,538,747	752,059,305
총액	789,674,324	919,383,093	907,768,813

출처: UNGM 사이트

표 4-15 PAHO 대표 조달품목 및 조달규모

(단위: US 달러)

조달품목(UNSPSC Code)	조달액
Pharmaceuticals, Contraceptives, Vaccines (51000000)	710,000,000
Transportation, Storage, Mail Services (78000000)	60,947,000
Editorial, Design, Graphic Services (82000000)	29,110,000
Management and Admin Services (80000000)	18,029,000
Building and Maintenance Services (72000000)	17,356,000
Medical Equipment (42000000)	13,129,000
Travel, Food and Lodging (90000000)	10,568,000
Motor Vehicles and Parts (25000000)	7,697,000
Laboratory and Testing Equipment (41000000)	7,504,000
Engineering and Research Services (81000000)	6,872,000

출처: UNGM 사이트

8) IOM

표 4-16 IOM 최근 3개년 조달규모

(단위: US 달러)

IOM	2016	2017	2018
서비스	319,951,662	389,556,166	458,564,085
재화	202,537,124	228,040,261	383,062,498
총액	522,488,787	617,596,428	841,626,584

출처: UNGM 사이트

표 4-17 IOM 대표 조달품목 및 조달액

(단위: US 달러)

조달품목(UNSPSC Code)	조달액
Unspecified Services	130,000,000
Unspecified Goods	110,000,000
Management and Admin Services (80000000)	100,000,000
Office Equipment (44000000)	50,033,000
IT and Communications Equipment (43000000)	49,444,000
Building and Maintenance Services (72000000)	45,769,000
Transportation, Storage, Mail Services (78000000)	41,907,000
Food and Beverage Products (73130000)	28,278,000
Engineering and Research Services (81000000)	26,539,000
Domestic Appliances and Electronics (52000000)	22,190,000

출처: UNGM 사이트

9) WHO

표 4-18 WHO 최근 3개년 조달규모

(단위: US 달러)

WHO	2016	2017	2018
서비스	569,107,383	443,258,555	535,812,795
재화	187,832,517	223,291,888	199,333,478
총액	756,939,901	666,550,443	735,146,273

출처: UNGM 사이트

표 4-19 WHO 대표 조달품목 및 조달규모

(단위: US 달러)

조달품목(UNSPSC Code)	조달액
Healthcare Services (85000000)	250,000,000
Building and Maintenance Services (72000000)	79,390,000
Medical Equipment (42000000)	68,790,000
Engineering and Research Services (81000000)	62,153,000
Management and Admin Services (80000000)	43,571,000
Pharmaceuticals, Contraceptives, Vaccines (51000000)	42,337,000
Editorial, Design, Graphic Services (82000000)	31,778,000
Laboratory and Testing Equipment (41000000)	28,053,000
IT and Communications Equipment (43000000)	21,138,000
Travel, Food and Lodging (90000000)	18,095,000

출처: UNGM 사이트

10) UNFPA

표 4-20 UNFPA 최근 3개년 조달규모

(단위: US 달러)

UNFPA	2016	2017	2018
서비스	126,334,744	127,562,488	129,585,971
재화	155,622,408	189,234,938	270,526,136
총액	281,957,152	316,797,426	400,112,107

출처: UNGM 사이트

표 4-21 UNFPA 대표 조달품목 및 조달규모

(단위: US 달러)

조달품목(UNSPSC Code)	조달액
Pharmaceuticals, Contraceptives, Vaccines (51000000)	180,000,000
Transportation, Storage, Mail Services (78000000)	32,110,000
Medical Equipment (42000000)	25,924,000
Apparel, Luggage and Personal Care (53000000)	24,189,000
Management and Admin Services (80000000)	22,093,000
IT and Communications Equipment (43000000)	17,104,000
Building and Maintenance Services (72000000)	14,959,000
Education and Training Services (86000000)	13,364,000
Motor Vehicles and Parts (25000000)	11,413,000
Organizations and Clubs (94000000)	10,795,000

출처: UNGM 사이트

제3절 주요 경쟁국 조달현황(OECD 국가, 중국, 인도)

1. 주요 경쟁국 조달현황

1) 국가별 조달현황

유엔조달사업에 한국기업의 진출은 2019년 기준으로 1% 이하의 시장점유율을 차지하고 있다. 한국과 경쟁관계에 있는 지역 및 국가를 비교분석을 통하여 한국기업의 현재 유엔조달의 현황과 미래지향적인 사업개발전략 수립을 위한 자료를 공유하는 차원에서 주변 경쟁국의 유엔조달현황을 살펴본다.

2018년 권역별 조달현황을 살펴보면 아시아권 33.8%, 우럽권 30.2%, 아프리카 20.1%, 북미 9.6%, 중미 5.9%, 기타 0.5% 순으로 높게 나타났다.

① 조달규모 순위 상위 10개 국가를 살펴보면 미국 8.7%, 인도 5.5%, 아랍에미리트 4.3%, 벨기에 4.0%, 영국 3.1% 등의 순으로 높은 비중을 보이며, 해당 10개국은 유엔 총조달의 40.5%를 차지하였다.

② 한국은 0.85%로 매우 저조한 비중을 차지하였으며 한국과 비슷한 수준이면서 주요 경쟁국인 중국은 1.1%, 일본은 0.7%로 나타났다.

표 4-22 2018년 Top 50 조달 국가

(단위: US 달러)

순위	국가명	서비스	재화	총액
1	미국	910,844,793	729,725,835	1,640,570,628
2	인도	189,211,170	852,717,348	1,041,928,519
3	아랍에미리트	171,734,776	632,352,356	804,087,132
4	벨기에	75,992,336	669,262,135	745,254,472
5	영국	402,538,105	180,077,253	582,615,358
6	예멘	349,532,409	226,357,442	575,889,852
7	프랑스	156,752,752	414,764,136	571,516,889
8	덴마크	333,412,862	217,494,204	550,907,066
9	케냐	350,597,212	198,737,290	549,334,503

10	스위스	426,753,104	114,547,384	541,300,489
11	네덜란드	121,759,643	388,825,941	510,585,584
12	이라크	415,188,518	71,572,174	486,760,693
13	터키	150,309,638	286,709,927	437,019,566
14	레바논	270,914,404	102,740,324	373,654,728
15	이탈리아	236,445,148	128,011,272	364,456,421
16	러시아	234,361,012	83,390,816	317,751,829
17	에티오피아	204,662,595	111,156,691	315,819,287
18	파키스탄	189,118,901	92,829,818	281,948,719
19	남수단	153,599,454	103,578,147	257,177,602
20	수단	95,988,553	160,854,213	256,842,767
21	아프가니스탄	174,458,920	72,035,763	246,494,684
22	독일	85,934,894	146,448,968	232,383,862
23	시리아	119,945,247	100,109,515	220,054,763
24	중국	76,925,313	138,061,133	214,986,446
25	나이지리아	117,688,235	95,525,397	213,213,633
26	우간다	104,331,925	108,752,020	213,083,945
27	우크라이나	124,963,426	79,071,730	204,035,157
28	남아프리카공화국	115,572,791	84,412,705	199,985,497
29	요르단	119,450,197	63,117,861	182,568,058
30	오스트리아	118,474,614	63,350,093	181,824,707
31	콩고민주공화국	130,248,317	36,063,781	166,312,098
32	파나마	37,064,271	127,578,265	164,642,537
33	콜롬비아	123,904,504	40,397,811	164,302,316
34	싱가포르	11,790,884	148,946,629	160,737,513
35	대한민국	25,968,931	133,627,649	159,596,581
36	방글라데시	65,456,134	92,250,145	157,706,280
37	말리	106,983,081	30,359,735	137,342,816
38	일본	22,442,450	108,767,974	131,210,425
39	과테말라	28,464,721	98,148,921	126,613,642
40	브라질	114,746,153	7,878,033	122,624,186
41	캐나다	93,092,391	22,448,082	115,540,474

42	그리스	35,897,576	73,135,989	109,033,566
43	인도네시아	51,467,394	49,661,616	101,129,011
44	소말리아	76,941,148	22,807,049	99,748,198
45	스페인	56,093,849	35,901,893	91,995,742
46	니제르	36,791,303	51,465,617	88,256,920
47	탄자니아	42,037,339	45,618,762	87,656,101
48	페루	76,092,275	9,127,808	85,220,083
49	카메룬	52,445,690	28,715,349	81,161,039
50	태국	58,002,348	18,922,497	76,924,846

출처: UNGM 사이트

2) 벤더별 조달현황

2018년 벤더 조달현황을 살펴보면 상위 10개 벤더의 국적은 인도 22.8%, 미국 22.4%, 아랍에미리트 19.1%, 벨기에 18.3%, 프랑스 6.5%, 파나마 6.2%, 케냐 4.5% 순으로 높은 비중을 차지한다. 여기에서 발견할 수 있는 특이한 현상은 생산시설이나 산업 기반시설이 절대적으로 부족하고 천연 및 인력자원이 절대적으로 부족한 아랍에미리트가 유엔조달의 세 번째로 많은 시장점유율을 유지하고 있는 것이다. 이러한 이유는 여러 가지 복합적인 원인을 찾을 수 있겠지단 그 중 중요한 사항은 자금의 유동성과 물류지원시설의 용이함에서 찾아볼 수 있을 것이다.

① 선진국 47.2%, 개발도상국 및 저개발국이 52.6%를 조달하여 선진국보다는 개발도상국 및 저개발국의 비중이 높게 나타났다.

② 선진국 의존도가 높은 품목은 주로 의약품, 공학기술 및 연구서비스, 경영 및 행정서비스, 건설 및 인프라서비스 등 고도기술이 필요한 물품 및 서비스로 나타났으며, 개발도상국에서는 식음료, 연료 및 윤활유, 의류 및 개인용품 등 1차 산업에 가까운 품목 위주로 납품되고 있다.

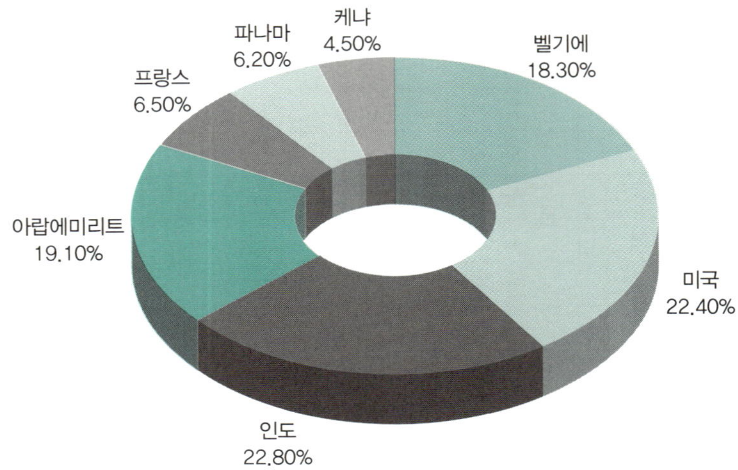

출처: UNGM 사이트

그림 4-3 2018년 주요 벤더 국적별 조달현황

표 4-23 2018년 Top 50 조달 벤더

(단위: US 달러)

순위	벤더명	소속 국가	대표품목	조달액
1	GLAXOSMITHKLINE BIOLOGICALS SA	벨기에	제약, 피임약, 백신	347,813,230
2	PFIZER INC	미국	제약, 피임약, 백신	341,697,082
3	SERUM INSTITUTE OF INDIA LTD	인도	제약, 피임약, 백신	306,131,982
4	TRISTAR TRANSPORT LLC	아랍에미리트	연료, 윤활유	241,489,927
5	MYLAN LABORATORIES LIMITED	인도	제약, 피임약, 백신	127,539,033
6	SANOFI PASTEUR	프랑스	제약, 피임약, 백신	123,923,263
7	ECOLOG INTERNATIONAL FZE	아랍에미리트	식음료	121,763,746
8	ES-KO INTERNATIONAL INC.	파나마	식음료	118,031,123
9	HASHI ENERGY LIMITED	케냐	연료, 윤활유	86,227,966
10	TRIGYN TECHNOLOGIES INC.	미국	공학 기술 및 연구서비스	83,742,452
11	YEMEN COMPANY FOR FLOUR MILLS AND S	예멘	식음료	71,162,710

12	ADM ROMANIA TRADING SRL	루마니아	식음료	67,191,000
13	UTAIR-HELICOPTER SERVICES	러시아	운송, 저장, 메일서비스	67,181,438
14	MICHIELS FABRIEKEN N.V.	벨기에	식음료	67,131,205
15	OIL ENERGY CO. LIMITED	수단	연료, 윤활유	64,344,574
16	SCAN GLOBAL LOGISTICS A/S	덴마크	운송, 저장, 메일서비스	63,080,253
17	CER.FAR. SAS IMPORTAZIONE ED ESPORT	이탈리아	식음료	63,077,869
18	GULFCATERINGCOMPANYFORGENERALTRADEA	아랍에미리트	식음료	62,201,910
19	ETHIOPIAN AIRLINES GROUP	에티오피아	운송, 저장, 메일서비스	61,759,079
20	BASHAN TARIMSAL URUNLERI PAZ. SAN V	터키	식음료	60,994,236
21	UN OFFICE FOR PROJECT SERVICE(UNOPS)	덴마크	금융, 보험서비스	55,902,055
22	VIGOR S.A.	그리스	-	53,748,808
23	NEXTCARE LEBANON SAL	레바논	정책 및 공공서비스	50,905,573
24	RA INTERNATIONAL FZCO	아랍에미리트	건설 및 유지서비스	50,000,759
25	WILMAR TRADING TE LTD	싱가포르	식음료	49,527,862
26	NUTRISET SAS	프랑스	의료기기	49,172,501
27	AMERICAN EXPRESS TRAVEL RELATED SER	미국	여행, 숙박	47,972,823
28	INCHCAPESHIPPINGSERVICES (DUBAI)LLC	아랍에미리트	식음료	47,666,805
29	DOMETIC SARL	룩셈부르크	의료기기	47,411,216
30	FSBSI CHUMAKOV FSC R&D IBP	러시아	제약, 피임약, 백신	46,705,791
31	ALKURAIMI ISLAMIC MICROFINANCE BANK	예멘	금융, 보험서비스	46,090,961
32	PRIVATE JOINT STOCK COMPANY AVIATI	우크라이나	운송, 저장, 메일서비스	45,732,100
33	PFIZER SERVICE COMPANY BVBA	벨기에	제약, 피임약, 백신	45,071,338
34	SNANTHA BIOTECHNICS LTD	인도	제약, 피임약, 백신	44,641,107

35	BAYER AG	독일	제약, 피임약, 백신	44,413,963
36	IMPLENIA SCHWEIZ AG	스위스	건설 및 유지 서비스	43,670,296
37	MDS BV	네덜란드	제약, 피임약, 백신	42,423,334
38	NUTRISET	프랑스	식음료	41,433,777
39	GEODIS USA INC.	미국	운송, 저장 메일서비스	40,908,143
40	TOYOTA MOTOR CORPORATION	일본	자동차 및 부품	40,794,753
41	SKOL AIRLINE LLC	러시아	운송, 저장, 메일서비스	40,775,310
42	ECO FUEL FZE	아랍에미리트	연료, 윤활유	40,413,673
43	MERCK & CO INC	미국	제약, 피임약, 백신	39,456,305
44	UNITED NATIONS DEVELOPMENT CORPORATION	미국	경영, 행정서비스	39,404,511
45	BHARAT BIOTECH INTERNATIONAL LTD	인도	제약, 피임약, 백신	37,272,635
46	IMPENIA	스위스	건설 및 유지서비스	35,198,285
47	THEFAF AL RAFIDAIN CO. FOR GENERAL	이라크	건설 및 유지서비스	34,885,331
48	J.I. COHEN S.A.	과테말라	제약, 피임약, 백신	34,650,914
49	NATIONAL OIL ETHIOPIA	에티오피아	연료, 윤활유	32,867,765
50	BILTHOVEN BIOLOGICALS BV	네덜란드	제약, 피임약, 백신	32,815,026

출처: UNGM 사이트

2. OECD 회원국별 조달현황

1) 주요 회원국별 조달현황

2018년 주요 OECD 회원국별 조달현황을 살펴보면 상위 10개국은 미국 8.7%, 벨기에 3.9%, 영국 3.1%, 프랑스 3.0%, 덴마크 2.9%, 스위스 2.8%, 네덜란드 2.7%, 터키 2.3%, 이탈리아 1.9%, 독일 1.2% 순의 비중을 차지하며, 한국은 0.9%로 12순위에 해당한다.

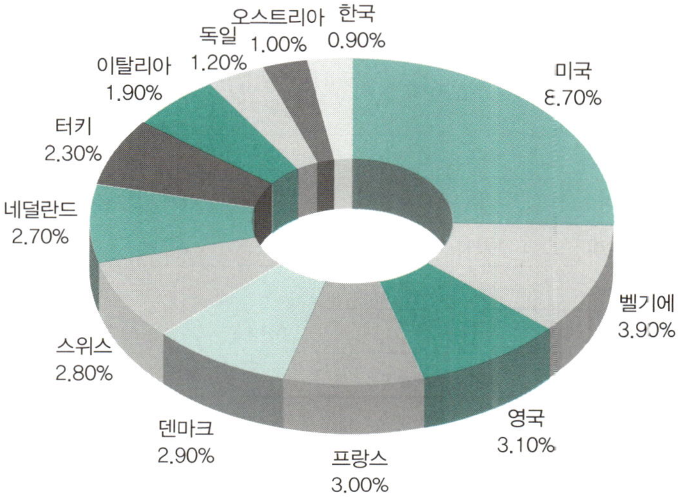

* OECD 회원국(총 36개국): 오스트리아, 벨기에, 캐나다, 덴마크, 프랑스, 독일, 그리스, 아이슬란드, 아일랜드, 이탈리아, 룩셈부르크, 네덜란드, 노르웨이, 포르투갈, 스페인, 스웨덴, 스위스, 터키, 영국, 미국, 일본, 핀란드, 호주, 뉴질랜드, 멕시코, 체코, 헝가리, 폴란드, 한국, 슬로바키아, 칠레, 슬로베니아, 에스토니아, 이스라엘, 라트비아, 리투아니아

출처: UNGM 사이트

그림 4-4 2018년 주요 OECD 회원국별 조달현황

3. 중국 및 인도 조달현황

1) 조달현황

한국과 비슷한 수준이면서 주요 경쟁국인 인도와 중국의 2018년 조달규모는 총 유엔 조달규모 대비 각 5.5%, 1.1%의 비중을 차지한다. 인도와 중국 모두 서비스분야보다 물품분야가 상대적으로 높은 추세이다.

UNGM 벤더 등록기업은 인도 약 5,900개, 중국 약 6,100개지만, 조달 참여율은 인도 47.4%, 중국 17.5%로 나타나 인도에 등록된 벤더들이 중국 대비 3배 이상 활발하게 참여하고 있는 것으로 나타났다.

표 4-24 2018년 인도/중국 유엔조달현황

(단위: US 달러, 개)

구분		조달액	UNGM 벤더 등록기업	조달 참여기업	
				전체	100만 달러 이상
인도	물품	852,717,348	5,898	2,790	75
	서비스	189,211,170			
	전체	1,041,928,519			
중국	물품	138,061,133	6,134	1,077	42
	서비스	76,925,313			
	전체	214,986,446			

출처: UNGM 사이트

2) 주요 조달품목

2018년 인도와 중국의 주요 조달품목 중 의약품, 의료기기, 운영 및 행정서비스는 공통으로 상위 10순위 내에 해당하는 것으로 나타났다.

인도는 주로 의약품, 의료서비스, 금융 및 보험서비스, 가전 및 전기제품, 음식 및 숙박 등 분쟁 및 지원 현장에서 바로 필요한 품목 중심이었고, 중국은 의료기기, 악기, 예술, 공예, 공구 및 일반기계, 차량 및 부품 등 저가 공급이 가능한 2차 제조품 중심으로 조달하고 있다.

표 4-25 2018년 인도/중국 주요 조달품목

(단위: US 만 달러)

구분	순위	품목	조달액
인도	1	제약, 피임약, 백신	70,000
	2	운영 및 행정서비스	5,623
	3	엔지니어링 및 조사서비스	4,038
	4	의료기기	3,167
	5	의료서비스	2,777
	6	운송, 저장 메일서비스	2,470
	7	가전 및 전기제품	2,195
	8	금융 및 보험서비스	1,283

	9	편집 및 디자인서비스	807
	10	음식 및 숙박	639
중국	1	환경서비스	2,467
	2	운영 및 행정서비스	2,412
	3	의료기기	2,261
	4	제약, 피임약, 백신	2,066
	5	악기, 예술, 공예	1,674
	6	청소서비스	1,408
	7	공구 및 일반기계	1,213
	8	운송, 저장 메일서비스	673
	9	차량 및 부품	592
	10	농업, 어업 장비	574

출처: UNGM 사이트

3) 주요 조달기관

2018년 인도와 중국이 주로 조달하는 유엔기관을 살펴보면 UNICEF에 인도 50.8%, 중국 32.0%로 높은 비중을 보인다. 인도와 중국 모두 공통으로 상위 10순위 내에 납품하는 기관은 UNICEF, UNDP, WHO, UNIDO, WFP 등이 있다.

표 4-26 2018년 인도/중국 주요 조달기관

(단위: US 만 달러)

구분	순위	기관	조달액
인도	1	UNICEF	53,000
	2	PAHO	17,000
	3	UNDP	16,000
	4	WHO	5,177
	5	UNHCR	4,276
	6	UNOPS	2,611
	7	UNFPA	1,445
	8	IAEA	965
	9	WFP	828
	10	UNIDO	568

중국	1	UNICEF	6,892
	2	UNIDO	2,964
	3	UNPD	2,555
	4	UNOPS	2,093
	5	UNDP	1,826
	6	UNFPA	1,231
	7	UNHCR	1,179
	8	FAO	789
	9	WHO	779
	10	WFP	298

출처: UNGM 사이트

05 Chapter

유엔조달 프로세스

Chapter 05

유엔조달 프로세스

제1절 시장조사

1. 개요

조달 프로세스의 중요한 요소 중 하나는 시장조사단계이다. 시장조사(Market Research)는 시장에서 적합한 재화 및 서비스와 해당 재화 및 서비스를 제공할 수 있는 적합한 공급업체를 찾기 위한 활동이다. 또한 시장 내 기능에 대한 정보를 수집 및 분석하여 비용에 대한 정보 획득, 적절한 기술 및 대체 재화 결정, 적절한 공급업체의 자격기준 식별과 같은 기관의 필요사항을 충족시키는 것을 목적으로 한다. 철저한 시장조사를 통해 가장 관련성이 높고 적합한 회사가 경쟁할 수 있도록 한다. 시장조사는 시장에 대한 이해를 높여주며 다음 사항에 도움이 된다.

① 결정, 구매 또는 임대 결정 지원
② 구매 시기 결정
③ 현실적인 배송일정 수립
④ 면제·예외에 대한 정당성 검토
⑤ 품질 및 지속 가능성과 같은 가격 및 비가격 평가요소 식별
⑥ 특정 시장에서 이루어지는 요청 및 계약 결과에 대한 관습적인 조건 식별
⑦ 현실적인 예산, 가격 책정 및 경제적 주문 수량 설정

시장조사는 종종 조달계획 및 요청을 준비하는 요청자와 맞추어 수행된다. 조달담당자는 조달 요청자에게 조달 프로세스의 단계와 관련된 규칙 및 절차에 대한 지속적인 조언을 제공해야 한다.

또한 시장조사를 통해 기관의 요구를 충족시킬 수 있는 관련 공급업체 및 재화를 식별해야 한다. 시장조사에 필요한 노력의 양은 요구사항의 가치, 위험, 복잡성에 따라 다르다. 소규모 표준조달활동 연구의 경우 기존 명단을 검색하고 유사한 이전 계약을 참조하는 것으로 제한될 수 있다. 반면 많은 위험을 수반할 수 있는 크고 복잡한 조달을 위해서는 광범위한 시장분석이 필요하다.

표 5-1 시장조사를 위한 정보 출처

출처	내용
내부	• 현지에서 작성한 공급업체 명단 • 이전의 계약 • 같은 분야의 이전 최종후보 명단 • 동료와의 상담 • 소싱 지원(일부 기관에는 소싱에 대한 중앙 지원기능이 있음)
유엔시스템	• UNGM(United Nations Global Marketplace): 다른 기관이 구매하는 재화에 대한 정보를 찾을 수 있고 광범위한 글로벌 공급업체 명단에 억세스할 수 있다. • 유사한 재화를 구매한 다른 기관의 동료와의 상담
인터넷 참조	• 재화 및 서비스와 관련된 외부 공급업체 명단 • 세계은행과 미주개발은행이 관리하는 컨설팅회사의 데이터베이스인 DACON (www.dgmarket.com/dacon/) 일일 EU 입찰 전자 알림(TED)
기타	• 상공회의소, 무역대표단, 영구 임무, 정부조달기관 • Gartner, Forrester, IDC, 조달 리더, CEB와 같은 연구 및 자문기관 • 금융서비스 제공업체가 준비한 회사의 재무보고서

출처: UN, *UN Procurement Practitioner's Handbook*, 2017

2. 공급업체 명단 사용

공급업체 명단을 통해 공급업체의 재화, 서비스, 및 관련 정보를 수집하는 것은 효과적이며 이미 확립된 관행이다. UNGM은 공급업체 검색 및 관리기능을 통해 전세계 유엔기관에서 사용하고 접근할 수 있는 가장 큰 통합 공급업체 명단을 보여준다. 따라서 유엔기관들은 UNGM을 기본 및 중앙 공급업체 데이터베이스로 사용하는 것이 좋다.

3. 공급시장분석

보다 복잡한 조달 요구사항을 위해서는 광범위한 시장조사 또는 적절한 공급시장 분석을 수행해야 한다. 이를 통해 조달부서는 시장의 작동방식, 시장의 방향, 시장의 경쟁력, 주요 공급업체 및 공급업체가 고객으로서 기관에 제공하는 가치를 이해할 수 있다. 검색 엔진, 공급업체 웹사이트, 연례 보고서 및 통계 데이터를 포함해 다양한 도구를 사용하여 조사를 수행할 수 있다.

4. 사전 자격심사

일부 유엔기관은 모든 잠재적 공급업체에 대해 체계적인 사전 자격심사를 시행하고 있다. 낙찰 전에 사전 자격·등록을 요구하는 것부터 사전 자격을 갖춘 회사를 선정하는 것까지 다양한 접근방식이 있다. 특정 제안요청서류를 발행하기 전에 사전 검증방법을 사용하는 경우 해당 공급업체는 사전 자격심사기준을 준수하는 경우에만 입찰에 초대된다. 복잡한 조달(Complex or Specialized Procurement), 정기적 조달(Regular Basis Procurement), 위험성이 높은 조달(High Risk Procurement), 매우 구체적인 요구사항이 있는 조달(Special Requirements Procurement) 등의 경우 사전 자격심사가 권장된다.

제2절 조달전략

1. 개요

조달전략은 기관의 핵심 비즈니스 목표를 달성하기 위해 중요한 재화, 서비스 및 노동을 적시에 공급하기 위한 세부계획이다. 적절한 조달전략을 식별하고 선택하는 목적은 경쟁력 있는 프로세스를 통해 가장 유리한 가격 및 계약조건을 확보하여 최종사용자의 요구를 충족시키는 가장 좋은 방법을 찾기 위함이다.

조달전략에 영향을 줄 수 있는 정보(예: 긴급한 요구사항, 특정 지역 조건 또는 목표 배송 날짜)를 식별하기 위해서는 조달 요구사항을 분석해야 한다. 분석할 때에는 조달 유형(재화, 서비스 또는 노동), 요구사항의 복잡성 또는 특이성 및 조달 조치의 예상값을 고려해야 한다.

요구사항을 검토하고 시장분석이 완료되면 조달 담당자는 조달전략을 개발해야 한다. 조달전략을 수립할 때 조달 담당자는 기관의 FRR, 조달정책 및 절차와 같은 몇 가지 요소를 고려해야 한다. 마지막으로 조달 담당자는 장기 협정을 포함하여 자신의 기관이나 유엔 전체에 동일하거나 상당히 유사한 요구사항을 포함한 계약이 있는지, 그리고 잠재적 가능성이 있는지를 결정해야 한다.

이러한 문제를 검토한 후 조달전략에는 다음이 포함되어야 한다.

① 시장조사의 결과
② 구매 및 소싱 옵션
③ 제안요청방법의 선택(RFQ, ITB 또는 RFP)
④ 경쟁 유형 선택(제한적・개방적 또는 포기・예외)
⑤ 조달을 수행하는 책임 있는 조직 구성단위 및 어느 파트너(공동조달의 경우)와 함께할 것인지 선택
⑥ 평가 접근법/방법 및 기준

2. 장기계약(Long Term Agreements)

재화, 서비스 또는 노동을 조달하는 또 다른 옵션은 LTA를 이용하는 것이다. LTA는 유엔기관과 공급업체 간의 서면계약으로 사전에 선택된 재화 또는 서비스의 주문에 적용 가능한 모든 상업적 조건(예: 가격, 할인, 지불, 배달 및 포장)을 명시한다. LTA는 여러 형태로 존재하며 프레임워크계약, 시스템계약, 요구사항계약 등을 포함하여 유엔기관에 따라 다르게 불린다.

3. 제안요청방법의 선택

유엔에서 주로 사용되는 제안요청방법으로는 크게 네 가지가 있다.

① 견적요청서: RFQ(Request for Quotation)
② 입찰초청서: ITB(Invitation to Bid)
③ 입찰의향서: EOI(Expression of Interest)
④ 제안요청서: RFP(Request for Proposal)

조달 담당자는 조달 수행을 통해 예상되는 가치(가격, 및 품질 등)를 정확하게 분석하여야 한다. 그리고 조달 요구사항의 복잡성 및 평가기준(가격에만 기초할 것인지 또는 가격 및 품질과 같은 다른 기준에 기초할 것인지 여부)을 고려하여 적절한 제안요청방법을 선택해야 한다.

각 제안요청방법에 대한 설명과 유엔조달 입찰정보시스템(UNGM)[1]을 통해 발주되는 각 제안요청방법에 따른 공고 유형을 하기와 같이 살펴보자. 공고 예시는 앞의 [표 4-1]과 같이 2018년 유엔 조달품목 1순위에 해당하는 의료분야 중 'Vaccines and Antigens and Toxoids(UNSPSC code: 51201600)'로 각 제안요청방법별로 찾은 공고이다.

1) 견적요청서(Request for Quotation: RFQ)

RFQ는 비교적 낮은 금액의 구매에 대해 견적서를 제출하는 입찰 형식으로 재화, 간단한 서비스 또는 용역에 사용된다. RFQ 프로세스는 비공식적인 것으로 간주되며, 종종 봉인된 입찰에 대한 요구사항이나 견적 제출에 대한 엄격한 마감일이 없다. 일반적으로 가장 반응이 빠르고 준수하며 기술적으로 허용 가능한 견적이 낙찰되며, 기관에 따라 RFQ는 하나 또는 두 개의 공급업체로만 전송될 수 있다. 또는 구매 담당자가 과거 구매 또는 시장조사를 기반으로 공급업체로부터 서면가격 확인서를 얻는 것으로 대체될 수도 있다.

[1] UNGM(United Nations Global Martketplace)은 유엔 산하기관의 조달 입찰정보 공개 및 벤더 등록 등 모든 조달업무를 단순화해 통합적으로 관리하고 통제하는 시스템이다.

	Title	Deadline	Published	UN organization	Type of notice	Reference	Beneficiary country/territory
Express Interest	RFQ-FAO EGYPT-2018-47 Vaccines and Drugs	14-Nov-2018 15:00 (GMT 2.00)	31-Oct-2018	FAO	Request for quotation	RFQ-FAO EGYPT-2018-47 Vaccines and Drugs	Egypt
Express Interest	PROCUREMENT OF PHARMACEUTICAL GOODS	09-Nov-2018 23:59 (GMT -4.00)	25-Oct-2018	ICAO	Request for quotation	RQ 12500941	Canada

그림 5-1 RFQ 공고 예시

[그림 5-1]은 UNGM 사이트에서 'Vaccines and Antigens and Toxoids(UNSPSC code: 51201600)'로 검색되는 여러 공고 중 견적요청서(RFQ)만 보이도록 필터링한 결과이다.

2) 입찰초청서(Invitation to Bid: ITB)

명확하거나 간결하게 정의된 요구사항과 관련된 입찰을 제출하는 공식 초청장으로, RFQ보다 높은 금전적 가치를 가지고 있다. 기술적으로 규정된 제안서의 최저가격에 근거하여 채택한다.

	Title	Deadline	Published	UN organization	Type of notice	Reference	Beneficiary country/territory
Express Interest	Virus Diagnostic Tests	24-Feb-2020 14:00 (GMT 1.00)	07-Feb-2020	WHO	Invitation to bid	ITB_AFRO_2020/984170_SIL/WCO Virus Diagnostic Tests	Sierra Leone
Express Interest	SUPPLY OF 460 VIALS OF BLACK LEG/ANTHRAX VACCINE & 1150 VIALS OF LUMP SKIN VACCINE (VIALS OF 20 DOSES EACH)	10-Feb-2020 17:00 (GMT 2.00)	27-Jan-2020	FAO	Invitation to bid	2020/FRMLW/FRMLW/104163	Malawi
Express Interest	SUPPLY OF 1,500,060 DOSES OF NEWCASTLE DISEASE VACCINES IN VIALS OF 200-300 DOSES	20-Jan-2020 17:00 (GMT 2.00)	06-Jan-2020	FAO	Invitation to bid	2019/FRMLW/FRMLW/104099	Malawi
Express Interest	Procurement of medicines for patients with infectious diseases accompanied by high levels of mortality (diphtheria, rabies, tetanus, malaria)	21-Nov-2019 10:00 (GMT 2.00)	04-Nov-2019	UNDP	Invitation to bid	134-2019-UNDP-UKR	Ukraine
Express Interest	Veterinary Vaccines for Zimbabwe	29-Oct-2019 12:00 (GMT 2.00)	15-Oct-2019	FAO	Invitation to bid	2019/CSAPF/FRZIM/103377	Zimbabwe
Express Interest	Achat vaccins et déparasitants Republication)	10-Jul-2019 12:00 (GMT 0.00)	02-Jul-2019	FAO	Invitation to bid	2019/FRCHD/FRCHD/102312	Chad
Express Interest	Achat vaccins et déparasitants - CANCELED	02-Jul-2019 13:00 (GMT 0.00)	27-Jun-2019	FAO	Invitation to bid	2019/FRCHD/FRCHD/102276	Chad

그림 5-2 ITB 공고 예시

[그림 5-2]는 UNGM 사이트에서 'Vaccines and Antigens and Toxoids(UNSPSC code: 51201600)'로 검색되는 여러 공고 중 입찰초청서(ITB)만 보이도록 필터링한 결과이다.

3) 입찰의향서(Expression of Interest: EOI)

관심 있는 기업들이 새로운 비즈니스 기회를 발굴하고 특정한 요청에 참여할 수 있는 기회를 제공하기 위해 향후 상품 및 서비스의 요구사항에 대한 정보를 UNPD 사이트, 모바일 앱, UNGM 웹사이트에 게시한다. EOI는 공공요금이 무료로 청구되는 반면, UNGM은 지정된 요금을 청구하여 전자우편서비스를 제공한다.

	Title	Deadline	Published	UN organization	Type of notice	Reference	Beneficiary country/territory
Express Interest	Establishment Long-term Agreement/s for independent intra and post campaign monitoring Polio campaign in Iraq	25-Feb-2020 13:00 (GMT 2.00)	18-Feb-2020	WHO	Request for EOI	EMRO/EOI/02/2020/01	Iraq
Express Interest	Provision of Influenza Vaccines to the United Nations Headquarters	06-Jun-2019 00:00 (GMT 0.00)	24-May-2019	UN Secretariat	Request for EOI	EOIBR216393	United States of America
Express Interest	PROVISION OF HUMAN VACCINES POTENCY TESTING SERVICES	28-Sep-2018 00:00 (GMT 0.00)	07-Sep-2018	UN Secretariat	Request for EOI	EOIUNSOS15488	Somalia
Express Interest	Long Term Agreement for the storage of concentrated antigens, formulation and supply of vaccines for foot-and-mouth disease for FAO projects worldwide.	15-Jan-2018 22:59 (GMT 1.00)	15-Dec-2017	FAO	Request for EOI	EOI-01-2017-AGAH-LTAFMD	Multiple destinations
Express Interest	Expression of interest for prequalification of companies to provide services for provision of work force management (Human and Financial Resource Management) for Communication Network and Community-ba	10-Jul-2017 14:00 (GMT 5.00)	18-Jun-2017	UNICEF	Request for EOI	EOI CBV	Pakistan
Express Interest	REQ17-00000734 (OV): DT-10 PEDIATRIC VACCINE FOR BRAZIL 2017	09-Feb-2017 12:59 (GMT -5.00)	03-Feb-2017	PAHO	Request for EOI	REQ17-00000734 (OV)	United States of America

그림 5-3 EOI 공고 예시

[그림 5-3]은 UNGM 사이트에서 'Vaccines and Antigens and Toxoids(UNSPSC code: 51201600)'로 검색되는 여러 공고 중 입찰의향서(EOI)만 보이도록 필터링한 결과이다.

4) 제안요청서(Request for Proposal: RFP)

RFP의 필수 특성은 제안의 시점에 요구사항을 완전히 정의 또는 정량화할 수 없거나 제안자가 혁신 및 특정 전문지식을 추구하는 경우가 많다는 것이다. 제안서는 일반적으로 기술 및 재무 구성요소와 함께 별도의 봉인된 봉투 또는 이메일로 제출되므로 일반적으로 공개입찰이 없다. 제안은 기술적으로 먼저 평가되며, 그 후에 재정적인 제안이 개시된다.

기관마다 절차와 관행은 다양하지만 ITB와 RFP는 일반적으로 공개된 마감일로 인해 보안에 유의해야 한다. 두 방법 모두 구매자와 판매자 간의 공식계약을 목표로 하며, 각 방법에는 사양, 위탁조건(Terms of Reference: TOR), 작업기술서(Scope of Work: SOW), 초안, 샘플계약 및 관련 일반조건이 제안요청문서에 포함되어 있어야 한다.

	Title	Deadline	Published	UN organization	Type of notice	Reference	Beneficiary country/territory
Express Interest	UNITED NATIONS CHILDREN'S FUND (UNICEF) wishes to receive Proposals for Pneumococcal Conjugate Vaccines FOR DELIVERY UNDER THE TERMS AND CONDITIONS OF THE ADVANCE MARKET COMMITMENT	06-Mar-2020 14:00 (GMT 1.00)	14-Feb-2020	UNICEF	Request for proposal	RFP-DAN-2020-503155	Multiple destinations
Express Interest	National Vaccine Acceptance Study in Indonesia	09-Feb-2020 17:00 (GMT 7.00)	29-Jan-2020	UNICEF	Request for proposal	LRPS-2020-9155806	Indonesia
Express Interest	UNICEF wishes to receive proposals for Tetanus and Diphtheria with reduced antigen content (Td) vaccines 20 dose vials	14-Dec-2020 11:00 (GMT 1.00)	31-Dec-2019	UNICEF	Request for proposal	RFP-DAN-2019-503128	Multiple destinations
Express Interest	Seasonal Influenza Vaccine, Southern Hemisphere 2020 season	17-Jan-2020 12:00 (GMT 1.00)	27-Dec-2019	UNICEF	Request for proposal	RFP-DAN-2019-503134	Multiple destinations
Express Interest	UNITED NATIONS CHILDRENS FUND UNICEF, wishes to receive proposals for Human Papillomavirus Vaccine (HPV) for supply to multiple countries	29-Jan-2020 16:00 (GMT 1.00)	20-Dec-2019	UNICEF	Request for proposal	RFP-DAN-2019-503097	Multiple destinations
Express Interest	UNITED NATIONS CHILDREN'S FUND (UNICEF) wishes to receive proposals for Ebola Vaccines of assured quality for Stockpiling and Use, including management and storage	15-Jan-2020 16:00 (GMT 1.00)	18-Nov-2019	UNICEF	Request for proposal	RFP-DAN-2019-503112	Multiple destinations

그림 5-4 RFP 공고 예시

[그림 5-4]는 UNGM 사이트에서 'Vaccines and Antigens and Toxoids(UNSPSC code: 51201600)'로 검색되는 여러 공고 중 제안요청서(RFP)만 보이도록 필터링한 결과이다.

참고로 UNGM 홈페이지를 통해 검색하는 절차는 제7장에 제시되어 있다.

4. 공식적인 제안요청방법의 예외(직접계약)

모든 유엔기관의 FRR은 공개경쟁이 일반적으로 최고의 가치를 보장하는 가장 효과적인 방법이라고 규정하고 있다. 그럼에도 불구하고 FRR은 경쟁입찰에 예외가 있을 수 있다는 것을 인정한다. 그러한 정당화 범위에는 낮은 가치(Low Value), 경쟁 실패(No Competitive Market Place/Competition Failed), 정부기관으로부터의 조달(Procurement from Government Entity), 기존 서비스로의 표준화(Standardization to Existing Services), 다른 유엔기관과의 협력(Cooperation with another UN Organization), 최근 경쟁 결과의 사용(Using Outcomes of Recent Competition), 부동산 구매 또는 임대(Purchase or Lease of Real Estate), 긴급이나 비상사태(Exigency, Urgency, Emergency), 객관적으로 평가할 수 없는 전문서비스(Professional Services that Cannot be Objectively Evaluated)가 포함될 수 있다.

5. 계약 유형 및 평가방법론 결정

전략단계에서 해결해야 할 한 가지 중요한 요소는 사용할 계약 유형, 특히 구매 주문(Purchase Order: PO)인지 계약(Contract)인지를 결정하는 것이다. 이 단계에서는 계약을 총액계약(Lump Sum Contract)으로 할 것인지 실비정산계약(Cost Reimbursement Contract)으로 할 것인지와 같은 문제도 고려해야 한다. 또한 조달 전략의 일환으로 조달 담당자는 사용될 평가방법 및 기준의 유형을 결정해야 한다. 제안서가 제출된 후에 이를 결정할 수 없으며, 요청서에 원래 설명된 내용과 다르게 변경해서도 안 된다.

제3절 제안요청

1. 개요

제안요청은 기관이 특정 재화, 서비스 또는 노동을 조달할 필요성을 예비 공급업체에 알리는 프로세스이다. 제안요청서류는 잠재적 공급업체가 견적, 입찰 또는 제안에 필요한 재화, 서비스 또는 노동을 제공하도록 요청하는 데 사용되는 문서이다. 요구문서의 준비에는 잠재적 공급업체가 요구사항 및 조달전략에 따라 효과적으로 제안을 준비할 수 있도록 필요한 정보 및 문서를 정리하고 이를 공식화하는 프로세스가 포함된다.

조달 담당자는 제안요청서류를 통해 모든 잠재적 공급업체가 동일한 정보를 받아 제안을 준비할 수 있도록 해야 한다. 이 과정에서 조달전략 개발단계에서 만들어진 평가기준은 각 특정 사례에서 최상의 가치를 얻도록 추가로 개발되고 공식화된다. 여기에는 다음과 관련한 사항을 잠재적 입찰자에게 알리는 것이 포함된다.

① 평가기준 및 방법(입찰자에 대한 지시사항 포함)을 포함한 제안요청 프로세스에 대한 관리규칙

② 최소한의 품질 요구사항(요구사항 일정 및 기술 사양)을 포함하여 필수 재화, 서비스 또는 작품의 물리적 특성뿐만 아니라 기능 및 성능 요구사항

③ 상업, 법적 및 기타 조건(특별조건을 포함한 계약일반조건 제안)

2. 제안요청서류의 내용

제안요청서류의 필수내용은 기관마다 다르며 조달방법 및 요구사항의 복잡성에 따라 다르다. 기관은 각 조달방법(예: RFQ, RFP 및 ITB)에 대해 최소한 별도의 표준문서를 보유하는 것이 좋다. 일부 기관에서는 특정 표준문서를 선택하면 특정 일반조건, 계약조건 등이 자동으로 입력된다. 표준문서의 모든 부분이 요구사항(예: 적절한 일반계약조건)에 맞는지 확인하는 것이 중요하다.

3. 초청장/입찰자 지침

초청장은 잠재적인 공급업체(입찰자)가 참여에 관심이 있는지의 여부를 결정할 수 있는 주요 정보를 제공한다. 초청장/입찰자 지침은 기관의 요구사항에 따라 제안의 준비, 제출 및 평가에 관련된 모든 지침을 전달해야 한다. 모든 필요문서를 제출해야 하며 그렇지 않은 경우 제출이 거부될 수 있다는 경고를 표시해야 한다.

4. 면담/입찰자 컨퍼런스

제안요청서류의 발급과 제안 제출 마감기한 사이의 기간을 공식적인 입찰방법을 사용하는 입찰기간이라고 한다.

입찰기간 동안 제안요청서류의 내용 또는 제안에 관한 의사소통이 잠재적 입찰자와 유엔기관 간에 이루어져서는 안 된다. 입찰자의 질의는 서면 서신이나 입찰자 컨퍼런스를 통해 처리해야 한다. 유엔기관은 각 질문에 대한 답변을 준비한 다음 모든 입찰자와 답변을 공유해야 한다.

5. 제안요청서류의 수정

제안서 제출기한 이전에 언제라도 기관은 자체적이거나 입찰자로부터의 설명요청에 따라서든 제안요청서류를 수정할 수 있다. 수정의 예는 제안 제출 마감기한을 연장하는 것이다. 모든 초대된 입찰자에게 동일한 사실 기반을 제공하기 위해 변경사항이 포함된 문서, 설명 또는 추가정보를 동시에 서면으로 제공해야 한다.

6. 제안요청의 취소

유엔기관은 제안요청 및 평가과정 중 또는 낙찰 이전에 언제든지 제안요청을 취소할 권리를 보유한다는 것을 제안요청서류에 포함해야 한다. 취소될 수 있는 조건은 초기 권유에 대한 정당성이 유효하지 않은 경우, 개정이 필요한 경우, 최저 입찰가와 비용견적 사이에 상당한 차이가 있는 경우가 있다.

7. 청약의 접수 및 개시

제안요청의 과정이 끝나면 권한 있는 직원에 의해 청약이 수신, 등록, 저장, 개설 및 인계된다. 이 공식 프로세스의 목적은 투명성과 기밀성을 유지하는 것이다. 청약의 수신은 일반적으로 조달기능에 직접 관련되지 않은 개인이 수행한다. 입찰이 시작될 때까지 청약이 포함된 이메일이 개봉되지 않도록 이 주소를 보호해야 한다.

청약의 개시는 제안요청서류에 명시된 날짜, 시간 및 장소에서 수신된 모든 청약을 서면으로 열고, 읽고, 기록하는 공식적인 프로세스이다. 사용된 제안요청의 유형 및 제안요청서류는 개시가 공개적으로 수행될지 여부와 공개될 정보 유형을 결정한다. 일반적으로 견적은 내부적으로 공개되지만 입찰은 일반적으로 외부에도 공개된다.

제4절 제안평가

1. 개요

제안평가는 제안요청서류에 명시된 바에 따라 진행하는 것이 원칙이다. 이 과정은 각 기관이 받은 제안서의 예비조사 및 평가, 타당성검사 등으로 이루어져 있다. 이에 따라 각 제안의 비용, 편익을 분석하고 그에 따라 도출되는 가치 및 가격을 결정하여 무엇이 기관의 이익을 극대화시켜 주는지 평가한다. 이를 통해 유엔이 조달을 수행함에 있어서 가격은 유일한 평가요소가 아니며, 상품의 질, 유효성, 신뢰성, 지속 가능성, 위험요소, 총비용, 시간 등이 주요 평가항목인 것을 알 수 있다. 평가기준 및 방법은 입찰에 참여하는 업체들이 어떤 항목에 더 집중해야 할 것인지를 선택하는 데 도움을 주기 위해 무조건 제안요청서류에 명시되어 있어야만 한다.

제안평가는 각 기관의 규율 및 절차에 따라 지정된 팀을 중심으로 진행된다. 이 평가팀은 공정하고 투명한 평가를 수행하기 위해 제안요청서류에 명시된 기준과 방법에 따라 작업을 수행해야 한다. 또한 신뢰성을 보장하기 위해 감사 기록을 남겨야 하며, 이에 따라 모든 조달평가과정은 문서화되어 기록에 저장된다. 평가팀은 각 기관의 조달의 가치, 목적에 따라 고유한 기준에 의해 구성된다. 또한 평가팀의 인원은 공정한 평가과정을 보장하기 위해 최소 3명에서 최대 5명으로 제한한다. 각 팀의 구성원은 조달 담당자, 조달하는 재화의 기술 전문가, 그리고 조달 요청자 등으로 이루어진다. 한편 기술 전문가는 타 유엔기관에서 파견하거나 외부에서 고용하는 경우가 많다.

2. 제안평가방법

유엔기관은 각 제안을 평가할 때 후술되는 방법 중 하나 혹은 둘을 혼합해서 사용한다. 첫 번째 방법은 공고에 명시된 기준에 부합하는 제안 중 최저가격 혹은 비용을 선택하는 방법이다. 이 방법은 주로 ITB나 RFQ 등에서 쓰인다. 한편 공고에서 명시된 기준을 여유롭게 충족하는 업체든 간신히 충족하는 업체든, 평가과정에서는 동일하게 취급된다. 우선적으로 정해진 기준만 통과하게 된다면 가격 혹은 비용이 그 업체의 유일한 평가요소가 되는 것이다. 두 번째 방법으로는 각 정해진 기준에 가중 점수를 부여하여 합산하는 방법이다. 이 방법은 주로 RFP 등을 평가할 때처럼 평가요소가 매우 다양해 기준들이 복잡할 때 쓰이며, 가격은 다양한 평가요소 중 하나가 된다.

RFP에는 기술요청서(Technical Proposal)와 가격요청서(Financial Proposal)로 이루어져 있는데, 기술요청서를 우선적으로 보는 기관이 있고, 기술요청서와 가격요청서를 함께 열람하는 기관도 있다. 기술요청서를 우선적으로 보는 기관은 위에 명시된 첫 번째 평가방법처럼 공고에 명시된 기준을 충족하는 업체에 한해서 가격요청서를 평가한다. 그러나 기술요청서와 가격요청서를 함께 열람하는 기관의 경우에는 평가팀에게 오직 기술요청서만을 열람하게 하고, 기술평가가 끝난 후에 가격요청서를 평가팀과 함께 열람하도록 한다. 기관에서 기술요청서와 가격요청서의 평가가 끝나면, 미리 정한 가중치에 따라 기술점수와 가격점수를 합산해서 각 제안들을 최종적으로 평가하게 된다.

3. 제안평가과정

제안평가는 보통 기준에 따른 항목평가, 업체와의 면담, 평가서 작성, 최종업체 평가, 그리고 예외적인 상황에 따른 협상 개시 등으로 이루어진다. 평가기준에는 기술, 가격 및 비용평가 외에도 우선적으로 실시하는 예비평가 등이 있다. 예비평가란 제안요청서류에 명시된 형식을 우선적으로 충족하는지 못하는지를 따지는 작업을 말한다. 그 예로는 제안서에 서명이 제대로 되어 있는지, 보안 작업이 이루어졌는지, 필요한 서류가 첨부되어 있는지, 업체 등록이 되어 있는지, 유엔 이용약관에 위배되지는 않았는지 등이 있다. 예비평가는 필요한 형식이 갖추어져 있는지 아닌지를 합·불합으로 판단하기 때문에 만약 예비평가를 통과하지 못한다면 이후의 기술이나 가격평가를 받지 못하게 된다.

기술평가란 업체별로 제안요청서류에 명시된 기술적 요구사항들을 비교하는 평가기준이다. 기술적으로 평가하는 것은 매우 복잡한 과정이기 때문에 입찰공고에 명시되는 요구사항들은 되도록 짧은 문장들로 서술하거나 혹은 길더라도 명확한 문장들로 구성하는 것이 권장된다. RFP의 경우 기술평가항목에는 업체 프로필, 관련 사업 진행 경험, 사업 진행능력 기술서, 장비현황, 회계감사 서류, 추천서 보유 여부 등을 첨부한다.

한편 가격 및 비용평가는 가격 이외에도 수송비, 수행비 및 부대비용 등을 평가하는 작업을 말한다. 서비스나 노동의 사업영역에 있어서는 각 항목별 비용들이 제안서에 포함되어 있어야 한다. 이러한 가격 및 비용들을 평가할 때는 이 수치가 현재의 시장상황을 고려했을 때 합리적인지, 현실적인지 등을 따져야 하고, 프로젝트 수행비용 내에서 조달이 가능한지 반드시 고려해야 한다.

만약 수행하려는 조달이 매우 복잡해서 평가과정이 불완전하다고 느껴질 경우, 평가팀은 업체와 따로 면담을 실시할 수도 있다. 면담과정 중에서는 제안의 내용 혹은 가격은 절대적으로 변경이 불가하다. 또한 조달 담당자에 의해 면담과정은 수기로 작성되어야 하며 개별 파일에 문서화되어야 한다. 각 면담내용이 다른 업체로 흘러 들어가는 것 또한 금지되며 이러한 면담 기회는 공정성을 위해 업체들에게 동등하게 제공된다.

이러한 평가들을 모두 수행하여 낙찰업체를 선정하기 전에 조달 담당자는 그 업체가 계약을 성공적으로 수행할 수 있는지를 최종적으로 평가해야 한다. 이를 사전자격심사(Pre-Qualification)라고 한다. 사전 자격심사의 예로는 업체의 금융안정성, 사업수행기록, 기술역량 및 경험, 전문인력의 수 등이 있다. 이러한 사전 자격심사에서 통과하지 못한 업체는 조달을 수행할 수 없게 된다. 대신 예비평가에서 통과되지 못했을 때와는 달리 조달 담당자에 의해 이러한 사실이 기록되며 후에 실시되는 조달평가에 있어서 우선적으로 고려된다.

사전 자격에서 통과된 업체들만이 최종적으로 유엔기관에 제안서를 제출할 수 있게 되고, 평가팀은 낙찰추천서를 만들기 전에 평가 이후 변경된 사항들이 없는지만 확인하는 작업을 거치게 된다. 낙찰추천서의 기반이 되는 평가보고서는 평가과정의 마지막 단계로, 전반적인 평가과정의 요약을 기술하고, 만약 제안이 거부되었다면 그 제안이 거부된 사유, 업체별 순위, 낙찰 추천업체 선정 이유 등을 기술하여야 한다.

한편 주로 업체 간 경쟁이 진행되거나 경쟁과정이 끝났을 때에는 협상이 개시되지 않는다. 하지만 입찰에 참여한 업체가 하나거나, 유엔기관이 선호하는 업체가 입찰에 참여하였을 때는 제안요청서류의 형식에 따라 허용하는 경우도 있다. 또한 ITB의 경우에는 제시된 가격이 기관의 예산에 맞지 않으면서 동시에 업체가 가격 하락을 수용했을 때, 제안요청서류에 언급되지 않은 추가적인 장비나 서비스가 포함되어 비용이 청구될 때 등에 한해서는 협상이 허용되기도 하며 RFP의 경우에는 최소 두 개 이상의 자격을 갖춘 업체가 경쟁하고 있을 때 최종제안(Best and Final

Solicitation Method	Estimated Value	Requirement	Evaluation Method	Envelope System
LVA (informal)	≤US$ 10,000	Off-the-shelf goods, standard specification, simple services	Lowest priced, technically acceptable offer	No requirement for sealed offers
RFQ (informal)	≤US$ 150,000	Goods or services which are clear and specific	Lowest priced, technically acceptable offer	No requirement for sealed offers. Upon introduction of e-tendering, offers will be secured until the deadline for all Submissions. Procurement Officials should undertake their best efforts to ensure that 5 or more quotations are received. However, should fewer than 3 quotations be received, the Director, PD or CPO must authorize the release of the quotations received. In an entity without a CPO, the approval of the official with the highest delegated procurement authority shall be sought.
ITB (formal)	> US$ 150,000	Goods or services which are clearly and completely specified	Lowest priced, substantially conforming bid	One envelope
RFP (formal)	> US$ 150,000	Goods or services that cannot be expressed quantitatively and qualitatively, or complex requirements that may be met in a variety of ways	Cumulative/weighted analysis; award based on the most responsive proposal	Two envelopes

그림 5-5 유엔평가기준

Offer)이라고 불리는 협상법을 개시하기도 한다. 최종제안이란 최종적으로 오는 제안 이후 협상을 개시하지 않겠다는 것으로 업체는 가격 및 공급량을 유엔기관에 최종적으로 제안해야 한다. 최종제안의 과정에서 하는 협상은 모호한 규정을 명확히 하는 것, 오류를 수정하는 것, 약점 및 결점을 기술하는 것 등이 있고, 가격이나 공급량에 대한 협상을 하지 않는다.

제5절 낙찰 검토 & 승인

낙찰 검토과정은 조달을 진행하는 데 필수적인 과정 중 하나다. 이는 기관이 진행해 온 조달과정을 전체적으로 점검해 봄으로써 계약을 안정적으로 마무리 지을 수 있고, 동시에 사업을 성공적으로 진행하기 위한 초석이기 때문이다. 조달 담당자는 이 과정에서 독립적이고 편향적이지 않은 시각을 가지고 검토를 해야 하고, 공정하고 적법한 절차에 따라 조달이 진행되었는지를 검증해야 하며 예산이 기관의 이익을 극대화하기 위해 적절하게 쓰였는지 확인하여 최종승인을 받아야 한다.

조달 담당자는 모든 낙찰 검토를 마쳤다면 최종승인을 위한 낙찰 추천서류를 작성해야 한다. 이 서류는 입찰과정에서 작성한 평가보고서를 기반으로 작성하게 되며 명확한 언어로 모든 필요한 정보를 입력해야 한다. 그 다음에는 입찰위원회(The Contracts Committee)가 독립적으로 낙찰 추천서류를 한 번 더 검토한다.

이 과정에서 FRR을 준수했는지, 조달을 위한 자금 운용이 현실적인지, 기관을 위한 이익극대화가 제대로 이루어질지 등을 심사한다. 만약 특정 기관이 이러한 입찰위원회를 제대로 운영할 수 없는 상황이라면, 이를 다른 유엔기관의 입찰위원회에 검토를 위탁할 수 있다. 이후 낙찰 책임자는 입찰위원회의 회의록을 제출받고 이 서류가 FRR을 준수했는지, 조달정책 및 절차를 제대로 밟았는지, 알맞은 예산 운용을 했는지, 적절한 문서화과정을 거쳤는지 등을 최종적으로 검토하여 승인 여부를 판단한다.

제6절 계약

1. 개요

계약서 작성은 유엔기관과 공급자 사이의 의무를 공식화하는 작업이다. 유엔기관에서 자주 사용되는 계약문서로는 PO, 서비스 및 근로계약서, LTAs, 도급제, 착신주문, 임대계약 등이 있다. 유엔기관에서의 계약은 보통 경쟁입찰과정을 거치지만, 일부 제한적인 상황에서는 계약약관에 대해 공급자와 협상을 하는 경우도 있다. 이런 경우에는 협상을 제한적으로 허용하는 것이기 때문에 이해관계의 충돌이 절대 일어나서는 안 되며, 입찰과정에서 서로 동의했던 사항들에 대해서도 수정하려 해서는 안 된다.

협상 주제로는 보증기간, 사후서비스, 지불방식, 납품일 등이 있다. 원활한 협상과정을 위해서는 경쟁을 왜곡시킬 여지가 있을 때는 협상을 개시하지 말아야 하며, 가급적이면 수기로 작성하고, 최소 두 명 이상의 실무자를 대동하며, 법적인 이슈가 있을 경우 꼭 변호사를 대동해 협상에 임해야 한다. 또한 협상과정은 계약 이후 공급자와의 분쟁과정에 대비하여 문서화되어야 한다.

2. 계약서 구성요소

계약서는 항들과 조건들을 합친 조항들로 이루어져 있다. 항이란 가격, 납품, 지불, 보증 등의 특정 주제를 말하고, 조건이란 이러한 항들이 활성화되거나 연기되는 경우를 서술한 것이다. 한편 유엔기관들은 유엔에서 행하는 조달계약서의 법적 체계를 확립하기 위해 계약일반조항을 만들었다. 계약일반조항은 유엔기관들의 법적인 표준이기 때문에 각 기관에서 이러한 사항에 관해 책임이 있는 자들과 사전 협의 없이는 함부로 수정해서는 안 된다. 이외에도 유엔기관과 공급자 사이에서는 재화, 서비스, 노동 등에 관한 조정사항들을 위해 따로 계약특수조항을 규정하기도 하였다.

3. 계약일반조항의 주요 구성요소

① **법적 지위**: 이 조항은 계약서 내에 존재하는 모든 주체들의 법적인 지위를 일컫는다.

② **일반지침(Source of instructions)**: 이 조항은 계약자가 유엔기관에 해가 될 만한 어느 외부 주체와도 연결되어서는 안 된다는 것이다.

③ **피고용인에 대한 사항**: 이 조항은 계약자가 조달계약과 독립된 계약으로 피고용인의 권리를 보장하고, 또한 높은 윤리의식과 현지의 문화를 잘 받아들이는 노동자를 고용해야 한다는 것이다.

④ **수혜 금지**: 이 조항은 유엔의 직원들이 공급자로부터 계약 이행으로 인한 그 어떤 직접적·간접적인 수혜를 입지 않는다는 것을 명시한다.

⑤ **배상**: 이 조항은 공급자가 유엔기관에 배상해야 될 경우와 사항에 대해 규정한다.

⑥ **저작권, 특허권, 기타 소유권**: 이 조항은 계약 이행 중 만들어진 지적 재산은 유엔기관이 소유한다는 것을 규정한다.

⑦ **문서 및 정보에 대한 기밀 유지**: 이 조항은 계약 이행과정에서 나오는 모든 정보를 외부로 발설하면 안 될 것을 규정한다.

⑧ **특전 및 면책특권**: 이 조항은 유엔이 가지고 있는 특전 및 면책특권을 보호하기 위한 것이다.

⑨ **법 준수**: 이 조항은 공급자가 계약약관에 따라 모든 법, 법령, 규칙, 규율 등을 따를 것을 규정한다.

⑩ **윤리에 관한 사항**: 이 조항은 공급자들이 계약 중에 발생하는 윤리 위반사항들, 예를 들어 아동 노동에 관한 사항, 성적 학대, 인종 차별 등을 예방할 것을 규정한다.

4. 계약특수조항의 주요 구성요소

① **손해배상**: 이 조항은 공급자가 계약 불이행 혹은 납품기한을 맞추지 못했을 경우 유엔기관에 적절히 보상할 것을 규정한다.

② **지불방식**: 유엔기관들은 주로 30일의 외상기간을 가지고 대금을 지급한다. 경우에 따라서는 지불방식에 대해 협상을 할 수도 있다. 하지만 유엔기관들은 일반적으로 30일 이전에 대금 지급을 거부한다.

③ **계약 이행 보증·담보**: 유엔기관들이 계약 불이행에 관한 위험 부담이 클 경우 이러한 사항에 대해 공급자에게 보증이나 담보를 요구하는 경우가 많다.

④ **인코텀즈(Incoterms)**: 유엔기관들은 공급자로부터 수요자에게 계약에 의한 장비, 재화, 상품 등이 안전하게 전달될 수 있도록 국제상업회의소에서 만든 인코텀즈를 이용하는 경우도 있다.

5. 주요 계약문서 종류

① **가계약서**: 유엔기관이 예비 공급자와 함께 미래에 어떤 사업을 수주할 계획이 있을 경우 맺는 계약서이다. 긴급 사태 같은 예외적인 상황에서만 맺는 경우가 많으며, 계약이 완전히 맺어지기 이전에 계약을 이행하게 된다.

② PO: 가장 많이 쓰이며 단순화·표준화된 계약서 형태다. 기관의 계약일반조항들은 항상 포함시켜야 하며, 간혹 장기협정에서도 이러한 형태가 쓰이기도 한다.

③ **용역·도급계약**: 서비스나 노동에 대한 약관들을 규정하는 계약서 형태다. 특히 복잡한 규정들이 많을 때 사용하는 것이 좋으며, 항상 계약일반조항을 포함시켜야 한다. 최근에는 '성과 중심 계약'이 쓰이는데, 이는 계약 이행의 방식이 아니라 성과 혹은 목적에 집중하는 계약방식을 말한다. 이러한 계약방식의 특징은 용역의 방식을 설명하는 것이 아니라, 요구사항들을 구체적으로 기술한다는 것, 공급자에게 성과를 낼 수 있도록 자유도를 최대한 부여한다는 것, 측정 가능한 성과지표들을 제시한다는 것, 보상 혹은 불이익을 주는 상황을 부여하는 것 등이 있다.

6. 지불방식에 따른 주요 계약문서 종류

① **정액계약**: 공급자가 최종적으로 발생하게 될 비용이 얼마든지 상관없이 일정 금액을 유엔기관으로부터 받는 조건의 계약이다. 이런 경우 유엔기관의 비용에 대한 위험을 일부 줄일 수 있다.

② **시간자재계약**: 공급자가 공급하게 될 재화, 서비스, 노등을 단우당 고정된 가격에 지불하겠다는 조건의 계약이다. 이러한 계약의 경우 유엔기관의 지출은 조달하는 재화, 서비스, 노동의 단위에 따라서만 변하게 된다.

③ **비용상환계약**: 시장상황이 굉장히 예측 불허거나 높은 위험을 지녔을 때 선호되는 계약방식이다.

7. 계약 준비 및 체결

조달 담당자는 기본적으로 위의 문서 형식을 토대로 계약서를 작성해야 한다. 하지만 만약 위의 형태로 계약서를 작성할 수 없을 경우에는 전문법률사무소로부터 계약서 작성에 관한 자문을 구해야 한다. 또한 새로운 형태의 계약서는 입찰과정에서 작성된 제안요청서류, 공급자의 제안서, 낙찰추천서류, 입찰위원회의 추천서, 낙찰 담당자의 최종보고서 등을 참고하여 작성해야 한다. 한편 공급자가 직접 계약서 형태를 제시하는 경우도 있다. 이런 경우에는 조달 담당자가 계약서 전반 사항에 관해 철저하게 검토해야 하고 유엔기관으로부터 최종승인을 받아야 한다.

계약이 모두 체결이 되었다면 낙찰 결과에 대해 통지 신청을 한 공급자에 한해 그 결과를 통지받게 된다. 또한 UNGM 홈페이지에도 낙찰 결과에 대한 공지가 올라가게 된다. 또한 낙찰에 실패한 공급자들에게 좀 더 생산적인 보고가 될 수 있도록 유엔기관들은 그들에게 낙찰에 왜 실패하였는지에 대한 사유를 명확하게 전달해 주어야 한다. 한편 낙찰 결과에 대해서 불만을 가진 공급자가 이의제기를 신청한다면, 이러한 사실을 유엔기관의 관련 담당자에게 알려야 한다. 이후 필요에 따라 관련 위원회가 소집되어 입찰과정을 면밀히 검토한 후 다시 공급자에게 낙찰 결과에 대해 소명하게 된다.

06 Chapter

우리 기업의 유엔 조달시장 진출현황

Chapter 06 우리 기업의 유엔조달시장 진출현황

제1절 진출현황

1. 최근 3개년 조달현황

한국기업의 최근 3개년 유엔조달시장 진출현황을 살펴보면 2018년 약 1억 6천만 달러로 2017년 대비 0.2% 하락하였고, 최근 3년간 조달 추이는 소폭 하락하였다.

2018년 재화는 1억 3,362만 달러(83.7%), 서비스는 2,596만 달러(16.3%)로 비중이 약 8.3 : 2.5 정도로 최근 3년간 평균 비중은 약 9 : 1 수준으로 나타났다.
유엔조달의 물품과 서비스 비중이 5 : 5임에도 한국조달 실적은 재화에 편중된 경향을 보여, 서비스분야에 대한 적극적인 진출이 필요하다.

(단위: US 만 달러)

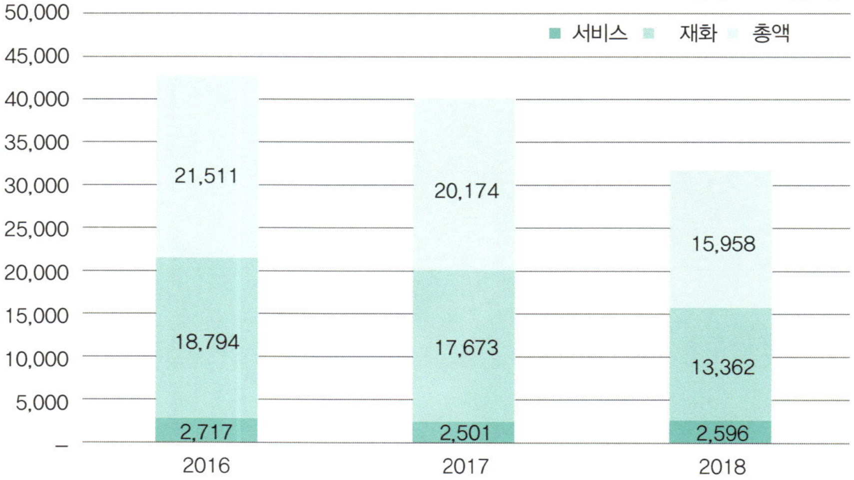

출처: UNGM 웹사이트

그림 6-1 한국 최근 3개년 조달 추이

표 6-1 한국 최근 3개년 조달규모

(단위: US 달러)

구분	2016	2017	2018
서비스	27,179,804	25,012,946	25,968,931
재화	187,942,705	176,739,727	133,627,649
총액	215,122,510	201,752,673	159,596,581

출처: UNGM 웹사이트

2. 품목별 조달현황

2018년 한국기업이 유엔에 주로 납품한 품목은 물품에서는 제약, 피임약, 백신 59.5%, 식음료 12.2%, 의료기기 7.7% 순으로 나타나고, 서비스에서는 경영 및 행정서비스 9.2%, 편집, 디자인, 그래픽서비스 3.2%, 운송, 저장, 메일서비스 1.5% 순으로 높게 나타났다.

물품분야는 제약품 및 의료기기 등 의료분야에, 서비스분야는 경영 및 행정서비스에 편중되어 있어 다양한 품목으로 확대될 필요성이 있다.

표 6-2 2018년 주요 조달품목 및 조달규모

(단위: 달러)

순위	조달품목	조달액
1	제약, 피임약, 백신	95,052,000
2	식음료	19,552,000
3	경영 및 행정서비스	14,797,000
4	의료기기	12,314,000
5	편집, 디자인, 그래픽서비스	5,220,000
6	연구 및 실험장비	3,095,000
7	건설기자재	2,484,000
8	운송, 저장, 메일서비스	2,434,000
9	자동차 및 용품	676,000
10	정책 및 공공서비스	645,000

출처: UNGM 웹사이트

3. 유엔기관별 조달금액

2018년 한국기업이 주로 납품한 주요 유엔기관을 살펴보면 UNICEF 37.0%로 가장 높게 나타나며, 다음으로 PAHO 29.2%, WFP 12.4%, UNHCR 10.9%, UNOPS 3.1% 순의 비중을 차지하고 있다.

표 6-3 2018년 주요 유엔기관별 조달금액

(단위: 달러)

순위	기관명	조달액
1	UNICEF	59,175,000
2	PAHO	46,708,000
3	WFP	19,949,000
4	UNHCR	17,555,000
5	UNOPS	5,093,000
6	WIPO	4,416,000
7	UNDP	1,943,000
8	WHO	1,714,000
9	UNPD	814,000
10	IOM	505,000

출처: UNGM 웹사이트

4. 벤더별 조달현황[1]

2018년 UNGM에 등록된 한국 벤더는 1,585개 업체이지만, 이 중 조달 실적을 보유한 기업은 331개 업체로 참여 비율은 20.8%이며, 이 중 100만 달러 이상의 조달 실적을 보유한 기업은 단 11개 업체로 나타났다.

최근 3개년 조달 실적은 소폭 하락하였지만, 벤더 등록기업과 조달 참여기업은 점점 증가하는 추세를 보여, 우리 기업의 참여 시도는 꾸준히 이루어지고 있는 것으로 보인다.

1 https://www.ungm.org/Shared/KnowledgeCenter/Pages/asr_data_supplier

표 6-4 최근 3개년 유엔 등록 벤더현황

(단위: 개)

구분	UNGM 벤더 등록기업	조달 참여기업	
		전체	100만 달러 이상
2016	1,244	235	13
2017	1,810	319	12
2018	1,585	331	11

출처: UNGM 사이트

상위 10개 벤더별 조달품목을 살펴보면 의약품, 식음료, 의료기기, 건설기자재, 경영 및 행정서비스, 편집, 디자인, 그래픽서비스 순으로 높게 나타났다.

표 6-5 2018년 Top 50 한국기업 조달품목 및 조달규모

(단위: 달러)

순위	벤더명	조달품목	조달액
1	LG CHEM LTD	제약, 피임약, 백신	28,112,053
2	EUBIOLOGICS CO. LTD	제약, 피임약, 백신	21,474,763
3	MINISTRY OF AGRICULTURE FOOD AND RU	식음료	19,550,000
4	STANDARD DIAGNOSTICS INC.	의료기기	12,504,426
5	SALESWORK KOREA LLC	경영 및 행정서비스	10,902,273
6	PUYOUNG IND CO. LTD	건설기자저	2,461,664
7	GROUP M KOREA CO. LTD	경영 및 행정서비스	1,721,985
8	KOREA INSTITUTE OF PATENT INFORMATION	편집, 디자인, 그래픽서비스	1,004,219
9	STANDARD DIAGNOSTICS	의료기기	955,038
10	MPI CONSULTING INC.	편집, 디자인, 그래픽서비스	830,296
11	DONGMUN CO., LTD	의료기기	653,440
12	NAM & NAM WORLD PATENT & LAW FIRM	편집, 디자인, 그래픽서비스	618,730
13	GREEN CROSS CORP	제약, 피임약, 백신	607,500
14	KATECH	정책 및 공공서비스	452,000
15	DESIGN INTRO CO., LTD.	편집, 디자인, 그래픽서비스	433,375

16	THE POSTECH FOUNDATION	경영 및 행정서비스	366,625
17	KIA MOTORS CORPORATION	자동차 및 부품	322,636
18	LG LIFE SCIENCES LTD	제약, 피임약, 백신	305,074
19	WOORI DM CO., LTD.	경영 및 행정서비스	264,531
20	HEESUNG POLYMER CO.LTD.	토지, 건설 및 구조	243,554
21	KOMSA(KOREA MARINE SURVEYORS AND S)	공학기술 및 연구서비스	196,495
22	POSTMATE CO., LTD.	경영 및 행정서비스	184,003
23	KOREA INSTITUTE OF PUBLIC ADMINISTRATION	교육훈련서비스	182,992
24	ZEON CONSULTING, INC	편집, 디자인, 그래픽서비스	172,262
25	SLOWALK CO., LTD.	편집, 디자인, 그래픽서비스	159,414
26	SHINHAN CARD	–	155,753
27	INCHEON FREE ECONOMIC ZONE : IFEZ	공공부문 관련 서비스	148,803
28	WILL AND VISION CO., LTD.	경영 및 행정서비스	141,474
29	HONGGU PLANNING	경영 및 행정서비스	134,807
30	GLOBAL GREEN GROWTH INSTITUTE	정책 및 공공서비스	130,225
31	KOREA SMART IDENTIFICATION CO.	–	96,525
32	HUMAN SOFTWARE CO. LTD.	공학기술 및 연구서비스	93,150
33	WILHELMSEN HYOPWOONSHIPS SERVICE LT	운송, 저장, 메일서비스	83,621
34	HYUNDAI MOBIS	자동차 및 부품	66,968
35	BHL CO. LTD(BHL–KOREA)	자동차 및 부품	66,500
36	KIDZANIA	경영 및 행정서비스	58,724
37	SEOUL METROPOLITAN FACILITIES MANAGEMENT	경영 및 행정서비스	54,074
38	FRAMEOUT CO., LTD.	경영 및 행정서비스	53,600
39	DIGITAL OA CENTER	편집, 디자인, 그래픽서비스	51,916
40	SEOUL NATIONAL UNIVERSITY COLLEGE OF MEDICINE EDUCATION AND RESEARCH FOUNDATION	의료서비스	50,000

41	SEOUL NATIONAL UNIVERSITY R&DB FOUNDATION	공학 기술 및 연구서비스	50,000
42	KOREAN INSTITUTE OF TUBERCULOSIS	경영 및 행정서비스	49,857
43	NATIONAL INSTITUTE OF FOOD AND DRUG SAFETY EVALUATION VACCINES DIVISION(NIFDS)	의료서비스	48,700
44	CGTAE TECHNOLOGY INC.	경영 및 행정서비스	46,150
45	PROJECT N INC.	경영 및 행정서비스	44,666
46	INTERNATIONAL WOMEN & FAMILY	교육훈련서비스	41,960
47	METANET MCC	경영 및 행정서비스	39,543
48	ASIA CLIMATE CHANGE EDUCATION	교육훈련서비스	38,000
49	COMEX PLAN S	여행, 숙박	37,135
50	DESIGN FISH CAFE	경영 및 행정서비스	35,733

출처: UNGM 웹사이트

제2절 진출 유망분야

유엔조달시장에 한국기업이 진출하기에 유망한 산업분야 및 품목 도출은 한국조달연구원(2019)에서 발간한 'UN 조달시장 진출 전략 연구' 보고서를 참고하였다. 동 보고서에 따르면 유엔에서 연간 주로 납품되는 품목, 한국기업이 주로 납품해왔던 품목, 한국의 주요 수출품목, 전문가 추천품목 등을 매칭하여 [그림 6-2]와 같이 도출되었다.

동 품목은 유엔조달 세부품목의 100위권 내에 우리나라 10대 수출품목과 전문가 추천품목이 있는 경우 우선적인 유망품목으로 선정하고, 그 외 우리나라 수출품목이거나 전문가 추천품목으로 거론되었지만, 유엔조달 세부품목 100위권 내에 존재하지 않는 경우를 차선 유망품목을 정하였다. 그러나 단순히 유엔조달 Top 100 세부품목과 우리나라 10대 수출품목 및 전문가 추천품목을 매칭한 결과로, 대부분 상시적으로 요구되는 품목을 중심으로 도출한 것이다. 따라서 유엔조달 수요가 변화하게 되는 긴급 상황(자연재해, 전염병 발생, 전쟁 발생 등)이나 대규모 프로젝트 추진 등에 따라 해당 품목 이외의 품목에서 일시적으로 수요량이 증가될 수 있다.

유엔기관 간 공동구매를 많이 하는 품목은 사무용품(종이, 문구류), IT 및 통신장비 및 서비스(컴퓨터, 노트북, 복합기, 서버, 모바일 통신서비스), 전기용품, 가구, 차량, 웹디자인 설계, 소프트웨어 등이 있다.

분쟁 및 난민 지원 지역에는 2년마다 갱신되는 주요 품목인 텐트, 주방 세트, 담요, 태양열 램프, 수면매트, 위생복, 바케쓰 등이 있다.

비축물자로 긴급히 요구되고 입찰절차가 간소화되어 진행되는 품목으로는 의약품, 의료기기, 위생복, 보호복, 위생용품, 차량 등이 있다.

	유엔 세부품목+우리나라 10대 수출품목	유엔 세부품목+전문가 추천품목
우선 유망품목	자동차, 무선통신기기, 평판디스플레이 및 센서, 플라스틱 제품(바케쓰)	의약품, 컴퓨터서비스, 자동차, 컴퓨터 장비 및 액세서리, IT서비스(웹디자인 설계 등), 네트워크 장비, 방위서비스, 보안서비스, 침구류 및 주방용품, 소프트웨어, 가구, 사무기기 및 사무용품, 발전기, 의류, IT 구성품, 램프, 치료용품, 의료장비용 구성품
차선 유망품목	철강판, 자동차 부품, 석유제품, 선박해양 구조물 및 부품 등	방산물품, 전기용품, 텐트, 수면매트, 위생용품 등

출처: 한국조달연구원(2019), 유엔 조달시장 진출 전략 연구

그림 6-2 유엔 조달시장의 한국기업 진출유망품목

제3절 진출 지원 프로그램

우리나라에서 유엔조달시장에 진출하려는 기업들을 지원하는 부처 및 기관은 KOTRA, 외교부, 조달청, 대한상공회의소 등이 있고 각 기관별 구체적인 지원 프로그램은 [표 6-6]과 같다.

표 6-6 유엔조달 지원 프로그램

단계 / 기관	입찰 준비	입찰과정	계약 이행 및 사후관리
외교부	• 유엔 전문가 초청 진출 설명회 개최 및 1:1 상담회(대한상공회의소 공동사업) • 유엔조달시장개척단 구성 및 파견 • 유엔조달 진출 원스톱서비스 구축사업(조달청 공동): 일반정보	• 유엔조달 진출 원스톱서비스 구축사업(조달청 공동): 실시간 입찰정보 획득	
조달청	• 바이어 상담회: 나라장터 엑스포(4월), 공공조달수출상담회(12월) 등 연 2회 개최 • 연 5~6회의 해외조달 설명회, 해외조달정보센터 운영 • G-PASS 기업 지정제도 운영: 유엔조달 진출 지원(마케팅 지원, 입찰정보·교육 제공 등) • 유엔조달 진출 원스톱서비스 구축사업(외교부 공동): 일반정보	• 유엔조달 진출 원스톱서비스 구축사업(외교부 공동): 실시간 입찰정보 획득 • 입찰 지원: 유엔, 미국 입찰제안서 작성 대행사업 • 나라장터를 통한 영문실적증명서 발급, 계약 이행실적평가 결과 영문확인서 발급	
KOTRA	• 입찰정보 제공, 시장조사 • 유엔 공공조달플라자 개최 • 공공조달수출상담회(조달청 공동) • 시장개척단 파견, 파트너 발굴 지원 • 입찰 준비 지원, 정부조달교육 • 국제기구 벤더 등록 및 마케팅(분야별 P1000사업 지원) • 국제기구 조달관 미팅 현지지원 • 전문인력 주선, 출장 지원	• 유엔 입찰서 작성 지원(해외사무소) • 조달 컨설팅 지원(해외사무소) • 국제기구 금융 지원(수출입은행 등 타 기관 협력)	• 현지 지사화, 공동 물류센터 운영 • 수출인큐베이터 활용
중소벤처기업부	• 수출바우처제도: 일반시장조사, 통번역, 해외규격인증, 특허, 전시회 등 • 수출컨소시엄사업, 온라인 전시회 • 해외규격인증획득 지원	• 수출바우처제도: (입찰 관련) 통번역, 서류대행, 법무·회계·실무 컨설팅 등	• 수출바우처제도: (계약 관련) 통번역, 서류대행, 법무·회계·실무 컨설팅 등
KOICA	• UNOPS 입찰교육 및 컨설팅 실시 • 인턴 파견으로 국제조달 전문가 양성계획(교육훈련 프로그램 개설)	• UNOPS 위탁사업 발굴	• UNOPS 위탁사업 계약 추진

대한상공 회의소	• 유엔 전문가 초청 진출설명회 개최 및 1 : 1 상담회(외교부 공동사업) • 유엔조달시장 교육훈련 참가: 벤더 등록 교육, UNPD 면담, 유엔 대표부 면담 등		
한국 보건산업 진흥원	• 국제입찰 진출 지원사업: 유엔 벤더 등록 지원, 입찰 프로젝트 사전 분석정보, 적기 입찰응모 기회 및 컨소시엄별 컨설팅 제공 • 제약산업 글로벌 현지화 강화 지원: 국제기구 협력포럼 개최, 1 : 1 상담회 • WHO PQ 인증 지원	• 국제입찰 진출 지원 사업: 아이템 발굴에서 입찰서 제출까지 지원	
KAIST 글로벌 공공조달 연구센터	• 유엔 벤더 등록 및 마케팅 • 입찰 준비 지원 및 역량교육	• 제안서 작성 지원 컨설팅	
G-PASS협회	• 유엔 벤더 등록	• 제안서 작성 지원 컨설팅	
한국무역협회	• 해외전시회 참여 지원 • 무역실무교육(조달특화교육 부재) • 해외바이어 발굴 지원	• 수출입실적증명서 발급 • 온라인 번역서비스(통상 무역거래에 국한하여 번역)	• 융자 제공(타 기관 협력)
중소기업 진흥공단	• 국제조달실무교육 • 해외규격인증정보 제공	• 신시장 진출 지원 자금 운용	• 수출인큐베이터 활용
한국수출입 은행		• 수출촉진자금, 수출성장자금, 수출이행자금, 수출기반자금 지원 • 수출금융보증(채무보증), 수출이행성 보증 지원	
한국무역공사		• 수출보증보험제도 운영	

07 Chapter

유엔조달시장 진출절차

Chapter 07

유엔조달시장 진출절차

제1절 UNSPSC 선정

1. 개요

UNSPSC(United Nations Standard Products and Services Code)는 1998년 유엔개발계획(United Nations Development Program: UNDP)이 상품 및 서비스를 편리하고 효율적으로 분류하기 위해 개발한 국제표준분류코드로 우리나라의 HS Code와 유사한 상품 및 서비스분류코드이다.

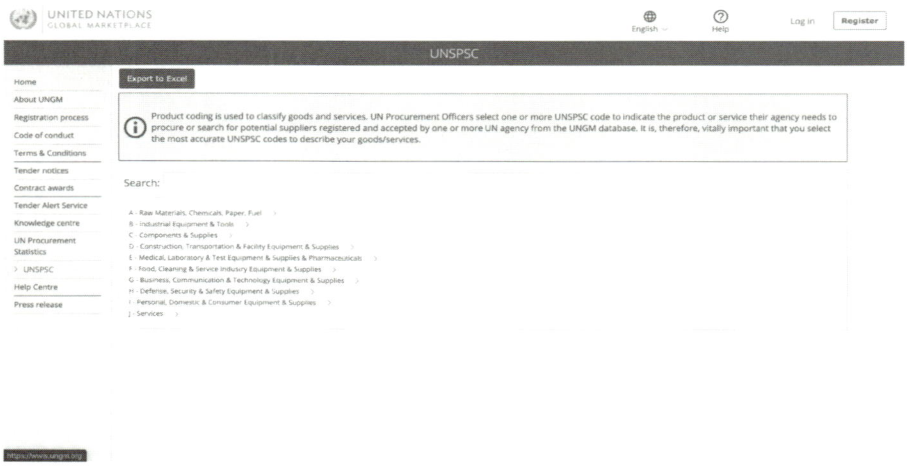

그림 7-1 UNGM 홈페이지의 UNSPSC코드 목록

국제표준분류를 사용해 국제기업 간의 상품 및 서비스에 대한 이해의 정확성과 효율성을 높이고, 수요 및 공급분석과 조사단계를 단순화시킨다.

UNSPSC 코드의 목록은 UNSPSC 홈페이지[1]와 UNGM 홈페이지[2]에서 확인 가능하다.

2. UNSPSC의 계층형 분류 구성

UNSPSC는 8자리 숫자 조합의 4단계의 계층형 구조로 구성되어 있다. 각 단계는 두 자리 숫자와 제품 및 서비스의 설명을 포함하며 최종단계까지 도달하지 않는 코드는 '00'을 사용해 8자리 숫자를 충족시킨다.

4단계는 세그먼트(Segment), 패밀리(Family), 클래스(Class) 그리고 커머디티(Commodity) 총 네 개 계층으로 나뉜다. 세그먼트는 원료, 상업장비 및 서비스 등 산업분야로 나눈 집단, 패밀리는 일반적으로 상용되는 상호관계가 있는 상품 간의 집단, 클래스는 공통적인 특징을 가지고 있는 집단을 구성하고, 마지막으로 커머디티는 특정 제품과 서비스를 분류한다.

표 7-1 UNSPSC코드 분류 구성(예시: 혈액투석용 투여키트 또는 세트)

단계	UNSPSC코드	내용
Segment	4200000	의료기기
Family	42160000	혈액투석기기 및 용품
Class	42161600	체외혈액 투석기기 및 용품
Commodity	42161601	혈액투석용 투여키트 또는 세트

1 UNSPSC 홈페이지: https://www.unspsc.org

2 UNGM 홈페이지: https://www.ungm.org

3. 검색방법

1) UNSPSC기관을 통해 검색하는 절차

① 1단계: UNSPSC 홈페이지[3] 접속 후 코드 검색 탭 선택

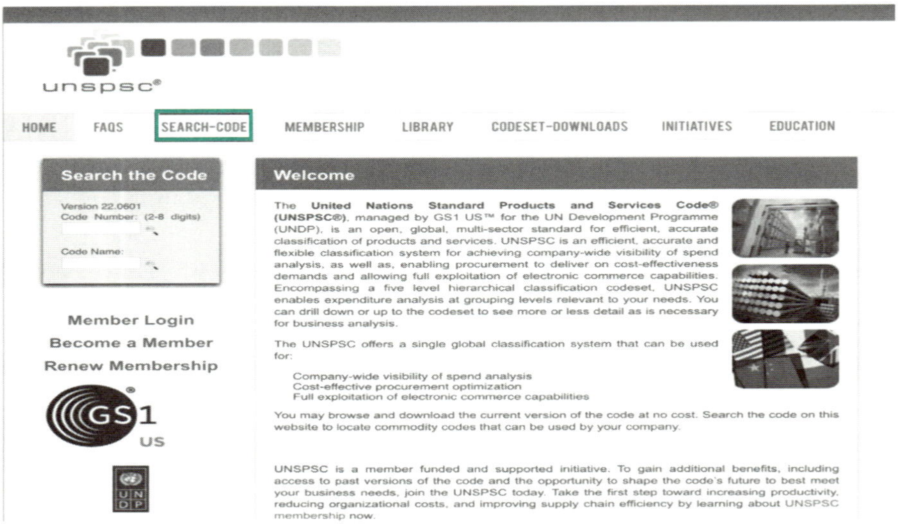

그림 7-2 UNSPSC 홈페이지 검색 탭 선택

② 2단계: 희망 검색 제품과 관련된 키워드 입력

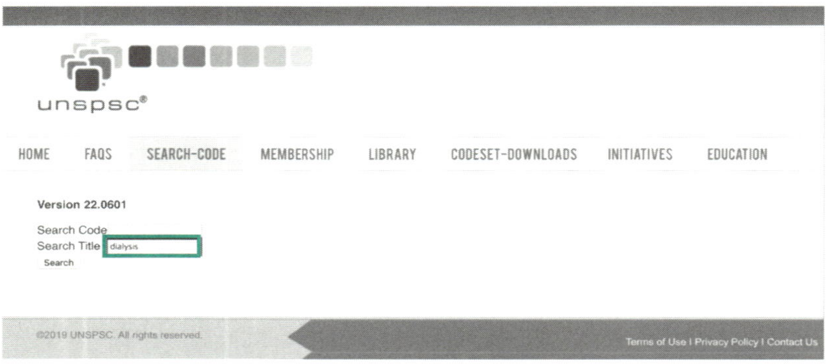

그림 7-3 희망 검색 제품 키워드 입력

3 UNSPSC 홈페이지: https://www.unspsc.org/

③ 3단계: 검색 목록 중 제품 분류와 일치하는 코드 선정

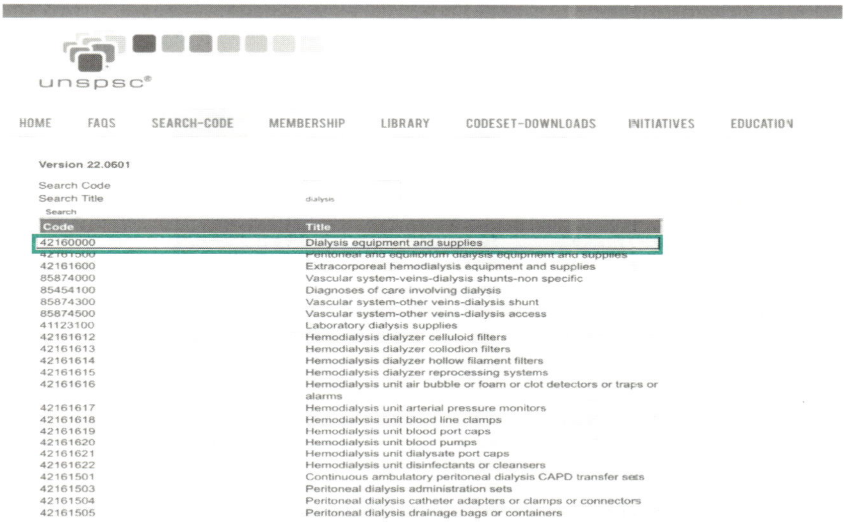

unspsc®

HOME FAQS SEARCH-CODE MEMBERSHIP LIBRARY CODESET-DOWNLOADS INITIATIVES EDUCATION

Version 22.0601

Search Code

Search Title dialysis

Search

Code	Title
42160000	Dialysis equipment and supplies
42161500	Peritoneal and equilibrium dialysis equipment and supplies
42161600	Extracorporeal hemodialysis equipment and supplies
85874000	Vascular system-veins-dialysis shunts-non specific
85454100	Diagnoses of care involving dialysis
85874300	Vascular system-other veins-dialysis shunt
85874500	Vascular system-other veins-dialysis access
41123100	Laboratory dialysis supplies
42161612	Hemodialysis dialyzer celluloid filters
42161613	Hemodialysis dialyzer collodion filters
42161614	Hemodialysis dialyzer hollow filament filters
42161615	Hemodialysis dialyzer reprocessing systems
42161616	Hemodialysis unit air bubble or foam or clot detectors or traps or alarms
42161617	Hemodialysis unit arterial pressure monitors
42161618	Hemodialysis unit blood line clamps
42161619	Hemodialysis unit blood port caps
42161620	Hemodialysis unit blood pumps
42161621	Hemodialysis unit dialysate port caps
42161622	Hemodialysis unit disinfectants or cleansers
42161501	Continuous ambulatory peritoneal dialysis CAPD transfer sets
42161503	Peritoneal dialysis administration sets
42161504	Peritoneal dialysis catheter adapters or clamps or connectors
42161505	Peritoneal dialysis drainage bags or containers

그림 7-4 키워드 검색 목록 중 일치하는 제품코드 선정 1

④ 4단계: 제품과 관련된 다양한 키워드 검색을 통해 더 세밀한 소분류 검색

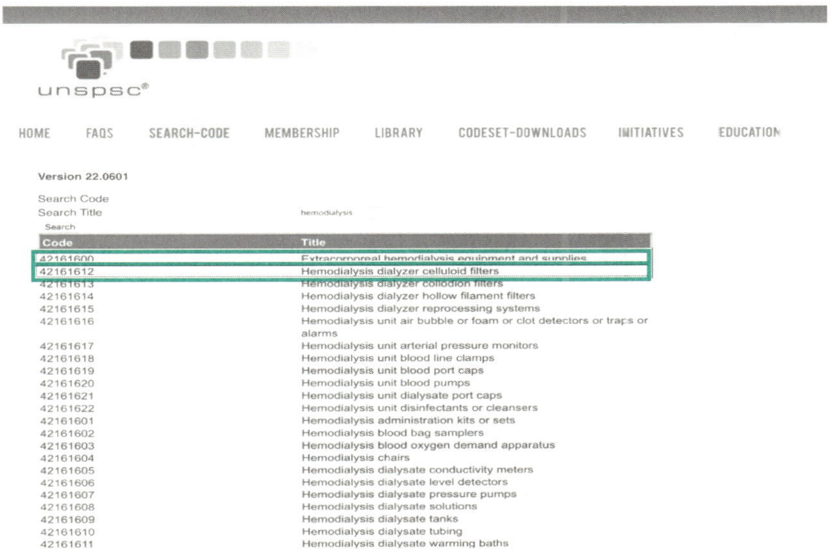

unspsc®

HOME FAQS SEARCH-CODE MEMBERSHIP LIBRARY CODESET-DOWNLOADS INITIATIVES EDUCATION

Version 22.0601

Search Code

Search Title hemodialysis

Search

Code	Title
42161600	Extracorporeal hemodialysis equipment and supplies
42161612	Hemodialysis dialyzer celluloid filters
42161613	Hemodialysis dialyzer collodion filters
42161614	Hemodialysis dialyzer hollow filament filters
42161615	Hemodialysis dialyzer reprocessing systems
42161616	Hemodialysis unit air bubble or foam or clot detectors or traps or alarms
42161617	Hemodialysis unit arterial pressure monitors
42161618	Hemodialysis unit blood line clamps
42161619	Hemodialysis unit blood port caps
42161620	Hemodialysis unit blood pumps
42161621	Hemodialysis unit dialysate port caps
42161622	Hemodialysis unit disinfectants or cleansers
42161601	Hemodialysis administration kits or sets
42161602	Hemodialysis blood bag samplers
42161603	Hemodialysis blood oxygen demand apparatus
42161604	Hemodialysis chairs
42161605	Hemodialysis dialysate conductivity meters
42161606	Hemodialysis dialysate level detectors
42161607	Hemodialysis dialysate pressure pumps
42161608	Hemodialysis dialysate solutions
42161609	Hemodialysis dialysate tanks
42161610	Hemodialysis dialysate tubing
42161611	Hemodialysis dialysate warming baths

그림 7-5 키워드 검색 목록 중 일치하는 제품코드 선정 2

2) UNGM 홈페이지를 통해 검색하는 절차

① 1단계: UNGM의 UNSPSC 검색 사이트[4] 접속 후 임의로 카테고리 선택하여 클릭

그림 7-6 UNGM 홈페이지 클릭 가능 카테고리

② 2단계: 카테고리 접속 후 좌측에 존재하는 카테고리 탭 중 UNSPSC를 클릭

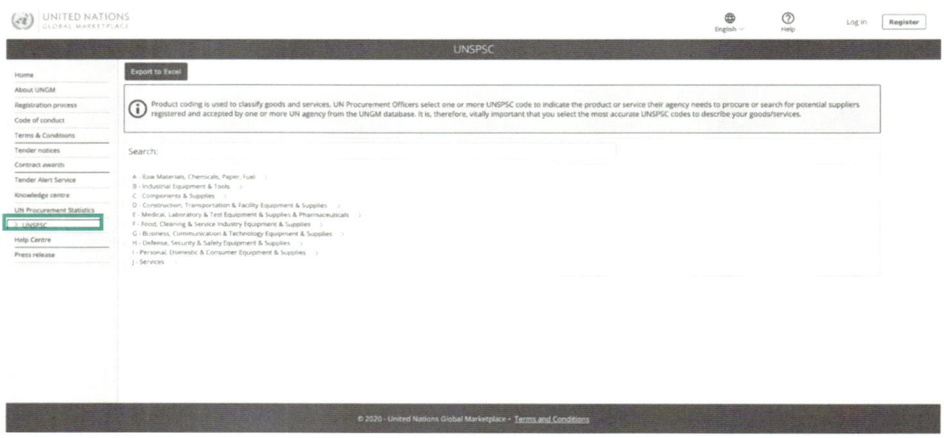

그림 7-7 UNSPSC 탭 선택

4 UNGM의 UNSPSC 검색 사이트: https://www.ungm.org/Public/UNSPSC

③ 3단계: 검색 희망 제품 관련 키워드 입력 검색 목록 중 제품과 일치하는 코드 선정

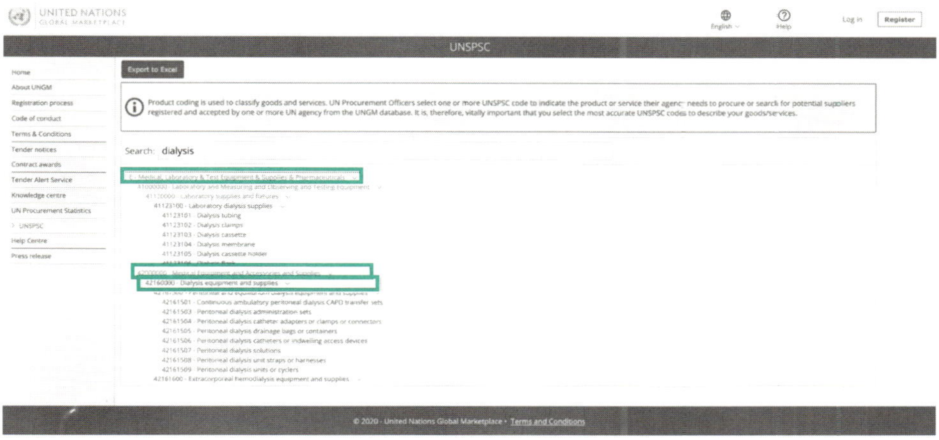

그림 7-8 검색 목록에서 일치하는 제품코드

제2절 UNGM 등록

1. 개요

UNGM(United Nations Global Marketplace)은 유엔 산하기관의 조달입찰정보 공개 및 벤더 등록 등 모든 조달업무를 단순화해 통합적으로 관리하고 통제하는 시스템이다.

이 시스템을 통해 입찰공고, 낙찰, 등록된 공급기업 등 조달절차의 모든 데이터를 투명하고 공정하게 운영하여 조달 담당자들과 벤더가 소통하는 플랫폼으로 사용된다.

2. 등록절차

유엔 공공조달에 참여를 희망하는 벤더는 UNGM에 공급업체 등록이 필요하며, 상세단계는 [표 7-2]를 참고한다. 신청서 제출 후 승인까지 기관별로 차이는 있으나 평균 6주 내외로 소요된다. Basic, Level 1, Level 2에 따라 참여할 수 있는 입찰금액 단위에 차이가 있고, 단 3년 미만의 수출 경험을 보유한 업체는 회사가 등록된 거주 국가에 위치한 유엔기관에 대해서만 공급업체로 등록이 가능하다.

표 7-2 UNGM 등록절차

단계	구분	내용	유의사항
1	기업 형태 선택	기업, 공공기관, 상공회의소 등 기업 형태 선택	
2	이메일계정 입력	이메일계정 입력 및 비밀번호 설정	
3	이메일 보안인증	이메일의 보안 및 신원 확인을 위한 이메일 수신 확인으로 계정 활성화	
4	기업 기본정보 입력	기본적으로 요구되는 기업명, 국가 및 사업자 등록일 등 입력	
5	기업 소재지 입력	기업 소재지 입력	
6	등록 유형 선택	국내 및 국제기업 해당 여부 선택	
7	담당자정보 입력	계정관리 담당자 이메일, 전화번호 등 기본정보 입력	
8	UNSPSC 선정	희망 판매 제품의 UNSPSC를 선정하여 선택 및 입력	
9	Basic Level 벤더 등록	Basic Level 벤더 등록 완료	• 낙찰금액 4만 달러 이하의 계약 입찰 가능
10	Level 1 벤더 등록	제출서류: 사업자 등록증, 최소 3개의 독립적인 거래업체의 기본정보, 대표나 이사진 등의 목록 레터헤드에 만든 자료	• Basic Level 벤더 등록 후 Level 1 벤더 등록 가능 • 낙찰금액 50만 달러 미만의 계약입찰 가능
11	Level 2 벤더 등록	제출서류: 최소 3개의 독립적인 거래업체의 추천서, 3년간의 재무정보	• Level 1 벤더 등록 후 2 벤더 등록 가능 • 낙찰금액 50만 달러 이상의 계약입찰 가능

① UNGM 웹사이트 접속 후 상단의 Register 선택

그림 7-9 UNGM 웹사이트

② 1단계: 등록 벤더 종류인 기업, 공공기관, 상공회의소 등 등록기업 선택 중 기업 선택

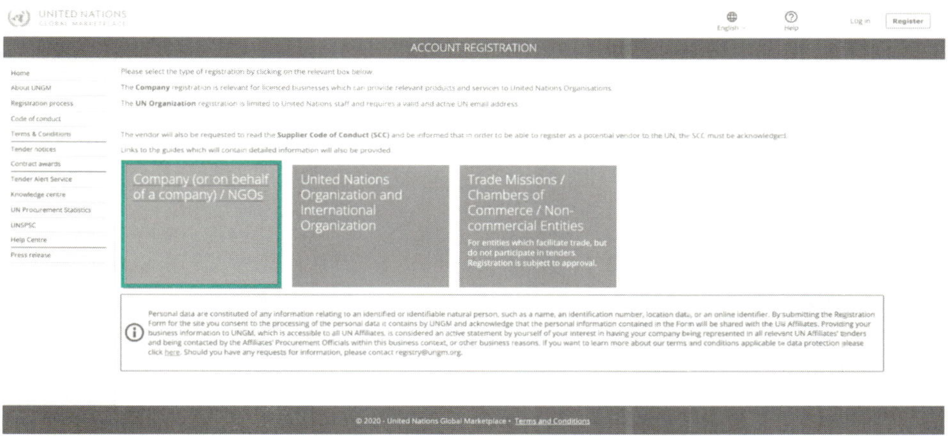

그림 7-10 UNGM 벤더 등록 1단계

③ 2단계: 이메일계정 입력 및 비밀번호 설정

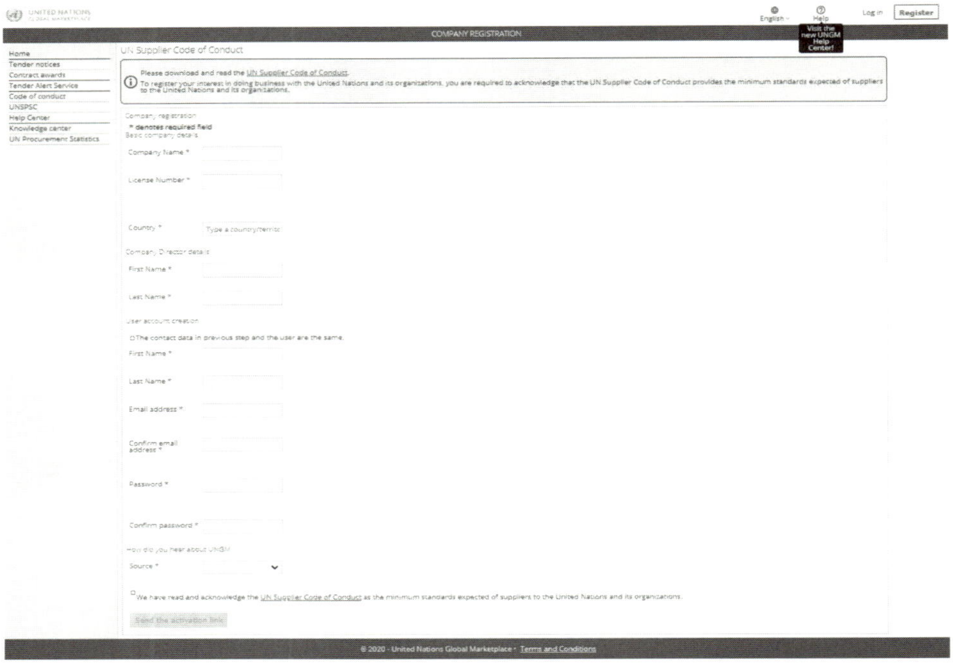

그림 7-11 UNGM 벤더 등록 2단계

④ 3단계: 이메일의 보안 및 신원 확인을 위해 수신 이메일 확인으로 계정 활성화

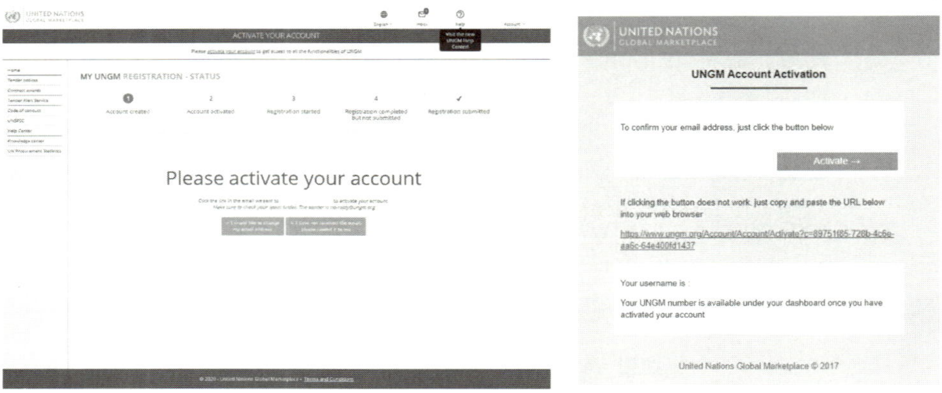

그림 7-12 UNGM 벤더 등록 3단계

⑤ 4단계: 기업명, 국가 및 사업자 등록일 등 기본정보 입력

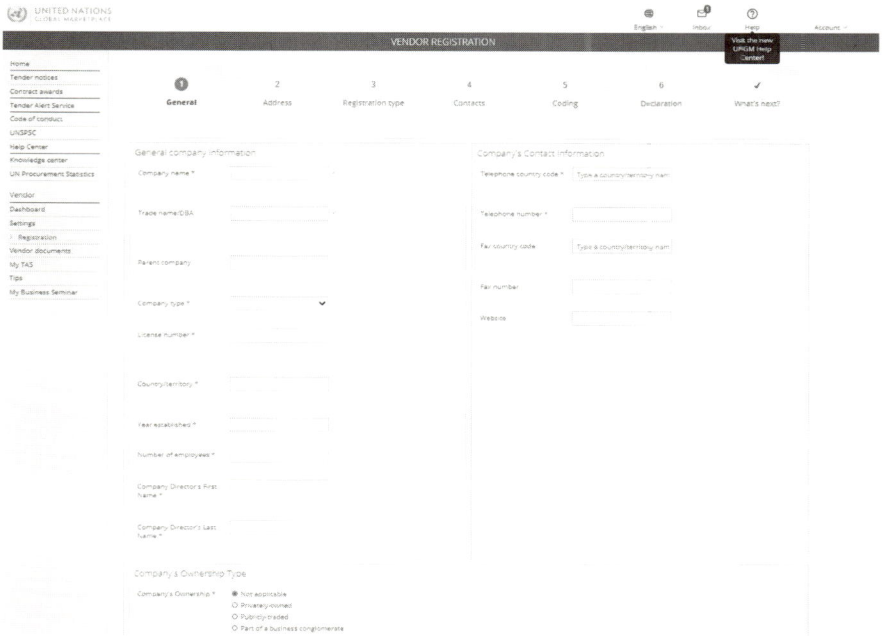

그림 7-13 UNGM 벤더 등록 4단계

⑥ 5단계: 기업의 주소 및 배송 수신지정보 입력

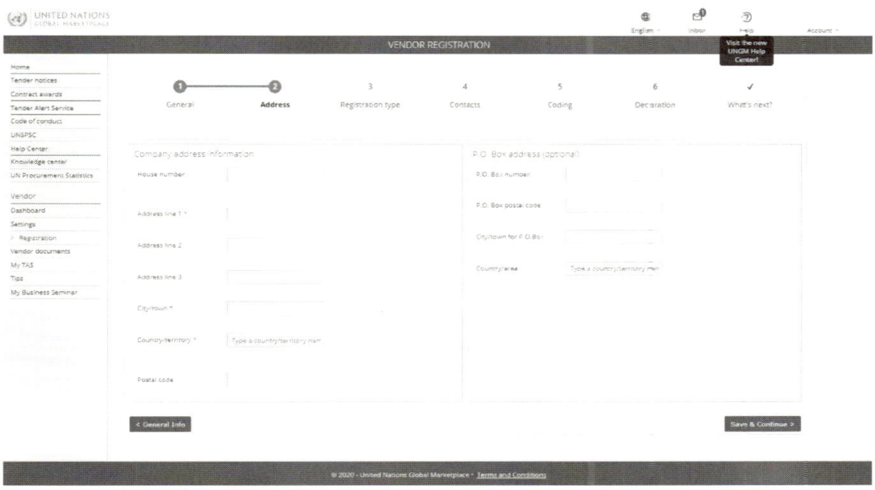

그림 7-14 UNGM 벤더 등록 5단계

⑦ 6단계: 국내 및 국제기업 등 등록기업의 해당 유형 선택

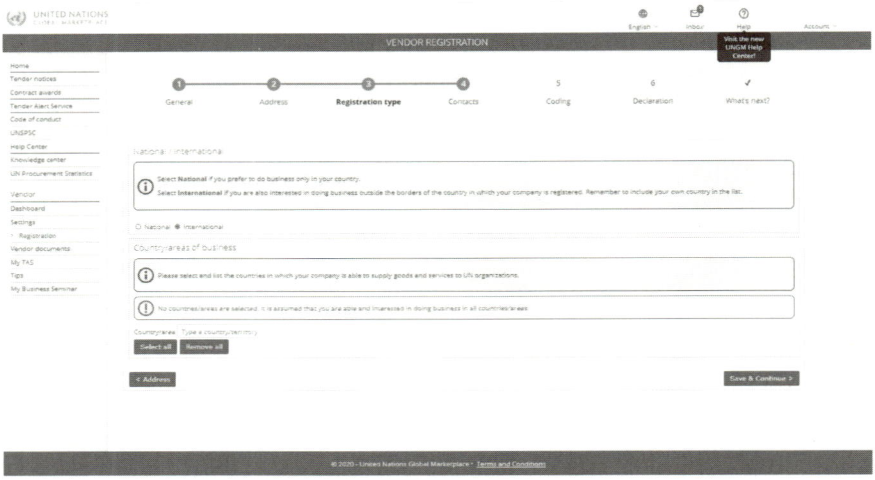

그림 7-15 UNGM 벤더 등록 6단계

⑧ 7단계: 계정관리 담당자 이메일, 전화번호 등 기본정보 입력

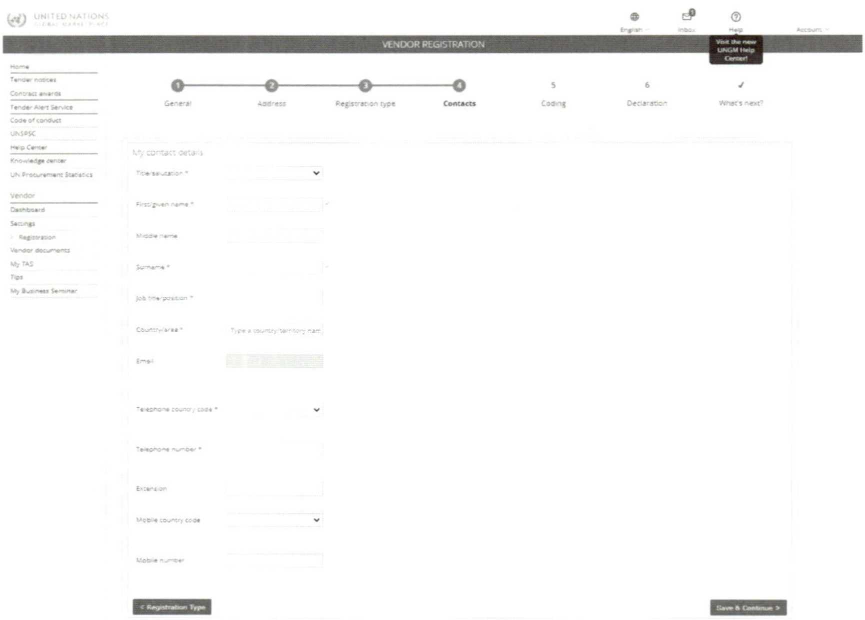

그림 7-16 UNGM 벤더 등록 7단계

⑨ 8단계: 희망 판매 제품의 UNSPSC Code 입력

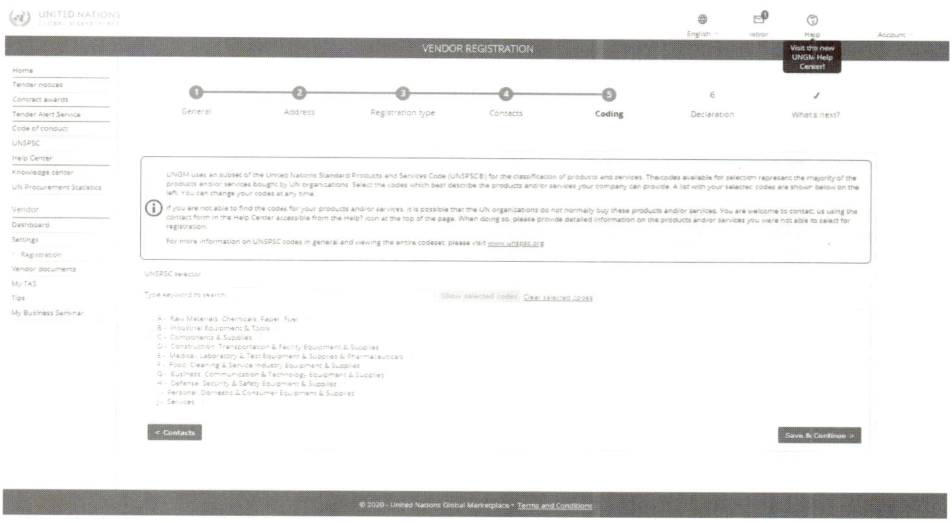

그림 7-17 UNGM 벤더 등록 8단계

⑩ Basic Level 벤더 등록 완료

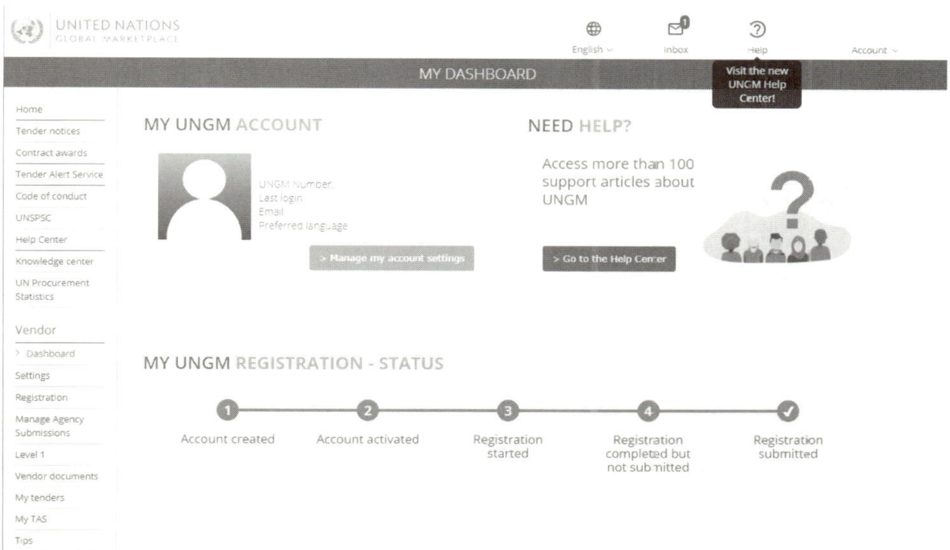

그림 7-18 UNGM Basic Level 벤더 등록 완료

3. 항공사업자 등록[5]

2018년 조달금액 기준 상위 10개 기관 대상으로 조사한 바에 따르면 UNDP 외에는 일반적으로 UNGM 벤더 등록을 통해 타 기관 조달 참여가 가능하나 항공 사업자는 UNGM 벤더 등록 Level 2에서 Department of Field Support(DFS)에 의한 기술평가가 요구된다.

기술평가는 총 2단계로 구성되는데 1단계는 각 벤더의 데스크톱 기술평가가 수행되어 필요한 서비스를 수행할 능력을 보유하는 기업인지의 해당 여부를 판단하고, 2단계에서는 유엔 요구사항[6]의 준수 여부를 확인하기 위한 현장평가 방문이 수행된다.

기술평가를 위해 TOEC가 요구하는 비행서비스 공급업체 공식 신청서, 항공 기능서, 회사 이력, 항공기 스펙, 항공기 임대계약 및 자료들을 준비해 유엔 현장 지원부[7]로 서면 제출해야 한다. 항공 사업자로 벤더 등록을 하기 위한 요구사항은 아래 표를 참조한다.

표 7-3 항공 사업자 벤더 등록 요구조건

순번	내용
1	Air Operator Certificate를 보유
2	사용하는 항공의 운영 및 유지관리 권한 보유
3	해결되지 않은 ICAO USOAP와 같은 중대한 안전 우려사항 제외 여부
4	당국 운영자의 금지 및 운영 비허용 리스트에 제외 여부
5	United Nations Security Council Sanctions List 및 Procurement Division Watch list에 제외 여부
6	UNDP 홈페이지에 게시된 UN AVSTADS과 TOEC 준수
7	Safety Management System(SMS) 보유 여부
8	신청서의 완벽성과 정확성을 입증하기 위해 적법하게 권한을 부여받은 개인의 서명 포함 여부

5 https://www.un.org/Depts/ptd/aviation

6 UN의 요구사항은 International Civil Aviation Organization(ICAO), UN Aviation Standards(UN AVSTADS), Technical Operational and Evaluation Criteria(TOEC)의 요구사항을 모두 준수하는 것이다.

7 유엔 현장 지원부: United Nations, Department of Field Support – Logistics Support Division, Aviation Safety Section – Vendor Registration and Management Team, UN Secretariat – 14th floor, New York, NY 10017 USA

제3절 입찰공고 탐색

1. 입찰정보 수집

유엔입찰공고는 UNGM을 통해 여러 유엔기관에서 발주된 공고를 무료로 검색할 수 있다. 단 UNGM은 3만 달러 이상의 공고만 게재되므로 각 기관별 웹사이트를 통해서도 입찰정보를 수집해야 한다.

[그림 7-19]와 같이 UNGM 접속 후 'Business Opportunities'를 선택한다.

그림 7-19 UNGM 웹사이트

1) Tender Alert Services

입찰공고는 UNGM 및 기관별 웹사이트를 통해 직접 검색할 수도 있으나 'Tender Alert Service'를 통해 이메일로 관심분야의 입찰정보를 쉽게 획득할 수 있다. 비용은 6개월 175달러, 1년 250달러, 2년 400달러 등 기간별로 상이하며 'Tender Alert Services(https://www.ungm.org/Public/TenderAlertService)' 사이트를 통해 신청 가능하다.

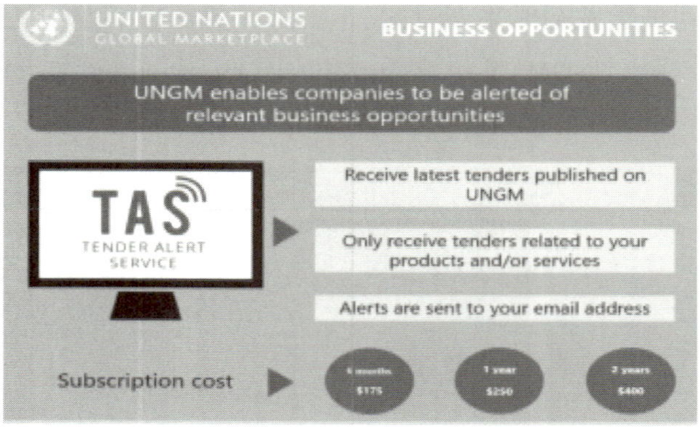

그림 7-20 UN Tender Alert Service

2) UN Procurement Mobile App

UNDP의 경우에는 웹사이트뿐 아니라 스마트폰의 'UN Procurement Mobile App'을 통해서도 입찰정보를 제공하고 있다.

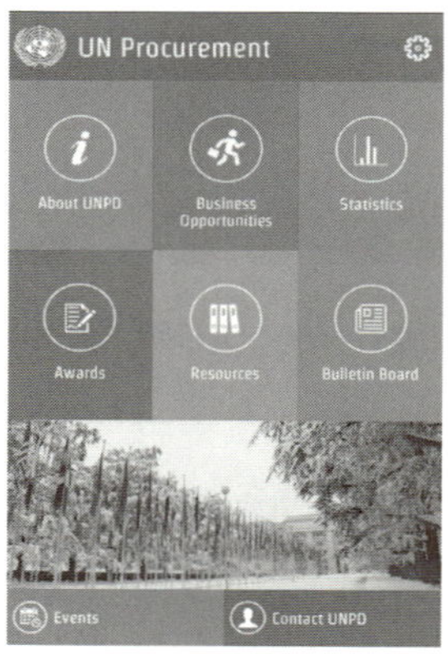

그림 7-21 UNDP Procurement Mobile App

3) 조달계획

UNGM을 통해 발주되는 공고는 긴급 조달이 아니면, 통상 4주 정도의 공고기간을 부여하나 [그림 7-22]와 같이 기관별 조달계획도 공고되므로 사전에 입찰정보를 수집하고 미리 대비하는 것이 매우 중요하다. 자사의 물품 및 서비스와 관련된 입찰공고를 발주할 예정인 기관과 입찰일정 등 조달계획정보를 수시로 확인해야 한다.

UNFPA

BUILDING STRATEGIC PARTNERSHIPS FOR QUALITY POPULATION DATA - Request for expressions of interests (REOI) from UNFPA suppliers and new partners. Request for EOI

Express Interest

Reference: UNFPA/USA/EOI/20/008
Beneficiary country(ies): Multiple destinations (see 'Countries' tab below)
Registration level: Basic
Published on: 03-Mar-2020
Deadline on: 03-May-2020 00:00 (GMT 1.00) Western Europe Time, London, Lisbon, Casablanca

Description

BUILDING STRATEGIC PARTNERSHIPS FOR QUALITY POPULATION DATA

UNFPA plays a key role in the implementation and ultimate success of the 2030 Agenda for Sustainable Development. In line with Sustainable Development Goal (SDG) 17 on partnerships, and in order to capitalize in a strategic and holistic manner to increase impact, UNFPA has a dedicated Strategic Partnerships Branch (SPB). This Branch leads UNFPA's efforts to explore, engage and manage collaborations with a range of private strategic partners to support the mandate of UNFPA.

Please send expressions of interest electronically to: Procurement Services Branch at bidtender@unfpa.org

Queries to: Ms. Mariarosa Cutillo, Chief, Strategic Partnerships Branch, UNFPA at cutillo@unfpa.org; Mr. Gilles Virgili, Strategic Partnerships Specialist at virgili@unfpa.org; Mr. Daniel Backhouse, Procurement Analyst at backhouse@unfpa.org

그림 7-22 UNFPA 조달계획

UNFPA Procurement Services

Tentative Tender Schedule of UNFPA
Department: Medical Devices, Hospital Furniture, Anatomical Models, Kits and Pharmaceuticals

No.	LTA Type	LTA Expiry	Possibility of LTA extension until
1	Anatomical Models	26-Oct-2021	26-Oct-2023
2	Interagency Emergency Reproductive Health Kits	31-Oct-2021	27-Oct-2022
3	Dignity Kits	28-May-2020	28-May-2021
4	Medical Devices, Pharmaceuticals	31-Oct-2021	27-Oct-2022
5	Hospital Furniture	1-Feb-2020	1-Feb-2022

Please note that the above-stated schedule is tentative and subject to any form of amendment.

Date: 26 November 2019

그림 7-23 UNFPA 조달계획일정

2. 입찰공고 검색

① 1단계: UNGM의 'Tender Notice'를 통해 마감기한, 공고 게시일, 발주기관, 입찰공고 제목, 물품 및 서비스 수취 국가, UNSPSC Code, 공고 유형 등 다양한 키워드로 검색 가능

[예시] 입찰공고 제목: 'Medical Supplies' 검색

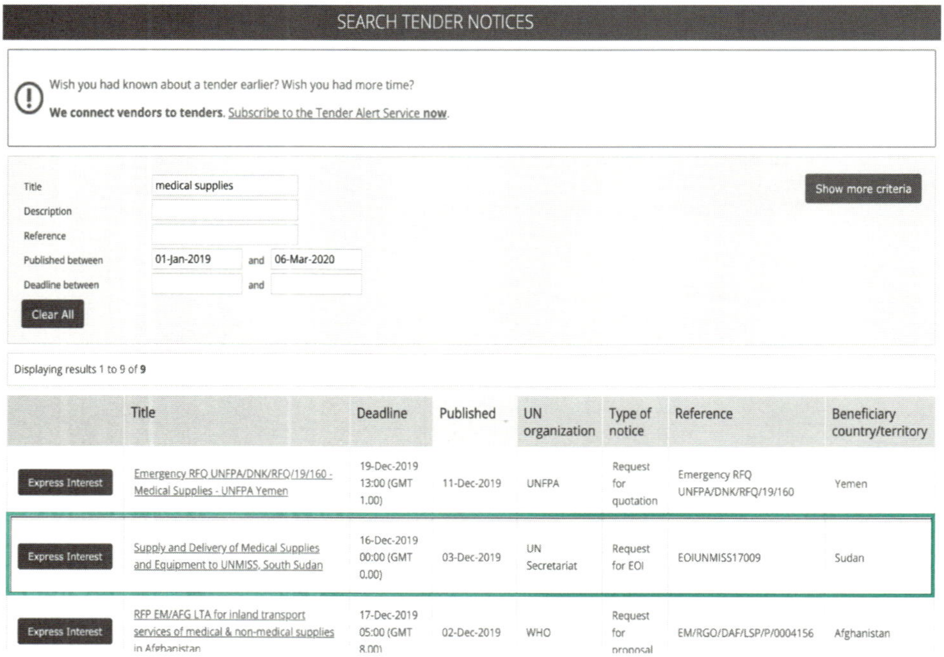

그림 7-24 UNGM 입찰공고 검색 1단계

② 2단계: 관심공고를 확인하여 벤더 등록 Level, 수혜국, 마감기한, 입찰 유형, 참여방법 등의 내용을 파악하고, 입찰공고 전문은 반드시 Links 혹은 Documents 탭을 클릭하여 확인해야 함

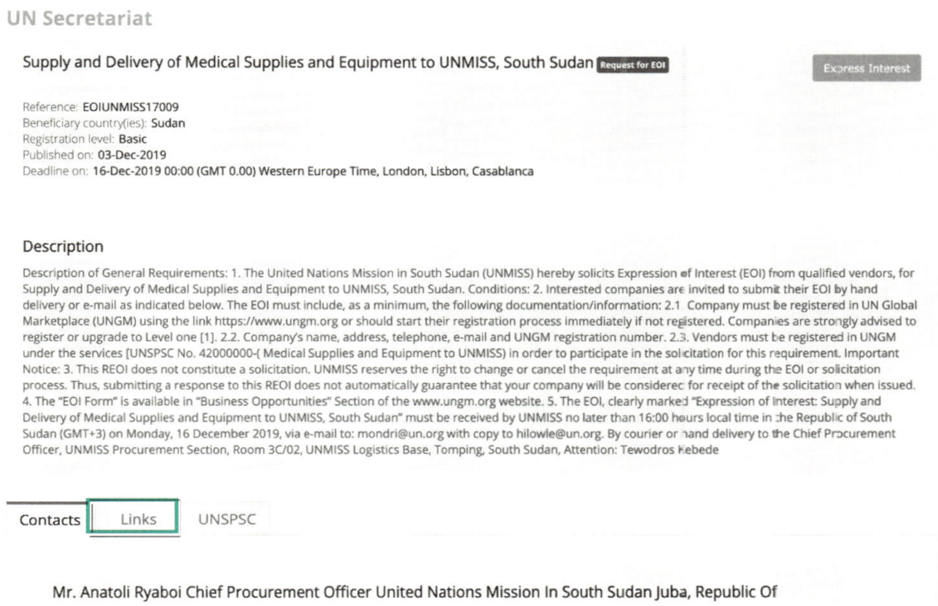
UN Secretariat

Supply and Delivery of Medical Supplies and Equipment to UNMISS, South Sudan Request for EOI

Express Interest

Reference: EOIUNMISS17009
Beneficiary country(ies): Sudan
Registration level: Basic
Published on: 03-Dec-2019
Deadline on: 16-Dec-2019 00:00 (GMT 0.00) Western Europe Time, London, Lisbon, Casablanca

Description

Description of General Requirements: 1. The United Nations Mission in South Sudan (UNMISS) hereby solicits Expression of Interest (EOI) from qualified vendors, for Supply and Delivery of Medical Supplies and Equipment to UNMISS, South Sudan. Conditions: 2. Interested companies are invited to submit their EOI by hand delivery or e-mail as indicated below. The EOI must include, as a minimum, the following documentation/information: 2.1 Company must be registered in UN Global Marketplace (UNGM) using the link https://www.ungm.org or should start their registration process immediately if not registered. Companies are strongly advised to register or upgrade to Level one [1]. 2.2. Company's name, address, telephone, e-mail and UNGM registration number. 2.3. Vendors must be registered in UNGM under the services [UNSPSC No. 42000000-(Medical Supplies and Equipment to UNMISS) in order to participate in the solicitation for this requirement. Important Notice: 3. This REOI does not constitute a solicitation. UNMISS reserves the right to change or cancel the requirement at any time during the EOI or solicitation process. Thus, submitting a response to this REOI does not automatically guarantee that your company will be considered for receipt of the solicitation when issued. 4. The "EOI Form" is available in "Business Opportunities" Section of the www.ungm.org website. 5. The EOI, clearly marked "Expression of Interest: Supply and Delivery of Medical Supplies and Equipment to UNMISS, South Sudan" must be received by UNMISS no later than 16:00 hours local time in the Republic of South Sudan (GMT+3) on Monday, 16 December 2019, via e-mail to: mondri@un.org with copy to hilowle@un.org. By courier or hand delivery to the Chief Procurement Officer, UNMISS Procurement Section, Room 3C/02, UNMISS Logistics Base, Tomping, South Sudan, Attention: Tewodros Kebede

Contacts | Links | UNSPSC

Mr. Anatoli Ryaboi Chief Procurement Officer United Nations Mission In South Sudan Juba, Republic Of

그림 7-25 UNGM 입찰공고 검색 2단계

제4절 제안서 작성과 제출

1. 입찰 참여

ITB 혹은 RFP 이전에 사전 시장조사 차원에서 입찰에 관심 있는 업체를 조사하기 위해 EOI(Expression Of Interest)를 게시한다. 이에 응답하기 원하는 벤더는 공고에 기술된 마감기한 내 EOI를 정해진 양식에 따라 제출하여야 추후 ITB, RFP에 참여할 기회를 얻을 수 있다. 단 EOI를 제출한 모든 업체에게 참여기회를 부여하는 것은 아니며, 적절한 기준에 따라 선정된 업체에게만 상세규격을 제공한다. 추후 ITB를 받은 경우에는 입찰에 참여하지 않더라도 'Acknowledgement Letter'를 회신하여야 한다. 세 번 이상 회신하지 않는 경우에는 입찰 참가 의사가 없는 것으로 간주되어 관심 벤더 등록 명부에서 삭제될 수도 있다.

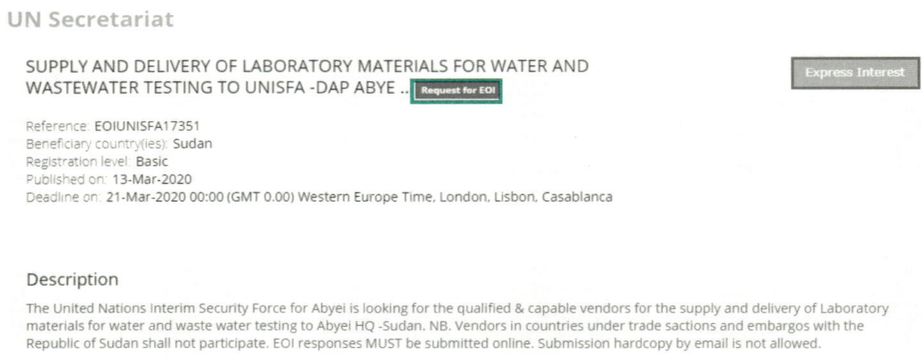

UN Secretariat

SUPPLY AND DELIVERY OF LABORATORY MATERIALS FOR WATER AND WASTEWATER TESTING TO UNISFA -DAP ABYE .. Request for EOI

Express Interest

Reference: EOIUNISFA17351
Beneficiary country(ies): Sudan
Registration level: Basic
Published on: 13-Mar-2020
Deadline on: 21-Mar-2020 00:00 (GMT 0.00) Western Europe Time, London, Lisbon, Casablanca

Description

The United Nations Interim Security Force for Abyei is looking for the qualified & capable vendors for the supply and delivery of Laboratory materials for water and waste water testing to Abyei HQ -Sudan. NB. Vendors in countries under trade sactions and embargos with the Republic of Sudan shall not participate. EOI responses MUST be submitted online. Submission hardcopy by email is not allowed.

그림 7-26 EOI 입찰공고 예시

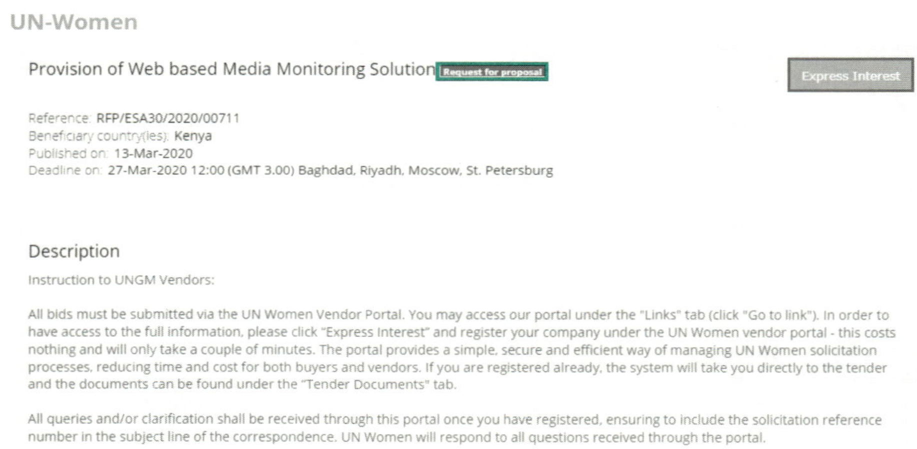

UN-Women

Provision of Web based Media Monitoring Solution Request for proposal

Express Interest

Reference: RFP/ESA30/2020/00711
Beneficiary country(ies): Kenya
Published on: 13-Mar-2020
Deadline on: 27-Mar-2020 12:00 (GMT 3.00) Baghdad, Riyadh, Moscow, St. Petersburg

Description

Instruction to UNGM Vendors:

All bids must be submitted via the UN Women Vendor Portal. You may access our portal under the "Links" tab (click "Go to link"). In order to have access to the full information, please click "Express Interest" and register your company under the UN Women vendor portal - this costs nothing and will only take a couple of minutes. The portal provides a simple, secure and efficient way of managing UN Women solicitation processes, reducing time and cost for both buyers and vendors. If you are registered already, the system will take you directly to the tender and the documents can be found under the "Tender Documents" tab.

All queries and/or clarification shall be received through this portal once you have registered, ensuring to include the solicitation reference number in the subject line of the correspondence. UN Women will respond to all questions received through the portal.

그림 7-27 RFP 입찰공고 예시

2. 제안서 작성 및 제출

제안서 작성에 포함되어야 하는 내용 및 양식은 입찰공고에 자세히 기술되어 있다. 마감기한, 제출방법(전자제출, FAX 등), 자격요건, 필요정보, 제안서 작성 언어 등의 내용을 파악 후, 공고상에 주어진 양식에 따라 제안서를 작성하고 온라인 제출, 명시된 이메일 혹은 팩스 등을 통해 제출한다.

[예시] UNISFA 수단 수질 및 폐수 테스트 실험실 재료 조달의 건(EOI)

United Nations **Nations Unies**

United Nations Interim Security Force For Abyei
Sudan

REQUEST FOR EXPRESSION OF INTEREST (EOI)

This notice is placed on behalf of UNISFA. United Nations Procurement Division (UNPD) cannot provide any warranty, expressed or implied, as to the accuracy, reliability or completeness of contents of furnished information; and is unable to answer any enquiries regarding this EOI. You are therefore requested to direct all your queries to United Nations Interim Security Force For Abyei using the fax number or e-mail address provided below.

Title of the EOI:
SUPPLY AND DELIVERY OF LABORATORY MATERIALS FOR WATER AND WASTEWATER TESTING TO UNISFA -DAP ABYEI HQ -SUDAN

Date of this EOI: 12 March 2020	**Closing Date for Receipt of EOI:** 21 March 2020
EOI Number:	EOIUNISFA17351
Address EOI response by fax or e-mail to the Attention of:	Eoi Responses Must Only Be Submitted Online (Not By Email)
Fax Number:	
E-mail Address:	turyasingura@un.org
UNSPSC Code:	49241704

DESCRIPTION OF REQUIREMENTS

The United Nations Interim Security Force for Abyei is looking for the qualified & capable vendors for the supply and delivery of Laboratory materials for water and waste water testing to Abyei HQ -Sudan.

NB. Vendors in countries under trade sactions and embargos with the Republic of Sudan shall not participate.

EOI responses MUST be submitted online. Submission hardcopy by email is not allowed.

SPECIFIC REQUIREMENTS / INFORMATION (IF ANY)

The detailed specifications and all information will be provided in bid documents when issued out.

NOTE:
Submission of the EOI does not constitute an obligation by the United Nations to include your company in this specific procurement exercise, neither does it assure that a respective tender exercise will be undertaken in due course.

그림 7-28 UNISFA 수단 수질 및 폐수 테스트 실험실 재료 EOI 개요

VENDOR RESPONSE FORM

TO:	Eoi Responses Must Only Be Submitted Online (Not By Email)	**EOI Number:**	EOIUNISFA17351
Email:	turyasingura@un.org		
FAX:			
FROM:			

SUBJECT: SUPPLY AND DELIVERY OF LABORATORY MATERIALS FOR WATER AND WASTEWATER TESTING TO UNISFA -DAP ABYEI HQ -SUDAN

NOTICE

- Companies can only participate in solicitations of the UN Secretariat after completing their registration (free of charge) at the United Nations Global Marketplace (www.ungm.org).
- As you express interest in the planned solicitation by submitting this response form, please verify that your company is registered under its **full legal** name on the United Nations Global Marketplace (www.ungm.org) and that your application has been submitted to the UN Secretariat.
- We strongly recommend all companies to register at least at **Level 1** under the United Nations Secretariat prior to participating in any solicitations.

PLEASE NOTE: You can express your interest to this REOI by filling out this form manually or electronically (recommended) at:
https://www.un.org/Depts/ptd/node/add/interest-expressed?EOI=EOIUNISFA17351

*To be completed by the Vendor (**All fields marked with an '*' are mandatory**)*

COMPANY INFORMATION

UNGM Vendor ID Number*:

Legal Company Name (Not trade name or DBA name) ***:**

Company Contact *:

Address *:

City *: | **State:**

Postal Code * :

Country *:

Phone Number *:

Fax Number *:

Email Address *:

Company Website:

We declare that our company fully meets the prerequisites A, B, C, D, E and F, for eligibility to register with the United Nations as outlined in the paragraph 1 of the EOI INSTRUCTIONS page.

Signature :____________________ Date:______________

그림 7-29 UNISFA 수단 수질 및 폐수 테스트 실험실 재료 EOI 제출양식

08 Chapter

UNDP 조달사업 사업참여방법 및 진출

Chapter 08 UNDP 조달사업 사업참여 방법 및 진출

제1절 UNDP 조달사업[1]

앞 장에서는 유엔의 전반적인 개요, 유엔조달의 개괄적인 소개와 절차 그리고 유엔기관별 조달품목 및 조달예산 등 일반적인 정보와 더불어 UNGM을 통해 국제입찰에 참여하는 포괄적인 방법까지 소개하였다.

본장에서는 유엔조달사업 중에 유엔개발계획(UNDP)이라는 특정 유엔기관을 중심으로 좀 더 구체적이고 세분화된 정보를 공유하고 실제적인 실무지침서로서의 접근방법을 소개하고자 한다. 이러한 배경에는 저자가 2018년부터 UNDP의 조달교육을 통해 습득한 구체적인 지식과 2020년 UNDP의 요청으로 진행한 COVID-19 관련 제품 시장조사 등의 경험과 지난 몇 년간 한국기업을 자문하면서 경험한 여러 가지 복합적인 내용이 있다. 이를 정리하여 실제적으로 한국기업의 경영인이 UNDP 사례를 중심으로 한 유엔조달 사업개발전략이 왜 필요한지와 또 어떠한 단계와 절차가 필요한지를 구체적으로 설명한다.

일반적으로 비즈니스 목표를 설정하고 실질적인 결과를 달성하는 것이 공공 및 민간부문의 일반적인 관리 패러다임이다. 유엔조달을 공부하는 가장 궁극적인 목적은 유엔조달사업에 참여하여 사업을 획득하고 성공적으로 수행하여 지속 가능한 새로운 수익모델을 만드는 것이다.

유엔조달사업은 국제경쟁입찰로 운영되기 때문에 제2장 국제경쟁입찰 수행절차를 정확하게 이해하는 것이 중요하다. 수행절차의 이해는 국제입찰을 통해서 어떻게 유엔조달사업에 성공할 수 있느냐에 대한 구체적인 전략을 기획하는 데 중요한

1 UN, *UN Procurement Practitioner's Handbook*, 2017, pp.44-65 정리

역할을 하게 된다. 이러한 성공요소는 저자가 유엔조달의 특성 그리고 일반적인 공공조달시장 개발의 실무와 한국기업을 위한 제안서 작성 제출 및 공공조달 관리과정 교육을 수행하면서 한국기업에 가장 필요한 사항을 정리해 본 것이다.

본장에서 소개하는 UNDP 조달사업의 절차와 단계는 UNDP기관의 특징과 업무환경에 따른 것이기 때문에 UNOPS, UNICEF 등 다른 유엔기관의 조달사업과 근본적인 접근방법은 동일하지만 기술적인 접근방법론이 다양하다는 것을 밝혀두고자 한다.

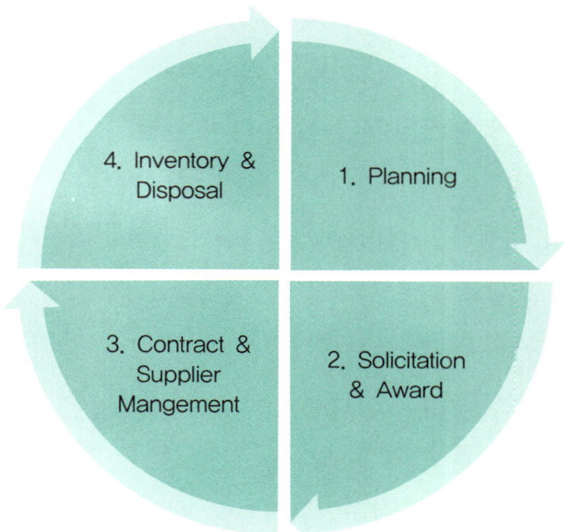

그림 8-1 UNDP 조달단계

UNDP의 조달단계는 [그림 8-1]의 예시와 같이 크게 네 가지로 구분할 수 있다

첫 번째 단계인 기획(Planning)단계에서는 소요파악, 예산기획, 획득 기획, 조달기획과 이에 따른 내부적인 역할과 책임에 대한 직능별 분담 그리고 전체적인 조달사업을 실행함에 있어 발생할 수 있는 위험을 측정하고 준비한다.

두 번째 단계인 계약 및 협상(Solicitation & Award)단계는 입찰절차 운영 및 계약의 발주단계이며 구체적으로 상세한 사양(Specification) 검토, 공급자에 대한 정보, 조달의 행정적인 방법 선택, 입찰에 대한 서류 준비, 제안서 접수, 제안서 평가, 낙찰자 선정, 최종적으로 사업자 선정에 따른 계약을 준비한다.

세 번째 단계는 계약관리(Contract Management)로 입찰에서 성공하지 못한 기업에 대한 후속 조치(Debriefing), 계약집행과 이에 따른 실행계획 준비, 재화 및 용역의 납기 확인과 검사, 대금지급, 일반 계약관리, 전반적인 계약관리에 대한 행정서류를 확인한다.

마지막 단계인 재고관리(Inventory & Disposal)는 납품된 재화와 용역에 대한 자산관리와 부가적인 자산에 대한 재고처리 등 후속 조치를 하는 과정으로 전체적인 조달단계가 완성된다.

[그림 8-1]의 예시에서 설명한 UNDP의 조달단계 중 한국기업이 가장 관심을 가져야 할 단계는 1단계의 기획과 2단계의 조달 및 계약발주에 관련된 부분이다.

유엔조달사업 기회를 획득하기 위해서 공식적으로 입찰공고가 나온 시점에서 사업에 참여하는 사업개발전략은 여러 가지 측면에서 경쟁력이 없다고 할 수 있다.

유엔조달사업은 일반에 공개되기 전에 다양한 경로를 통해 시장정보를 확보하여 사전 조달단계에서 사업을 준비하는 것이 성공의 성패를 좌우할 수 있다. 예를 들어 UNDP의 조달규정(UNDP Procurement Guideline)에 따르면 UNDP 조달사업 중 100,000달러 이상의 조달구매는 공개적인 방법으로 입찰사업 기회를 공시(Open Announcement)해야 하지만 100,000달러 이하의 조달구매를 진행할 때는 비공개로 조달단계를 진행할 수 있으므로 한국기업은 초기 대응에 더 많은 노력과 관심이 필요하다. 준비된 기업만이 실제 입찰공고가 공지되었을 때 경쟁력 있는 접근방법을 통하여 사업을 획득할 수 있기 때문이다.

UNDP의 조달사업은 사전 조달단계와 조달단계로 구분하여 설명할 수 있다. 앞서 설명한 1단계인 소요제기, 예산 편성, 예산 집행계획이 완성되면 다음단계로 사전 조달단계인 시장조사를 진행하는 것이 일반적이다. 소요에 대한 제기와 이에 따른 예산의 편성과 집행방법은 발주처의 여건과 내부 규정에 따라 다양한 형태가 있다고 볼 수 있고 UNDP도 예외는 아니다. 이러한 사전 조달단계는 본조달단계, 즉 입찰정보가 공시(Open Announcement)되기 전까지의 사전 입찰단계라고 할 수 있다.

사전 입찰단계에서 가장 일반적으로 사용되는 조달기법인 RFI(Request for Information), EOI(Expression of Interest), Pre-Qualification의 단계를 거친 뒤에 공시(Open Announcement)하게 된다.

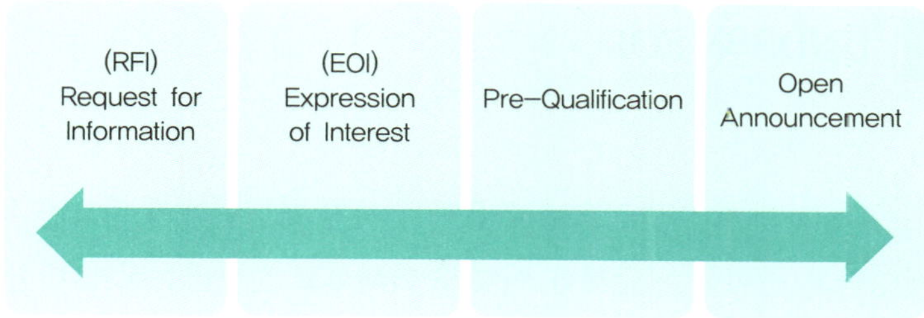

그림 8-2 UNDP 사전 입찰단계

일반적으로 한국기업이 가장 놓치기 쉬운 단계가 바로 사전 조달단계이다. 특히 사전 조달단계의 마지막 절차인 시장조사는 발주처가 계획된 조달 집행계획을 실행하기 전에 진행하는 가장 중요한 절차라고 볼 수 있다. [그림 8-2]는 사전 조달단계의 시장조사에서 RFI(Request for Information), EOI(Expression of Interest)와 사전 입찰의 형태인 Pre-Qualification의 단계를 거친다는 것을 보여준다.

사전 조달단계의 마지막 단계이며 본입찰의 첫 단계인 공시(Open Announcement)를 통하여 발주를 하고자 하는 재화, 용역, 공사에 대한 잠재적인 사업 기회를 공정하고 공평한 방법으로 공개적으로 공시하게 된다. 물론 사전 입찰단계인 RFI, EOI, Pre-Qualification단계의 제안서에는 가격을 포함하지는 않는다. UNDP의 경우에는 다음과 같은 배경을 염두에 두고 사전 입찰제안서를 요청하게 된다.

① UNDP의 구매기관에서 공급자현황을 업데이트한다.

② UNDP에서 진행하고자 하는 조달사업의 공급자를 파악한다.

③ EOI 제안서 요청이 UNDP의 조달절차상 필요한 경우에 사전 조달절차의 한 단계로서 시장조사를 진행한다.

물론 이러한 시장조사를 하는 단계에 참여한다고 해서 본조달사업 확보가 반드시 보장되지는 않는다. 다만 사전 시장정보수집, 시장조사, 공급자에 대한 Quality Assurance Program 준비 등이 자연스럽게 요구되는 EOI 제안서 작성과 제출을 통한 발주기관과의 소통을 통하여 보다 구체적으로 사전 조달단계와 본조달단계를 유기적으로 활용하면 시장을 선점하고 경쟁우위를 차지할 수 있기 때문에 중요한 사업 참여단계라고 할 수 있다.

제2절 UNDP와 EOI

본절에서는 UNDP에서 일반적으로 활용하는 사전 조달단계의 주요한 부분인 EOI 제안서를 작성하고 준비하는 단계를 어떻게 이해하고 준비하는지에 대한 실무적인 접근방법을 설명하고 이를 활용하여 사업을 확보하는 교두보 역할을 할 수 있는 역량을 어떻게 개발하는지, 또한 UNDP에서 EOI 제안서 작성의 핵심과 사업정보를 획득하는 방법 등을 구체적으로 설명하도록 한다.

본서를 실무지침서로 활용할 수 있도록 실제 공고된 EOI 양식을 견본으로 활용하여 구체적인 접근방법을 설명한다.

[그림 8-3]의 예시는 나이지리아에 있는 UNDP 지역본부에서 공고한 EOI로, 다양한 품목의 공급에 관심이 있는 기업의 사업 참여를 권고하는 EOI이다. 모든 EOI가 같은 양식은 아니지만 일반적으로 사용되는 양식으로 인식할 수 있고 비교적 간단명료한 안내와 EOI에 참여하는 방법을 구체적으로 기술하고 있다.

①항은 조달을 원하는 항목(items)으로 재화와 용역으로 구성되어 있다. 각 항목에 표기된 일련번호는 UNDP 나이지리아 지역본부에서 활용하는 문서번호로서 향후 사업에 참여할 때 반드시 표기해야 한다. EOI단계에서는 발주처가 필요한 소요물량에 대하여 구체적으로 확인을 하거나 제시하지 않는 것이 일반적이며, 제품의 구체적인 납기 또는 배송조건 등은 본입찰단계인 Request for Quotation이나 Request for Proposal 공지를 통해 공개한다. 일반적으로 이러한 구체적인 정보는 TOR(Terms of Reference)에 상세히 서술한다.

②항은 UNDP가 규정하는 조달가이드라인에 따라 EOI 응찰자가 자격기준에 부합하기 위해 제출해야 하는 서류를 설명하고 있다. 응찰기업에 대한 소개자료는 15쪽으로 한정되어 있기 때문에 불필요하게 중복되는 자료를 보내기보다는 핵심적이고 간결하게 자사의 기업역량을 표현한 기업역량보고서(Capability Statement) 형식으로 작성하는 것이 유리하다. 기업 등록(Certificate of Incorporation)이나 납세증명서(Tax Registration/Payment)는 기업의 법적인 자격을 판단하기 위한 서류이다.

UNDP Expression of interest

UNDP Nigeria is currently updating its vendor roaster and here by invites interested companies to apply on the following goods are services.

① Item Description	REF Nos.
Vehicle rental/Transportation	UNDP/NGA/EOI/2019/001
Designing and Printing/Visibilities	UNDP/NGA/EOI/2019/002
Logistics/Couriers Services (National and International)	UNDP/NGA/EOI/2019/003
Clearing and Forwarding Firms	UNDP/NGA/EOI/2019/004
Computers, photocopiers and printers (equipment and maintenance).	UNDP/NGA/EOI/2019/005
Office Stationeries.	UNDP/NGA/EOI/2019/006
Seeds and seedlings	UNDP/NGA/EOI/2019/007
Fertilizers	UNDP/NGA/EOI/2019/008
Solar System Equipment , Batteries , Invertors etc.	UNDP/NGA/EOI/2019/009
Office/ Home Furniture, Electronics and household Items	UNDP/NGA/EOI/2019/010
Farm Tool and Agriculture Equipment	UNDP/NGA/EOI/2019/011
Catering Services (Indoor/Outdoor)	UNDP/NGA/EOI/2019/012

② **Eligibility criteria**

List of attributes	Benchmark
Company Profile	Should not exceed fifteen (15) pages, including printed brochures and product catalogues relevant to the goods/services being procured
Certificate of Incorporation	Attached all CAC accompanying documents.
Tax Registration/Payment	Attached prove of Tax registration
Annual Turnover for the last 3 years	Company's audited account in the last three (3) years

Only companies that meet with these eligibility criteria will be contacted for further follow up.

③ **Submission details**

Interested Companies must provide information indicating that they are qualified to perform the services (brochure, description of similar assignments, and experience in similar conditions)

Companies will be selected in accordance with the procedure set out in the UNDP Procurement Guidelines and UNDP Financial Rules and Regulations.

The EOI and accompanying documents must be received via http://rosters.ng.undp.org/ not later than 14th December, 2019. Vendors should go to the above link to register their company and set up their profile. All vendors are required to upload the documents required in the eligibility criteria on their profile. Documents sent by e-mail or facsimile will not be accepted. EOI received after the above deadline will not be considered.

EOI from suppliers failing to provide the request information will be disregarded. Invitations to bid and any subsequent purchase order will be issued in accordance with the rule and procedures of UND.

This EOI does not entail any commitment on the part of UNDP, either financial or otherwise. UNDP reserve the right to accept or reject any or all EOI without incurring any obligation to inform the affected applicant/s of the grounds

그림 8-3 UNDP Expression of Interest

마지막 항목인 외부감사(audited)를 확인받은 최근 3년간 재무제표의 제출요구는 사업의 중요성을 반영한다고 볼 수 있다. 물론 유엔사업을 하기 위해서는 UNGM에서 벤더 등록을 진행하는 것이 기본적인 업무이지만 경우에 따라 유엔의 기관들이 추가자료를 요구하는 것은 예외적인 사항이 아니다.

③항은 EOI 제출에 따른 구체적인 방법을 언급하고 있다. 유엔과 공공기관을 포함한 국제입찰사업개발에 대한 교육이나 자문을 진행하면서 많은 한국기업이 발주처가 제시하는 응찰자가 준수해야 하는 사항(Instructions to Bidder)을 간과하거나 가볍게 여기는 경우가 있다. 하지만 발주처는 자체적인 조달규정에 따라 응찰자가 반드시 준수해야만 하는 사항을 제시하기 때문에 정확하게 요구사항을 지키는 것이 중요하다. ③항의 핵심적인 사항은 첫 번째 문장인 "*Intersted companies <u>must</u> provide information indicating that they are qualified to perform the services…*"에 있다고 볼 수 있다. 응찰자가 본사업을 수행할 수 있는 기업역량이 있다는 정보를 반드시(must) 제출해야 한다는 것은 역설적으로 사업 수행에 필요한 기업역량을 제출하지 않으면 사업에 참여할 수 없는 것을 반증한다고 볼 수 있다. 여기서 주목할 것은 '사업 수행을 할 수 있는 기업역량'으로 기업에 대한 일반적인 소개 외에 해당 분야 사업과 관련이 없는 기업홍보물 등은 실제로 도움이 되지 않을 수 있다고 판단할 수도 있다.

대부분의 공공조달은 공적자금을 활용하여 조달사업을 하고 공적인 이익을 위하여 활용되어야 하기 때문에 당연히 투명성, 공정성, 절차상의 형평성을 강조할 수밖에 없다. 이러한 관점에서 보면 UNDP의 모든 조달사업은 UNDP의 조달규정인 'UNDP Procurement Guideline'을 따르는 것이 당연한 절차라고 생각할 수 있다.

EOI를 제출하는 방법은 유엔의 다양한 기관의 특성과 자체적인 규정에 따라 운영되기 때문에 주의를 기울이는 것이 필요하다. 본 EOI 제출은 언급된 UNDP 사이트에 업로드하는 형식이기 때문에 이메일이나 팩스로 전송된 문서는 수용되지 않음을 주지해야 한다(Documents sent by email or facsimile will not be accepted).

가장 중요한 항목은 역시 입찰 마감일과 시간이다. 시간이 표기되어 있지 않은 경우는 2019년 12월 14일 11:59이 마감이라고 생각할 수 있고 기준시간의 특별한 언급이 없는 한 발주기관이 위치한 나이지리아 현지 일자와 시간을 기준으로 보아야 한다. ③항의 마지막 문장은 UNDP가 EOI의 사전 조달단계가 실제적인 조달사업으로 연결될 수 있다는 전제를 사전에 방지하는 법적인 고지(disclose)라고 볼 수 있는데 일반적으로 모든 발주처는 운영의 융통성과 법적인 책임을 피하고 불필요한 논쟁에 관여되지 않게 표준문구를 사용하여 사전에 고지함으로써 운영상 위험(Operational Risk)을 방지하는 차원이라고 이해할 수 있다.

제3절 UNDP와 RFP

유엔기관들의 조달사업은 기관별 특성에 따라 자체적인 조달규정과 절차를 유엔통합 조달 창구인 UNGM 포털사이트에서 통합적으로 운영하고 있지만, 한국기업이 유념해야 하는 중요한 사항은 유엔조달사업을 UNGM의 정보에만 의존해서는 안 된다는 사실이다. 한국기업이 관심이 있는 유엔기관에 대하여 별도의 조사와 요구를 하는 것을 권고한다.

UNDP의 조달사업에 관심이 있는 한국기업은 UNDP의 procurement 관련 사이트(https://procurement-notices.undp.org)를 방문하여 사전에 벤더로 등록하는 절차가 필요하다. [그림 8-4]의 예시는 UNDP 조달 사이트에 공시된 공지창(View Notice)에 있는 정보를 정리한 것이다.

[그림 8-4]의 예시는 UNDP가 진행하는 조달사업에 대한 RFP를 사전에 검토하는 중요한 판단의 근거로 활용할 수 있다. 전체적인 View Notice를 구분하여 설명한다.

①항의 Procurement Process는 조달방법상의 단계를 의디하는 것으로 본사업의 경우는 RFP-Request for proposal로 구분되어 있다. 이미 앞 장에서 다룬 것처럼 RFQ-Request for Quotation는 일반적으로 단순한 제품 또는 단기적인 용역을 조달할 경우에 적용하는 반면, RFP는 상대적으로 복잡한 제품과 복합적인 용역이 중장기 기간 동안 진행되는 경우에 적용하는 조달방식임을 감안하여 공지에 RFP가 명시가 되어 있다면 사업기간이 중장기이며 좀 더 복잡하고 조달금액이 상대적으로 많다는 것을 예상할 수 있다.

②항은 해당 사업에 대하여 좀 더 구체적인 정보를 파악하고 벤더로 등록하기 위한 단계이다. UNDP의 사업을 진행하기 위해서는 UNDP 벤더로 등록을 해야 한다.

UNDP에 관련된 조달사업 및 벤더 등록은 부록(Doing business with UNDP)을 참고할 수 있다.

View Notice

UNDP-RFP-2020-038 Engagement of 1000 Youth via online portal		
① Procurement Process :	RFP - Request for proposal	PAK10 - 0000005289 Click here to participate
③ Office :	UNDP Country Office - PAKISTAN	②
④ Deadline :	13-Feb-20 @ 02:30 AM (New York time)	
⑤ Posted on :	31-Jan-20 @ 01:46 AM (New York time)	
⑥ Development Area :	SERVICES	
⑦ Reference Number :	63036	

⑧ Link to Atlas Project :
00086132 - Youth Empowerment Programme

⑨ **Documents :**
RFP Document
Section 6- Returnable Bid Submission forms
General terms and conditions
Minutes of Pre-bid Meeting

⑩ Overview :

The United Nations Development Programme (UNDP) hereby invites you to submit a Proposal to this Request for Proposal (RFP) for the above-referenced subject.

This RFP includes the following documents and the General Terms and Conditions of Contract which is inserted in the Bid Data Sheet (BDS):

⑪ Section 1: This Letter of Invitation

⑫ Section 2: Instruction to Bidders

⑬ Section 3: Bid Data Sheet (BDS)

⑭ Section 4: Evaluation Criteria

⑮ Section 5: Terms of Reference

⑯ Section 6: Returnable Bidding Forms

- Form A: Technical Proposal Submission Form
- Form B: Bidder Information Form
- Form C: Joint Venture/Consortium/Association Information Form (Not Applicable)
- Form D: Qualification Form
- Form E: Format of Technical Proposal
- Form F: Financial Proposal Submission Form
- Form G: Financial Proposal Form
- Form H: Form of Proposal Security (Not Applicable)
- Section 7: Form of Performance Security (Not Applicable)

If you are interested in submitting a Proposal in response to this RFP, please prepare your Proposal in accordance with the requirements and procedure as set out in this RFP and submit it by the Deadline for Submission of Proposals set out in Bid Data Sheet by or before **13th Feb 2020 (12:30 PM Pakistan Standard Time OR 2:30 AM EST).**

Please acknowledge receipt of this RFP by sending an email to pakistan.procurement.info@undp.org, indicating whether you intend to submit a Proposal or otherwise. You may also utilize the **"Accept Invitation"** function **on or before 5th Feb 2020** in e-Tendering system- **EVENT ID: 0000005289**, where applicable. This will enable you to receive amendments or updates to the RFP. Should you require further clarifications, kindly communicate with the contact person/s identified in the attached Bid Data Sheet as the focal point for queries on this RFP.

UNDP looks forward to receiving your Proposal and thank you in advance for your interest in UNDP procurement opportunities.

그림 8-4 UNDP RFP 공지창(View Notice)

③항은 본 사업을 추진하는 UNDP 지역본부가 파키스탄임을 의미하는 것이다. 앞서 검토한 EOI가 UNDP 나이지리아 본부에서 진행한 것과 같은 맥락에서 이해를 할 수 있다.

④항은 본입찰에 대한 입찰마감(Deadline)을 명시한 것인데 2020년 2월 1일 미국 동부 뉴욕시간 새벽 02:30이 마감시간이다. 국제입찰을 진행할 때 많은 한국기업이 입찰 마감일에 서둘러 응찰을 하는 경우가 많은데 이는 절대적으로 피해야 하는 업무형태이다. 국제입찰은 해당 기업이 발주기관에 대하여 법적인 구속력이 있는 사업제안서를 제출하는 것이기 때문에 내부 준비를 거친 후에 외부 전문가를 통해 검증을 받는 단계가 필요하며 최종입찰 제안서는 최소한 마감시간 14시간 전에 제출하는 것이 Best Practice라고 할 수 있다

⑤항은 해당 RFP가 공시된 일자를 알리는 것인데 공시기간과 입찰 마감기간이 짧을수록 발주처가 해당 사업에 대하여 사전 입찰단계 또는 다른 경로를 통하여 많은 정보를 가지고 있거나 긴급공지로 사업을 추진한다고 볼 수 있다. 반면 공시기간과 마감기간이 길면 사업이 복잡하고 발주처가 사업에 더 많은 참여자가 기여하기를 원하는 상황일 수도 있다는 일반적인 유추를 할 수 있다.

⑥항은 사업분야(Development Area)가 아동/청년에 관련된 용역사업임을 공지하는 것이다.

⑦항은 본입찰 고유번호(UNDP-RFP-2020-038)와 더불어 자체적인 참고번호(63036)이다.

⑧항은 UNDP의 전자조달 사이트인 Atlas Portal에 자동으로 link됨을 의미하며 Altlas Portal의 사용방법은 부록(Doing business with UNDP)을 참고할 수 있다.

⑨항은 본입찰에 관련된 입찰서류를 첨부한 것인데 RFP는 제안요청서로서 구체적인 사업에 대한 과업지시서 등과 상세한 사양이 포함되어 있어 RFP를 기준으로 제안서를 작성해야 한다. ⑯항에 언급할 Section 6 Returnable Bidding Forms는 응찰 시에 제안서와 함께 제출해야 하는 서류 양식이다. General Terms and Conditions

는 UNDP표준 일반계약조건을 안내한 것이며 기업의 법적인 자격과 예외조항, 벌칙, 준수사항, 계약의 집행 및 해지 등 계약에 대한 모든 사항이 언급되어 있다. 마지막으로 사전 사업설명회 회의록(Minute of Pre-Bid meeting)은 사전 사업설명회에서 언급된 사항 및 질의내용, 추가 정보를 공지하는 것인데 사전 사업설명회에 참석하지 못한 기업이 불이익을 당하지 않게 하고 응찰자 평가의 공정성을 위함이다.

⑩항은 본사업에 대한 요약을 한 것이며 RFP와 계약일반조건 등에 대한 구체적인 참고 및 구비서류에 대한 안내를 한 것인데 ⑪항에서 ⑯항으로 구성되어 있다.

⑪항은 본입찰에 대한 공식적인 사업참여내용이다.

⑫항은 응찰자준수사항(Instructions to Bidders)으로 본입찰에 참여하는 기업에 어떠한 방식으로 기술제안서(Technical Proposal)와 가격제안서(Pricing Proposal)를 구성하고 준비해야 하며 제출 이후 전체적인 조달규정에 근거한 평가와 사후 통보를 어떻게 받는지를 안내하는 중요한 정보이다. 응찰자 준수사항은 실질적으로 RFP에 근거한 제안서 자체만큼이나 중요한 역할을 한다고 볼 수 있기 때문에 구체적으로 모든 내용을 숙지하고 있는 것이 중요하다.

⑬항은 본입찰에 대한 핵심적인 내용을 안내하는 입찰정보(Bid Data Sheet)이며 [그림 8-4]의 예시와 같이 입찰 시 사용되는 언어(Language), 입찰 시 제시되는 INCOTERMS에 적용되는 가격의 조건정보, 응찰 시 필요한 Bid Bond(입찰보증서)의 유무, 응찰 시 제시한 가격의 유효기간, RFP가 요구하는 재화 및 용역이 부분적인 응찰이 가능한지 아니면 전체 모든 항목에 대해 제안서만 수용하는지에 대한 중요한 정보 등이 포함되어 있다.

입찰정보를 숙지하지 못할 경우 제안서 작성의 전체적인 방향이 바뀔 수 있기 때문에 입찰정보를 숙지하는 것은 매우 중요하다. 특히 가격제안서에 포함되는 가격의 유효일(Bid Validity Period)은 응찰자와 발주처 간의 논쟁의 쟁점이 될 수도 있는 사항이라 할 수 있다. [그림 8-4]의 예시처럼 응찰한 일자부터 시작해서 120일이라면 4개월이라는 기간 동안 국제시장에서의 유류가격변동, 물류비용변동, 원자재상승, 노동비상승 등 변수가 발생할 수 있음에도 응찰한 가격조건을 변경할 수 없기

BID DATA SHEET

The following specific data for the goods to be procured shall complement, supplement, or amend the provisions in the Instruction to Bidders. Whenever there is a conflict, the provisions herein shall prevail over those in the Instructions to Bidders.

<table>
<tr><th>Relevant clause(s) of Instruction to Bidders</th><th colspan="3">Specific data complementing, supplementing, or amending instructions to Bidders</th></tr>
<tr><td>Language of the Bid</td><td colspan="3">☑ English ☐ French ☑ Russian ☐ If others, specify………………
English and/or Russian</td></tr>
<tr><td>Bid Price</td><td colspan="3">The prices quoted shall be as per following INCOTERMS 2000 and place:
CIP Dushanbe, Tajikistan</td></tr>
<tr><td>Documents Establishing Bidder's Eligibility & Qualifications</td><td colspan="3">☑ Required. ☐ Not required.
Required</td></tr>
<tr><td>Bid Validity Period.</td><td colspan="3">☑ 120 days ☐ If different, please specify……………………</td></tr>
<tr><td>Bid Security</td><td colspan="3">☐ Required. ☑ Not required.</td></tr>
<tr><td>Preliminary Examination – completeness of bid.</td><td colspan="3">☑ Partial bids permitted. ☐ Partial bids not permitted.
Bidder may quote for each line item, quantity remains unchanged.</td></tr>
<tr><td>Purchaser's Right to Vary Requirements at Time of Award</td><td>☑
25 percent increase or decrease. remain unchanged.</td><td>☐
Condition waived</td><td>☐
Condition applies but change limit to ……… percent.</td></tr>
<tr><td>Compliance with any other clause required?</td><td colspan="3">☑ No. ☐ If yes, specify:
Not required</td></tr>
</table>

그림 8-5 Bid Data Sheet

때문에 응찰자로서는 사업 수행에 상당한 부담으로 작용할 수 있음을 주지해야 할 것이다. 또한 사업이 낙찰되었을 경우 RFP에 언급된 소요(Requirement)가 25% 증감할 수 있다는 것에 동의하기 전에 물량이 미치는 단위당 가격변동의 요인을 파악하여 이를 가격산출에 반영해야 할 것이다.

특히 한국의 중소기업들이 유엔조달사업을 운영함에 있어 가격유효는 기업이윤과 직결되어 있음을 명심하고 사전에 원자재 확보, 환리스크 방지 등 다양한 경영변수 요소를 감안한 전략적인 판단을 한 후에 가격을 책정하여 예비비용(Contingency Cost)이 어느 정도 확보된 가격을 산출하고 이를 근거로 가격유효에 동의해야 할 것이다.

⑭항의 Section 4는 Evaluation Criteria로 발주처인 UNDP가 제시하는 제안서 평가요인 및 평가방법에 대한 구체적인 내용을 언급한다. 유엔기관이 통일된 표준제안서 평가방법을 사용하지만 그렇다고 모든 유엔기관이 동일한 평가지침을 활용하지는 않고 기관별 특징을 감안하여 수정된 평가기준을 적용하기도 한다.

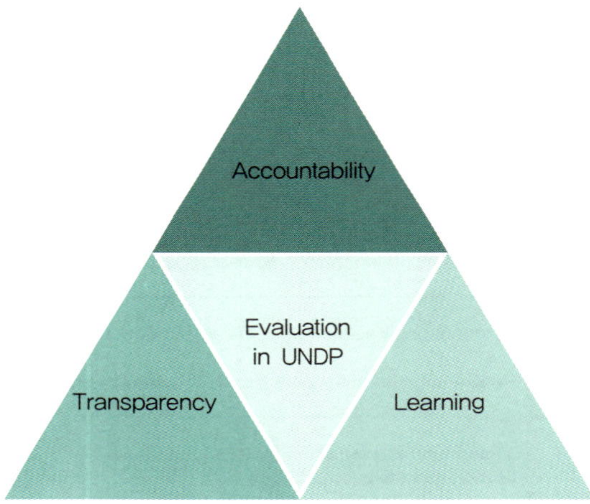

그림 8-6 UNDP 평가기능

[그림 8-6]의 예시와 같이 UNDP의 평가기준은 평가를 통한 자체학습(Learning), 업무의 투명성(Transparency)과 책임성(Accountability)을 핵심적인 기능으로 설정하여 유엔 2030 비전에 부응하여 실질적인 Best Value for Money를 핵심가치로 운영하고 있다.

UNDP의 평가기준항목은 표준화되어 있지만, 업무의 특성이나 조달품목에 따라 평가기준과 방법이 변경된다. UNDP는 각 지역본부의 조달사업에 대한 독립적인 평가를 통한 객관적인 평가를 실행하기 위하여 'Independent Evaluation Office'를 운영하고 이러한 평가에 운영되는 평가업무는 'UNDP Evaluation Guidelines'에 상세하게 소개되어 있으며 UNDP 공식 사이트를 활용하여 참고할 수 있다(http://web.undp.org/evaluation/guideline/documents/PDF/UNDP_Evaluation_Guidelines.pdf).

⑮항은 RFP의 핵심인 업무 수행조건 및 목표하는 성과 등에 대한 구체적인 업무 조건인 TOR(Terms of Reference)이다. TOR을 표현하는 방식은 표준양식을 따르지만, 구체적인 업무 수행에 관련된 사항은 수행사업별로 다양한 추가적인 특별조항(Special Conditions)이 포함되기도 한다.

한국기업이 유엔조달사업을 검토함에 있어 많은 영문서류를 처음부터 검토하는 것보다는 제일 먼저 TOR을 검토하는 것이 가장 합리적인 방법이다. 왜냐하면 TOR에 유엔이 원하는 재화와 용역에 배경 및 구체적인 사항(Operating Background and Conditions), 사양(Specification), 조건(Terms and Conditions)이 모두 구체적으로 적시되어 있다. TOR을 검토한 후에 TOR의 요구사항(Requirements)과 수행물(Deliverable)이 자사의 기업역량이나 산업분야와 일치하지 않다고 판단한다면 나머지 RFP에 포함된 서류를 검토할 의미는 없을 것이다.

⑯항은 Section 6의 입찰자가 응찰 시 제출해야 하는 서류(Returnables Bidding Forms)들이다. 이 서류들은 실질적으로 한국기업이 응찰자로서 UNDP 조달사업에 참여하기 위하여 자사의 기업역량, 기술적 역량, 재무적인 역량 등 수행의 전반적인 면에서 발주처를 설득하여 사업을 획득할 수 있는 부분이라 하겠다.

일반적으로 UNDP의 Returnable Bidding Forms 또는 Check List는 [그림 8-7]의 예시와 같이 전체적인 양식을 Checklist 형식으로 정리하여 제출할 수 있다. 이런 형식은 응찰자가 서류를 점검하는 데 좋은 도구로 활용할 수 있다. 전체적으로 보면 UNDP의 경우는 미국 연방정부 제안서나 아시아개발은행의 형식처럼 One Envelop Two Stages, 즉 제안서를 기술제안서(Technical Proposal)와 가격제안서(Financial Proposal)로 구분하여 제출하게 된다.

여기에 포함되는 서류의 항목은 [그림 8-7]과 같은데, 발주하는 사업의 특성에 따라 필수적(Mandatory)으로 작성하여 제출해야 하는 서류와 해당 사항이 있을 때(If applicable), 또한 해당 사항이 없는 경우(Not applicable) 등으로 구분하여 요구할 수 있다. [그림 8-7]의 예시에서 Form A: Technical Proposal Submission Form, Form B: Bidder Information Form, Form D: Qualification Form, Form E: Format of Technicial Proposal은 필수적으로 제출하는 서류이고 나머지는 해당 사항이 있을 경우와 해당사항 없음을 구분하여 서류를 제출해야 한다.

이러한 제출서류의 필수 여부는 발주처인 UNDP가 사업의 특성을 고려하여 확정하고 응찰하는 기업은 발주처의 요구사항으로 인식하고 이에 맞는 형식으로 준비된 서류를 제출해야 한다.

Section 6: Returnable Bidding Forms / Checklist

This form serves as a checklist for preparation of your Proposal. Please complete the Returnable Bidding Forms in accordance with the instructions in the forms and return them as part of your Proposal submission. No alteration to format of forms shall be permitted and no substitution shall be accepted.

Before submitting your Proposal, please ensure compliance with the Proposal Submission instructions of the BDS 22.

Technical Proposal Envelope:

Have you duly completed all the Returnable Bidding Forms?	
▪ Form A: Technical Proposal Submission Form **(Mandatory)**	☐
▪ Form B: Bidder Information Form **(Mandatory)**	☐
▪ Form C: Joint Venture/Consortium/ Association Information Form **(if applicable)**	☐
▪ Form D: Qualification Form **(Mandatory)**	☐
▪ Form E: Format of Technical Proposal **(Mandatory)**	☐
▪ Form H: Proposal Security Form **(Not Applicable)**	☐
▪ [Add other forms as necessary] **[Refer to ToR]**	☐
Have you provided the required documents to establish compliance with the evaluation criteria in Section 4?	☐

Financial Proposal

(Must be submitted in a separate password protected)

▪ Form F: Financial Proposal Submission Form	☐
▪ Form G: Financial Proposal Form	☐

그림 8-7 Section 6: Returnable Bidding Forms

전체적으로 구체적인 항목을 살펴보도록 한다. 우선 기술제안서의 Form A, B, C, D, E, H항목을 검토하도록 한다.

1. Form A: Technical Proposal Submission Form

기술제안서 제출양식(Technical Proposal Submission Form)은 응찰하는 기업이 6개 항목에 관련된 유엔 예규(UN Code of Conduct) 및 이해상충(Conflict of Interest)에 관련한 규정에 위반이 없으며 이에 대한 모든 규정을 준수한다는 법적인 동의서라고 할 수 있다.

구체적으로 살펴보면 a)항은 유엔의 안전보장이사회 규정에 대한 위반이 없음을 확인하고, b)항은 유엔, 세계은행(World Bank) 또는 다른 국제기구(International Organization)로부터 부정당제재 등으로 인하여 조달사업참여 자격 상실 여부가 없음을 확인하는 것이며, c)항은 UN조달을 진행함에 있어 유엔을 포함한 관련자들과 이해상충(Conflict of Interest)이 없음을 확인하고, d)항은 유엔규정에 따라 유엔에서 1~5년 전에 근무했던 인원을 고용하거나 고용할 계획이 없기 때문에 이해상충이 경우가 없음을 확인하고, e)항은 응찰을 하는 기업이 파산(Bankruptcy)했거나 파산 가능성이 있어 응찰을 하는 사업을 수행하는 데 문제가 발생할 여지가 없음을 확인하는 조항이다. 마지막으로 f)항은 어떠한 경우에도 유엔복무규정(Code of Conduct)과 반하는 경영을 하거나 부적절한 사업관행으로 유엔의 도덕규정을 위반하는 일을 하지 않는다는 고지를 포함하고 있다.

Form A는 유엔과 조달사업을 할 자격이 없는 기업을 선별하고 또한 유엔규정을 위반할 소지가 있는지에 대해 법적으로 책임 있는 의견을 묻는 것이며, 이에 응찰하는 기업은 해당 조달사업에 관련하여 유엔에 제출하는 모든 서류가 사실에 근거함을 확인하고 만약 이러한 사실을 위반하거나 고지의 의무를 지키지 않으면 해당 사업에 낙찰이 되었다 해도 사업을 취소할 수 있고 더 나아가서는 유엔조달사업 참여에 제재를 당할 수 있다는 데 동의하는 내용이다. 한 가지 주의할 것은 OECD 국가 및 국제기구와 공공조달사업을 추진함에 있어 규정위반 또는 고지의무를 지키지 못하면 사업을 추진하는 발주처(예를 들면 유엔)뿐만 아니라 다른 발주처에서도 같은 부정당제재를 받을 수 있음을 명심할 필요가 있다.

원칙적으로 Form A에 대한 확인은 본사업에 참여하는 한국기업의 법적인 권한을 가지고 회사를 대표하는 경영자가 이서를 하고 회사의 인감(Stamp with official stamp of the Bidder)을 첨부하여 법적인 효력을 가지게 하는 것이다. 유엔조달사업에 관련하여 회사의 법인인감을 사용하도록 권고된 양식은 Form A가 유일하다.

Form A: Technical Proposal Submission Form

Name of Bidder:	[Insert Name of Bidder]	Date:	Select date
RFP reference:	[Insert RFP Reference Number]		

We, the undersigned, offer to provide the services for [Insert Title of services] in accordance with your Request for Proposal No. [Insert RFP Reference Number] and our Proposal. We are hereby submitting our Proposal, which includes this Technical Proposal and our Financial Proposal sealed under a separate envelope.

We hereby declare that our firm, its affiliates or subsidiaries or employees, including any JV/Consortium /Association members or subcontractors or suppliers for any part of the contract:

a) is not under procurement prohibition by the United Nations, including but not limited to prohibitions derived from the Compendium of United Nations Security Council Sanctions Lists;

b) have not been suspended, debarred, sanctioned or otherwise identified as ineligible by any UN Organization or the World Bank Group or any other international Organization;

c) have no conflict of interest in accordance with Instruction to Bidders Clause 4;

d) do not employ, or anticipate employing, any person(s) who is, or has been a UN staff member within the last year, if said UN staff member has or had prior professional dealings with our firm in his/her capacity as UN staff member within the last three years of service with the UN (in accordance with UN post-employment restrictions published in ST/SGB/2006/15);

e) have not declared bankruptcy, are not involved in bankruptcy or receivership proceedings, and there is no judgment or pending legal action against them that could impair their operations in the foreseeable future;

f) undertake not to engage in proscribed practices, including but not limited to corruption, fraud, coercion, collusion, obstruction, or any other unethical practice, with the UN or any other party, and to conduct business in a manner that averts any financial, operational, reputational or other undue risk to the UN and we embrace the principles of the United Nations Supplier Code of Conduct and adhere to the principles of the United Nations Global Compact.

We declare that all the information and statements made in this Proposal are true and we accept that any misinterpretation or misrepresentation contained in this Proposal may lead to our disqualification and/or sanctioning by the UNDP.

We offer to provide services in conformity with the Bidding documents, including the UNDP General Conditions of Contract and in accordance with the Terms of Reference

Our Proposal shall be valid and remain binding upon us for the period of time specified in the Bid Data Sheet.

We understand and recognize that you are not bound to accept any Proposal you receive.

I, the undersigned, certify that I am duly authorized by [Insert Name of Bidder] to sign this Proposal and bind it should UNDP accept this Proposal.

Name: ______________________________

Title: ______________________________

Date: ______________________________

Signature: ______________________________

[Stamp with official stamp of the Bidder]

그림 8-8 Form A: Technical Proposal Submission Form

2. Form B: Bidder Information Form

Bidder Information Form은 응찰기업에 대한 중요한 기업정보를 작성하는 것이다. [그림 8-9] 예시의 내용을 보면 다음과 같다.

1. Legal Name of Bidder: 응찰자의 법인명이며 이는 법인등기에 기록된 영문이름을 기입해야 한다.
2. Legal Address: 법적인 공문서를 수령하는 주소지를 말한다.
3. Year of registration: 응찰하는 기업이 설립된 연도를 의미하며 응찰하는 기업이 모회사, 자회사에 관련 없이 응찰하는 기업에 관련된 정보를 기술한다.
4. Bidder's Authorized Information: 원칙적으로 Form A에서 회사의 대표로 이서한 것과 동일인인 것이 법적인 객관성을 가진다.
5. Are you UNGM registered vendor?: 응찰자가 UNGM의 벤더 등록 유무를 기록하고 벤더 등록을 한 경우 번호를 기입한다.
6. Are you UNDP vendor?: 앞서 언급한 것과 같이 UNGM과 별도로 UNDP의 벤더 등록 유무와 벤더 등록번호를 기입한다.
7. Countries of operation: 응찰기업이 한국을 포함한 지역에서 사업활동을 하는 국가를 기입한다.
8. Number of full-time employee: 응찰기업의 임직원의 숫자를 기입하는데 계약직(contractor employee)도 full-time으로 업무를 한다면 포함하는 것이 원칙이다.
9. Quality Assurance Certification: UNDP는 계약자를 선정할 때 Quality Assurance 프로그램이 객관적으로 검증된 기업을 선택하는 것이 일반적인 관행이다. ISO9000 등과 TQM 관련 인증이 있다면 첨부를 한다.
10. ISO 14001과 같은 환경 관련 인증취득 유무: 인증서를 취득한 경우는 인증서를 첨부한다.
11. 응찰기업의 업무지침서 등 회사운영에 관한 내규에 대한 유무 확인 및 내규가 있는 경우 첨부한다. 한글로 된 내규는 영문으로 번역하여 제출한다.
12. UNDP에 제출하는 제안서와 관련하여 협의사항 또는 질의사항을 공유할 수 있는 담당자의 연락처로 4항의 응찰기업 대표와 동일한 인물일 필요는 없으나 본입찰 및 제안서내용에 대한 실무 협의를 진행할 수 있는 직원이 적절하다.

Form B: Bidder Information Form

1. Legal name of Bidder	[Complete]
2. Legal address	[Complete]
3. Year of registration	[Complete]
4.Bidder's Authorized Information	Name and Title: [Complete] Telephone numbers: [Complete] Email: [Complete]
5.Are you a UNGM registered vendor?	☐ Yes ☐ No If yes, [insert UGNM vendor number]
6.Are you a UNDP vendor?	☐ Yes ☐ No If yes, [insert UNDP vendor number]
7.Countries of operation	[Complete]
8.No. of full-time employees	[Complete]
9.Quality Assurance Certification (e. ISO 9000 or Equivalent) (*If yes, a Copy of the valid Certificate):*	[Complete]
10.Does your Company hold any accreditation such as ISO 14001 related to the environment? *(If provide a Copy of the valid*	[Complete]
11.Does your Company have a Statement of its Policy? *(If yes,*	[Complete]
12 .Contact person UNDP may for requests for Proposal	Name and Title: [Complete] Telephone numbers: [Complete] Email: [Complete]
13.Please attach the documents:	▪ Company Profile, which should <u>not</u> exceed fifteen (15) pages, including printed brochures and product catalogues relevant to the goods/services being procured ▪ Certificate of Incorporation/ Business Registration ▪ Tax Registration/Payment Certificate issued by the Internal Revenue Authority evidencing that the Bidder is updated with its tax payment obligations, or Certificate of Tax exemption, if any such privilege is enjoyed by the Bidder ▪ Trade name registration papers, if applicable ▪ Local Government permit to locate and operate in assignment location, if applicable ▪ Official Letter of Appointment as local representative, if Bidder is submitting a Bid in behalf of an entity located outside the country ▪ Power of Attorney

그림 8-9 Form B: Bidder Information Form

13. 응찰기업에 대한 추가 정보를 제공할 수 있고, 추가 제공정보는 15쪽 이하의 응찰기업 소개 및 자료, 사업자 등록증, 국제청에서 발행하는 세금완납증명서, 상표 등록이 유효한 경우 상표 등록증, 응찰하는 사업이 현지기관의 승인이 필요한 경우 사업운영에 대한 승인 건, 응찰자를 대신하여 현지기업 또는 현지인이 제출할 경우 업무위임장과 법정위임장도 해당이 되면 첨부한다.

3. Form C: Joint Venture/Consortium/Association Information Form

[그림 8-10]의 예시와 같이 Form C는 응찰하는 기업이 단일기업이 아닌 공동수급, 컨소시엄, 합작 또는 협회나 단체가 협업하여 응찰을 하는 경우에 이에 따른 정보를 파악하여 계약 시 법적인 권리와 의무를 구분하는 문서로서 협업을 하는 기업에 대한 정보를 언급함을 원칙으로 한다. 또한 단일기업이 아닌 협의처가 진행할 경우 사업의 수행책임을 감당하는 대표 기업정보를 기술함은 물론 해당 협업체제의 각 기업별 대표가 추가적으로 이서를 하도록 언급된 내용을 확인하는 절차이다.

Form C: Joint Venture/Consortium/Association Information Form

Name of Bidder:	[Insert Name of Bidder]	Date:	Select date
RFP reference:	[Insert RFP Reference Number]		

To be completed and returned with your Proposal if the Proposal is submitted as a Joint Venture/Consortium/Association.

No	**Name of Partner and contact information** *(address, telephone numbers, fax numbers, e-mail address)*	**Proposed proportion of responsibilities (in %) and type of services to be performed**
1	[Complete]	[Complete]
2	[Complete]	[Complete]
3	[Complete]	[Complete]

Name of leading partner (with authority to bind the JV, Consortium, Association during the RFP process and, in the event a Contract is awarded, during contract execution)	[Complete]

We have attached a copy of the below document signed by every partner, which details the likely legal structure of and the confirmation of joint and severable liability of the members of the said joint venture:

☐ Letter of intent to form a joint venture ***OR*** ☐ JV/Consortium/Association agreement

We hereby confirm that if the contract is awarded, all parties of the Joint Venture/Consortium/Association shall be jointly and severally liable to UNDP for the fulfillment of the provisions of the Contract.

Name of partner: ______________________ Name of partner: ______________________

Signature: ______________________ Signature: ______________________

Date: ______________________ Date: ______________________

Name of partner: ______________________ Name of partner: ______________________

Signature: ______________________ Signature: ______________________

Date: ______________________ Date: ______________________

그림 8-10 Form C: Joint Venture/Consortium/Association Information Form

4. Form D: Qualification Form

[그림 8-11]의 Qualification Form은 응찰자가 입찰 자격어 대한 전반적인 사항을 확인하는 항목이다. 응찰자가 단일기업이 아니고 조인트/벤처 또는 컨소시엄일 경우는 모든 멤버가 Form D를 개별적으로 작성해야 한다. 구체적인 항목을 확인하면 다음과 같다.

1항의 Historical Contract Non-Performance는 응찰기업이 지난 3년간 확정된 계약 수행을 완료하지 못한 사례가 있었는지에 대한 모든 정보를 고지해야 한다. 전체 계약기간 중에 일부만 수행을 하지 못했다면 그러한 구체적인 정황을 상세히 고지하여 발주처의 객관적인 판단을 받아야 한다.

2항의 Litigation History는 지난 3년간 응찰기업에 직접 연루된 소송(민형사상의 소송을 모두 포함)에 대한 정보를 고지하는 것인데 진행 중인 소송이 있는 경우는 구체적인 정보와 소송에 관여된 금액을 고지하여야 한다. 이러한 조항이 필요한 이유는 UNDP가 응찰자에 대하여 일반계약 및 장기계약(Long Term Agreement)을 발행할 경우 소송에 관련하여 사업 수행에 지장이 있거나 운영상 리스크를 방지하는 차원에서 정보를 요구하는 것이다.

3항의 Previous Relevant Experience는 응찰자가 지난 3년간 수행 사업 중에 참여하고자 하는 사업과 비슷한(similar) 사업을 성공적으로 수행한 사업실적(Past Performance)을 공지하는 것이다. 사업의 실적이라 함은 주계약자(Prime Contractor) 또는 하청계약(Subcontractor)을 모두 포함하는 것으로, 구체적인 항목은 관련된 프로젝트의 명칭과 사업을 수행한 국가, 관련 사업에 대한 발주처의 연락처, 발주된 금액, 사업을 수행한 기간과 구체적인 업무를 고지하는 것으로, 주의할 것은 발주기관이 사업실적에 대하여 추가적인 정보를 요구하거나 실제적으로 해당 사업에 대한 검증을 진행할 수 있음을 염두에 두고 작성을 해야 한다.

4항의 Financial Standing은 응찰기업에 대한 재무상태정보를 고지하는 항목으로 지난 3년간 매출(revenue), 가장 최근의 기업신용평가(credit rating)와 더불어 지난 3년간 대차대조표와 손익계산서의 중요한 재무정보를 기록하게 된다. 이러한 재무

정보는 회계사로부터 외부감사를 받은 재무정보(audited financial)를 제출해야 한다. 앞서 언급한 것처럼 응찰하는 기업이 합작 또는 컨소시엄일 경우는 참여하는 모든 기업에 대한 정보를 제공하게 된다.

Form D: Qualification Form

Name of Bidder:	[Insert Name of Bidder]	Date:	Select date
RFP reference:	[Insert RFP Reference Number]		

If JV/Consortium/Association, to be completed by each partner.

1. Historical Contract Non-Performance

☐ Contract non-performance did not occur for the last 3 years			
☐ Contract(s) not performed for the last 3 years			
Year	**Non- performed portion of contract**	**Contract Identification**	**Total Contract Amount** (current value in BDT)
		Name of Client: Address of Client: Reason(s) for non-performance:	

2. Litigation History (including pending litigation)

☐ No litigation history for the last 3 years			
☐ Litigation History as indicated below			
Year of dispute	**Amount in dispute** (in BDT)	**Contract Identification**	**Total Contract Amount** (current value in BDT)
		Name of Client: Address of Client: Matter in dispute: Party who initiated the dispute: Status of dispute: Party awarded if resolved:	

3. Previous Relevant Experience

Please list only previous similar assignments successfully completed in the last 3 years.

List only those assignments for which the Bidder was legally contracted or sub-contracted by the Client as a company or was one of the Consortium/JV partners. Assignments completed by the Bidder's individual experts working privately or through other firms cannot be claimed as the relevant experience of the Bidder, or that of the Bidder's partners or sub-consultants, but can be claimed by the Experts themselves in their CVs. The Bidder should be prepared to substantiate the claimed experience by presenting copies of relevant documents and references if so requested by UNDP.

Project name & Country of Assignment	Client & Reference Contact Details	Contract Value	Period of activity and status	Types of activities undertaken

Bidders may also attach their own Project Data Sheets with more details for assignments above.

☐ Attached are the Statements of Satisfactory Performance from the Top 3 (three) Clients or more.

4. Financial Standing

Annual Turnover for the last 3 years	Year BDT Year BDT Year BDT
Latest Credit Rating (if any), indicate the source	

Financial information (in BDT equivalent)	**Historic information for the last 3 years**		
	Year 1	Year 2	Year 3
	Information from Balance Sheet		
Total Assets (TA)			
Total Liabilities (TL)			
Current Assets (CA)			
Current Liabilities (CL)			
	Information from Income Statement		
Total / Gross Revenue (TR)			
Profits Before Taxes (PBT)			
Net Profit			

Current Ratio			

☐ Attached are copies of the audited financial statements (balance sheets, including all related notes, and income statements) for the years required above complying with the following condition:

a) Must reflect the financial situation of the Bidder or party to a JV, and not sister or parent companies;
b) Historic financial statements must be audited by a certified public accountant;
c) Historic financial statements must correspond to accounting periods already completed and audited. No statements for partial periods shall be accepted.

그림 8-11 Form D: Qualification Form

5. Form E: Format of Technical Proposal

[그림 8-12]의 Form E는 기술제안서(Technical Proposal)를 작성함에 있어 UNDP가 요구한 기술제안서의 서술하는 순서와 구체적인 방법을 언급하고 있는데 다음 서류와 마찬가지로 응찰기업 이름, 일자, 응찰하는 RFP의 일련번호가 표기되어야 하며 그 구체적인 내용은 다음과 같다.

1항은 Section 1: Bidder's qualification, capacity and expertise에 대한 정보를 고지하는데 응찰기업의 설립에 관련된 정보, 기업구조, 기업핵심역량, Quality Assurance에 관련된 정보와 응찰기업의 지속도를 가늠할 수 있는 정보도 제공해야 한다.

2항은 Section 2: Proposed Methodology, Approach, and Implemention Plan으로 기술제안서(Technical Proposal)의 핵심적인 내용을 다루고 있다. 이는 응찰자가 발주처인 UNDP가 추구하는 방향에 따라 어떠한 방법과 절차에 따라 사업을 수행할 것인지에 대한 구체적인 사업 수행을 적시해야 한다. 특히 발주처의 구체적인 요구사항이 언급된 과업지시서(Terms of Reference 또는 Scope of Works)를 성공적으로 수행하고자 하는 모든 구체적인 사업 수행방법, 절차 및 수행일정에 대한 정보를 제공해야 한다. 2항에 언급된 7가지 구체적인 내용은 발주처가 기술평가를 할 때 가장 집중적으로 평가하는 항목인 만큼 시간을 두고 부처 간 조율을 통해 상충되지 않는 일관된 수행계획을 상세히 제공하는 것이 중요한 사항임을 주지해야 할 것이다.

3항의 Section 2A: Bidder's Comments and Suggestion on the Terms of References는 2항의 내용에 대한 추가사항으로 응찰자의 과업지시서(Terms of Reference) 등 RFP에 적시된 내용 중에 언급하고자 하는 사항 또는 의견이 있거나 해당 RFP에 포함되지 않은 추가적으로 제공하고자 하는 과업에 대한 정보를 제공할 수 있다. 일반적으로 UN에서 요구하는 사양(Specification)이나 요구사항(Requirements)은 필히 준수해야 하는 가장 기본적인 기술적인 요구사항임을 명심해야 한다.

4항의 Section 3: Management Structure and Key Personnel은 응찰자가 사업 수행에 필요한 관리자 구조 및 핵심인력에 정보를 제공해야 한다. 특히 핵심인력의 경우는 별도의 경력서를 첨부해야 한다. 이러한 경력서를 첨부할 때는 동일한 양식을 사용하고 해당 관리자의 경험을 적시할 때도 응찰하는 사업과 관련이 있는 분야에 대한 정보를 제공함을 원칙으로 한다. 예를 들어 응찰하는 사업이 COVID-19 관련한 진단기나 장비를 제공하는 계약이면 보건의료의 전문적인 경험을 가진 내용을 서술하는 것이 원칙적인 접근방법이며 직접적인 관련이 없는 기계공학분야에 관련된 경력을 적시하면 과업지시서를 제대로 이해하지 못했다는 반증으로 보여져 평가에 부정적인 영향을 미칠 수 있음을 참고해야 할 것이다.

5항의 Format of CV of Proposed Key Personnel은 4항에서 언급된 표준이력서 양식이다. 이러한 표준양식을 제공하는 이유는 평가를 공정하고 형평성에 근거하여 진행하고자 하는 발주처의 평가방법을 시사하는 부분이기 때문에 제공된 양식을 사용하고 작성하는 관련자가 개인적으로 이서를 하여 제공되는 모든 정보가 사실에 근거함을 확인하게 된다. 특히 참고인(Reference) 작성 시는 발주기관이 향후 평가를 진행하는 과정 중에 사실확인을 한다는 전제로 작성하는 것이 중요하다.

Form E: Format of Technical Proposal

Name of Bidder:	[Insert Name of Bidder]	Date:	Select date
RFP reference:	[Insert RFP Reference Number]		

The Bidder's proposal should be organized to follow this format of Technical Proposal. Where the bidder is presented with a requirement or asked to use a specific approach, the bidder must not only state its acceptance, but also describe how it intends to comply with the requirements. Where a descriptive response is requested, failure to provide the same will be viewed as non-responsive.

1. SECTION 1: Bidder's qualification, capacity and expertise

1.1 Brief description of the organization, including the year and country of incorporation, and types of activities undertaken.

1.2 General organizational capability which is likely to affect implementation: management structure, financial stability and project financing capacity, project management controls, extent to which any work would be subcontracted (if so, provide details).

1.3 Relevance of specialized knowledge and experience on similar engagements done in the region/country.

1.4 Quality assurance procedures and risk mitigation measures.

1.5 Organization's commitment to sustainability.

2. SECTION 2: Proposed Methodology, Approach and Implementation Plan

This section should demonstrate the bidder's responsiveness to the TOR by identifying the specific components proposed, addressing the requirements, providing a detailed description of the essential performance characteristics proposed and demonstrating how the proposed approach and methodology meets or exceeds the requirements. All important aspects should be addressed in sufficient detail and different components of the project should be adequately weighted relative to one another.

2.1 A detailed description of the approach and methodology for how the Bidder will achieve the Terms of Reference of the project, keeping in mind the appropriateness to local conditions and project environment. Details how the different service elements shall be organized, controlled and delivered.

2.2 The methodology shall also include details of the Bidder's internal technical and quality assurance review mechanisms.

2.3 Explain whether any work would be subcontracted, to whom, how much percentage of the work, the rationale for such, and the roles of the proposed sub-contractors and how everyone will function as a team.

2.4 Description of available performance monitoring and evaluation mechanisms and tools; how they shall be adopted and used for a specific requirement.

2.5 Implementation plan including a Gantt Chart or Project Schedule indicating the detailed sequence of activities that will be undertaken and their corresponding timing.

2.6 Demonstrate how you plan to integrate sustainability measures in the execution of the contract.

2.7 Any other comments or information regarding the project approach and methodology that will be adopted.

3. SECTION 2A: Bidder's Comments and Suggestions on the Terms of Reference

Provide comments and suggestions on the Terms of Reference, or additional services that will be rendered beyond the requirements of the TOR, if any.

4. SECTION 3: Management Structure and Key Personnel

3.1 Describe the overall management approach toward planning and implementing the project. Include an organization chart for the management of the project describing the relationship of key positions and designations. Provide a spreadsheet to show the activities of each personnel and the time allocated for his/her involvement.

3.2 Provide CVs for key personnel that will be provided to support the implementation of this project using the format below. CVs should demonstrate qualifications in areas relevant to the Scope of Services.

5. Format for CV of Proposed Key Personnel

Name of Personnel	[Insert]
Position for this assignment	[Insert]
Nationality	[Insert]
Language proficiency	[Insert]
Education/ Qualifications	*[Summarize college/university and other specialized education of personnel member, giving names of schools, dates attended, and degrees/qualifications obtained.]*
	[Insert]
Professional certifications	*[Provide details of professional certifications relevant to the scope of services]*
	▪ Name of institution: [Insert] ▪ Date of certification: [Insert]
Employment Record/ Experience	*[List all positions held by personnel (starting with present position, list in reverse order), giving dates, names of employing organization, title of position held and location of employment. For experience in last five years, detail the type of activities performed, degree of responsibilities, location of assignments and any other information or professional experience considered pertinent for this assignment.]*
	[Insert]
References	*[Provide names, addresses, phone and email contact information for two (2) references]*
	Reference 1: [Insert] Reference 2: [Insert]

I, the undersigned, certify that to the best of my knowledge and belief, these data correctly describe my qualifications, my experiences, and other relevant information about myself.

_______________________________   _______________

Signature of Personnel   Date (Day/Month/Year)

그림 8-12 Form E: Format of Technical Proposal

6. Form F: Financial Proposal Submission Form

Form F 양식([그림 8-13])은 응찰기업이 제안하는 가격제안서의 요약본(Summary)으로 제안총액을 명시하고(the sum of xxx) 반드시 제안서는 기술제안서(Technical Proposal)와 가격제안서(Financial Proposal)를 각기 다른 봉투에 봉인하여 제출해야 한다. 기술제안서와 가격제안서를 다른 봉투에 봉인하여 제출하는 것은 해당 사업에 대한 조달절차와 조달규정상 중요한 부분이기 때문에 반드시 준수해야 한다. 이렇게 가격제안서와 기술제안서를 분리하는 가장 중요한 이유는 일반적으로 가격제안서를 1차로 평가하여 규정된 기술제안서 평가점수를 획득한 응찰자에 한해 2차로 가격제안서를 평가하여 전체적인 최종판단을 하기 때문이다.

앞서 살펴본 [그림 8-8]의 Form A와 마찬가지로 응찰기업의 대표이사가 이서를 하고 Form F와 Form A는 동일인이 확인하는 것이 원칙이다. 한국기업 중 공동대표이사가 회사를 운영하는 경우에는 그 중 한 명의 대표이사가 Form A와 Form F에 이서를 함으로써 불필요한 오해를 방지할 수 있다. Form F는 Form A와 마찬가지로 UNDP에 제출함으로써 제안서를 통해 법적인 계약 수행의 책임과 의무를 동반하기 때문에 법인사용 인감을 사용하여 확인한다.

Form A와 Form F를 제출함에 있어 유념해야 하는 사항은 제안하는 내용의 유효기간(validity of offer)이다. 제안서의 유효기간은 앞의 [그림 8-5]의 Bid Data Sheet에 적시된 내용이며 이를 재확인하고 준수한다는 내용이 포함되어 있기 때문에 응찰기업의 재화와 용역을 준비하고 제공하는 단계에서 필요한 원자재, 외화, 국제원유가 등을 고려하여 신중하게 판단하여 제안서 유효기간에 동의하고 이를 준수해야 할 것이다.

Form F: Financial Proposal Submission Form

Name of Bidder:	[Insert Name of Bidder]	Date:	Select date
RFP reference:	[Insert RFP Reference Number]		

We, the undersigned, offer to provide the services for [Insert Title of services] in accordance with your Request for Proposal No. [Insert RFP Reference Number] and our Proposal. We are hereby submitting our Proposal, which includes this Technical Proposal and our Financial Proposal sealed under a separate envelope.

Our attached Financial Proposal is for the sum of [Insert amount in words and figures].

Our Proposal shall be valid and remain binding upon us for the period of time specified in the Bid Data Sheet.

We understand you are not bound to accept any Proposal you receive.

Name: ______________________________

Title: ______________________________

Date: ______________________________

Signature: ______________________________

[Stamp with official stamp of the Bidder]

그림 8-13 Form F: Financial Proposal Submission Form

7. Form G: Financial Proposal Form

[그림 8-14] 예시의 Form G는 앞서 언급한 [그림 8-13]의 Financial Proposal Submission Form의 구체적인 제안내용을 포함하고 있다. Form G가 가격제안서의 구체적인 내용을 적시하는 만큼 각 항목마다 세심한 주의와 최종본을 내부적으로 검증하고 재확인하는 단계가 필요할 것이다. 그 구체적인 항목을 살펴보면 다음과 같다.

Table 1: Summary of Overall Prices는 가격제안서의 요약이며 전체적인 가격(Total amount of Financial Proposal)은 하단에 언급된 용역부분비용(Table 2 Breakdown of Professional Fees), 기타 비용(Table 3 Breakdown of Other Costs)을 합한 총액으로 앞서 언급한 [그림 8-13]의 Financial Proposal Submission Form의 총액과 일치해야 한다.

인건비를 산정한 Table 2: Beakdown of Professional Fees는 노동수가(Labor Rate)를 각 고용예정 근로자의 예정근무일을 계산하여 전체 용역비용을 계산한다.

기타 비용내용을 산출하는 Table 3: Breakdown of Other Costs는 제안하는 사업을 수행함에 있어 필요한 각종 비용을 산출하는데(예를 들면 국내외 여행경비와 기타 여비 등을 포함), 이는 사업을 수행하는 방법과 절차에 따라 추가적인 비용이 발생할 수 있는 부분이기 때문에 발생 가능한 비용에 대하여 가감 없이 정리하여 고지하는 것이 중요하다.

Table 4: Breakdown of Price per Deliverable/Activity는 응찰기업이 제출하는 재화 및 용역을 전체 사업 수행기간을 역산하여 제안하는 사업의 단위당 가격을 산출한 항목으로 발주처에 따라 계산방식이나 요구사항이 변경될 수 있다.

Form G: Financial Proposal Form

Name of Bidder:	[Insert Name of Bidder]	Date:	Select date
RFP reference:	[Insert RFP Reference Number]		

The Bidder is required to prepare the Financial Proposal following the below format and submit it in an envelope separate from the Technical Proposal as indicated in the Instruction to Bidders. Any Financial information provided in the Technical Proposal shall lead to Bidder's disqualification.

The Financial Proposal should align with the requirements in the Terms of Reference and the Bidder's Technical Proposal.

Currency of the proposal: BDT

Table 1: Summary of Overall Prices

	Amount(s)
Professional Fees (from Table 2)	
Other Costs (from Table 3)	
Total Amount of Financial Proposal	

Table 2: Breakdown of Professional Fees

Name	**Position**	**Fee Rate**	**No. of Days/months/ hours**	**Total Amount**
	A	*B*	*C*	*D=A*B*C*
Manager	1			
Coordinator	1			
District Officer	4			
Acquisition Officer	12			
Collection Officer	15			
Support Officer	1			
			Subtotal Professional Fees:	

Table 3: Breakdown of Other Costs

Description	UOM	Quantity	Unit Price	Total Amount
International flights	Trip			
Subsistence allowance	Day	4 manager * 4 nights * 15 months		
Miscellaneous travel expenses	Trip	4 manager * 2 trip * 15 months		
Local transportation costs	Lump Sum			
Out-of-Pocket Expenses				
Other Costs: (please specify) Communication Material and Related Cost				
			Subtotal Other Costs:	

Table 4: Breakdown of Price per Deliverable/Activity

Deliverable/ Activity description*	Time (person days)	Professional Fees	Other Costs	Total
On-boarding1500 Micro-merchants	15 Months			
.....				

payments and corresponding percentage of the contract price will be paid against milestone/output achieved (e.g. inception report including implementation plan, onboarding of micro-merchants during each instalment period, submission of final report etc.), including all the conditions/documentations required prior to the release of any tranches of payment.

그림 8-14 Form G: Financial Proposal Form

지금까지 살펴본 전체적인 UNDP의 사례를 중심으로 UNDP가 발주하는 실제적인 RFP에 대하여 제안서에 포함되어야 하는 Section 6의 Returnable Bidding Forms/Checklist의 주요 내용을 구체적으로 확인하였다. 유엔입찰을 준비하는 기업의 기업역량이나 경영자의 경험 및 경영능력에 따라 제안서를 기획하고 준비하는 방법과 단계가 상이할 것이다. 이러한 다양성을 염두에 둔다고 할지라도 어떤 경우든 유엔조달의 규정과 절차는 존중되고 준수되어야 한다.

특히 제출하는 기술제안서(Technical Proposal)와 가격제안서(Financial Proposal)의 내용은 사실에 근거한 정확한 정보를 서술하는 것이 원칙인 만큼 사실에 근거하지 않고 추정을 하거나 불리한 부분을 고지하지 않을 경우에는 유엔조달뿐 아니라 미국 등 다른 국가의 공공조달입찰 및 다자개발은행 등 국제기구와 거래함에 있어 상당한 어려움이 발생할 수 있다. 이를 염두에 두어 효과적인 사업개발을 통해 보다 많은 한국기업이 유엔조달의 시장점유율을 높이는 데 기여하기를 바란다.

다음 마지막 장에서 언급하게 되는 한국기업의 유엔조달 성공요소에서 보다 구체적인 사전 조달 준비과정과 본 조달사업을 발굴하고 개발하는 방법에 대하여 논의한다.

09 Chapter

코로나19 (COVID-19)와 유엔조달

Chapter 09 코로나19(COVID-19)와 유엔조달

제1절 코로나19 대응 관련 한국산 방역제품(PPE) 시장조사

본서를 통해서 유엔에 대한 다양한 정보를 공유하였고, 특히 유엔조달에 관련된 내용을 구체적으로 살펴보았다. 본장은 특별히 COVID-19에 관련된 유엔조달에 대한 배경과 구체적으로 진행되고 있는 COVID-19 관련 방역제품 조달에 적용되는 사양 및 품질관리(Quality Assurance)의 규정을 확인함으로써 해당 산업에 종사하는 한국기업이 유엔조달에 적극적으로 참여할 수 있는 계기를 마련하고자 특별히 구성하였다.

중국 우한시에서 처음 발생한 COVID-19는 2020년 1월 30일에 WHO에서 국제적 공중보건 비상사태(Public Health Emergency of International Concern: PHEIC)로 선언되었으며 3월 11에 팬데믹(전 세계적 유행병)으로 규정되었다. 2020년 7월 기준, COVID-19는 전 세계로 확산되어 총확진자 수는 1,300만 명, 총사망자는 55만 명을 기록하고 있다. COVID-19의 확산 추세는 예측하기 어려워 일상의 불확실성은 지속될 것으로 예상된다.

COVID-19 바이러스는 2020년 초부터 다른 유사한 바이러스에 비해 유례없는 속도로 빠르게 확산되었다. 이에 따라 전 세계 각국 정부, 보건의료기관, 의료진 등이 필요로 하는 개인방역보호장비(Personal Protective Equipment: PPE[1]) 수요는 제품 공급을 넘어섰다. 특히 PPE 제품의 글로벌 공급처 역할을 해온 중국이 COVID-19로 인해 기존 공급망의 정상적 가동이 불가능해짐에 따라 PPE 제품 수급은 더욱 어려워졌고 각국 간의 수출입 제한도 방역제품 수급의 어려움을 악화시

1 PPE는 협의로 사용되었을 때 COVID-19 대응 관련 물품 중 마스크, 보호구 등 일부 품목만을 가리키나 본 서에서는 광의의 의미로 관련 의료기기, 소모품 등을 모두 포함한다.

United Nations Development Programme
Procurement Services Unit

Empowered lives.
Resilient nations.

27th April, 2020

<u>To whomever it may concern</u>
(Republic of Korea Ministry of Health and related Ministries, Government Agencies, COVID-19 Medical Equipment Industry, related Institutes and Associations)

<u>Sub: **UNDP Market Research for COVID-19 Medical Equipment**</u>

In response to the COVID-19 pandemic health crisis, the United Nations Development Programme (UNDP) is supporting the delivery of COVID-19 Medical Equipment. In line with the UNDP's three immediate priorities: Prepare, Respond, Recover, UNDP is procuring PPE, medical equipment and diagnostic tools (health products) for UNDP Country Offices.

Given the current supply market conditions for COVID-19 medical equipment, UNDP is expanding its market research activities globally. With this background, UNDP is working with the Center for Global Public Procurement ("CGPP") of KAIST (Korea Advanced Institute of Science and Technology), led by Professor Man Ki Kim and his research team, to conduct market research across relevant industries in the Republic of Korea.

We would appreciate any support extended to the KAIST team in meeting this objective.

Sincerely,

Carsten Hansen

Carsten Hansen (Dr.)
Chief, Procurement Services Unit (PSU)
Bureau for Management Services (BMS)

United Nations
Development Programme

그림 9-1 UNDP Mandate Letter

키는 원인이 되었다.

이에 유엔의 소속기관인 유엔개발프로그램(UNDP)은 COVID-19 방역 PPE 수요-공급 간 불균형 해소를 위해 주요 공급국가에 대한 방역 PPE 공급업체 시장조사에 착수했다. 이러한 조사의 연장선에서 방역의 모범적인 사례를 만들어 가고 있는 한국산 진단기 등의 방역 PPE 제품에 대한 관심이 높아졌고 이를 반영하여 COVID-19 한국산 방역제품에 대한 시장조사를 카이스트 글로벌공공조달센터(KAIST Center for Global Public Procurement)에 위탁하여 진행하도록 하였다.

필자가 몸담고 있는 KAIST의 공공조달센터가 유엔기관과 직접적인 업무공유 및 업무협조를 통하여 COVID-19 관련 방역 PPE 산업분야 특별시장조사 수행을 통하여 좀 더 구체적이고 체계적인 기업정보 및 제품 관련 생산정보 등을 연구조사하게 된 것이 여러 가지 측면에서 한국기업의 유엔진출을 보다 적극적으로 홍보하고 권장하는 계기가 되기를 바란다. 본장에서 소개하는 내용은 시장조사를 의뢰한 UNDP의 의견을 존중하여 비공개로 진행된 내용은 제외하고 공개적으로 공유할 수 있는 내용으로 유엔기관 전체를 대상으로 한 COVID-19 방역 PPE 제품 조달사업에 관한 전반적인 내용과 상황을 중심으로 집필되어 있다.

카이스트 공공조달연구센터에서는 2020년 4월부터 6월까지, 한국에 소재한 많은 COVID-19 방역 관련 PPE 제조업체와 유통업체를 대상으로 조사를 진행하였다. 조사제품 대상은 WHO가 지정한 COVID-19 방역제품의 품질 사양을 참고로 만들어진 UNDP의 각 제품별 Quality Assurance의 가이드라인에 준수하여 객관적인 자료와 정보를 근거로 조사를 진행하였고 결과적으로 총 91개 공급업체에 대해 ① 각 공급업체가 보유한 인증 및 시험성적서 결과, ② 각 공급업체의 생산능력, ③ 각 공급업체의 수출 이력 및 사업영역, ④ 한국의 PPE 산업 개요, ⑤ 코로나19 상황 등을 분석하였다. 특히 공급업체가 신뢰할 수 있는 인증서와 시험성적서에 근거하여 각 제품의 품질기준을 준수하고 있는지를 확인하였다. 조사 진행 대상 물품은 아래와 같다.

시장조사 결과 조사된 COVID-19 방역 PEE 제품은 아래 25개 물품이다.

Mask, Particulate Respirator, Hand Sanitizer, Soap, Gloves, Test Kit, Virus Transportation Medium, Swab, Gown, Scrubs, Face Shield, Protective Goggles, Non-Contact Infrared Thermometer, Mobile X-ray, Flowmeter [Thorpe Tube]

Humidifier [non-heated], Suction Devices, Pulse Oximeter, Infusion Giving Set, Low Temperature Sterilizer, Movable Negative Pressure Equipment & Carrier, Medical Refrigerator, Lung Ultrasound, Thermal Infrared Camera, Rice Porridge [Soup]-Prevention of Splash Infection

최초 UNDP가 선정한 물품 외 일부 COVID-19 대응에 필수적인 방역제품 또한 포함하였다. 이러한 시장조사단계는 국제경쟁입찰의 전체적인 절차 중 공급자의 입장에서 중요한 단계라고 볼 수 있다. 2019년 기준, 한국기업의 유엔조달이 1% 이하의 시장점유율을 차지하는 점을 참고할 때 한국 방역제품산업에 긍정적인 영향을 미칠 것이라고 판단해본다.

시장조사 대상기업에 대한 조사기준은 앞서 언급한 바와 같이 WHO의 방역제품 PPE 사양 및 UNDP 자체의 Quality Assurance program의 객관적인 조건과 자격을 조사, 분석, 평가하는 등 다음과 같은 기준을 적용하였다.

① 의료기기 및 관련 장비의 생산업체 또는 유통업체를 대상으로 하고, 해외로 그 제품을 공급한 이력이 있는 업체를 대상으로 함

② 각 공급업체들은 UN 글로벌 마켓 플레이스(United Nations Global Marketplace: UNGM)에 등록하기를 권고함(www.ungm.org)

③ 각 공급업체들은 아래의 품질관리기준(Quality Management System standards)을 충족해야 함

- 적격성기준(Eligibility criteria): 최소한 한 가지 이상을 충족해야 함

  ISO 9001/ISO 9002

  ISO13485/ISO13488

  United States QS(21 CFR part 820)

  Japan QS Standard for medical devices 1128

- 시장으로부터의 승인(pre-market approval/market clearance): 최소한 한 가지 이상을 충족해야 함

  CE mark(EU)

  CE 92/42 or CE 98/79(EU)

  510k device letter(US FDA)

Device license(Canada)

GMPALS License(Australia)

Device license(Japan)

※ 추가로 본 조사에서는 한국의 식약처(KFDA)인증을 시장 승인에 포함시킴

방역제품의 기술 사양은 각 유엔기관마다 차이가 있을수 있는데 UNDP는 자체적으로 정한 품질관리 사양을 기준으로 공급자를 선정하게 되며 그 구체적인 각 방역제품별 사양은 [표 9-1] UNDP 제공 PPE 사양 참고에 따른 UNDP의 의료보건제품 Quality Assurance 정책을 따라야 한다(https://www.undp.org/content/undp/en/home/librarypage/hiv-aids/undp-quality-assurance-policy-for-health-products.html).

표 9-1 UNDP 제공 PPE 사양 참고

품목명	사양
Mask	- Medical/surgical mask 3PLY, Type IIR, Type IR - Used for UN staff, Health care worker, Patient - Good breathability, internal and external faces should be clearly identified - Disposable face mask
Particulate Respirator	- Good breathability with design that does not collapse against the mouth (e.g. duckbill, cup-shaped) - EU PPE Regulation 2016/425 Minimum "FFP2" according to EN 14 - FDA Class II, under 21 CFR 878.4040 and CDC NIOSH, Minimum "N95" respirator - Korea Filter 94, under Korea Food and Drug Safety - KFDA applies standard called 'KF94' for quality assurance measure of Particulate Respirator.
Hand Sanitizer	Alcohol-based hand rub - minimum 70% Alcohol
Gloves	GLOVE, EXAMINATION, nitrile/latex, extended cuff, , powder-free, non-sterile single.use, SMALL Cuff length preferably reach mid-forearm (eg. minimum 280mm total length) reaching well above the wrist • EU MDD Directive 93/42/EEC Class I, EN 455, • EU PPE Regulation 2016/425, EN 374, • ANSI/ISEA 105 • ASTM D6319 • or equivalent set of standards.

Digital Thermometer	- Clinical thermometer - Digital thermometer Celsius scale. Safe to use, no glass, no mercury. - Measurement range: 32℃ to 43℃. Accurate measurement: +/- 0.1℃ between 35℃ to 41℃. Liquid crystal display, easy to read. - Beep sound and switch off. Water proof for ease of cleaning. - Battery powered (min. 1000 measurement). Low battery indicator. Supplied with battery. Supplied with clear instructions for use/preventive maintenance. - Conforms to EN 12470-3
Non-Contract Infrared Thermometer (NCIT)	- Infrared thermometer - Displays patient temperature by measurement of infrared radiation from the skin - Device must be reusable, with sterilizable surface - Display should be easily readable in all levels of ambient light - Specified accuracy to be better than 0.3 deg C * Measurement range at least to 25 at 42 deg C* * High/low patient temperature display feature preferred Auto power off required after minimum of 1 minute * 'Out of range' indication required * Response time to steady reading<5 seconds required - Specified accuracy to be better than 0.3 deg C - Display graded in maximum 0.1 deg C steps. High/low patient temperature, low battery, malfunction, ℉ or ℃.
Gown (Small/Medium/Large)	Single use, fluid resistant, disposable, length mid-calf to cover the top of the boots, light colours preferable to better detect possible contamination, thumb/finger loops or elastic cuff to anchor sleeves in place. • EU PPE Regulation 2016/425 or EU MDD Directive 93/42/EEC • EN 13795 any performance level, • FDA Class I or II medical device, or equivalent • AAMI PB70 all levels acceptable, or equivalent
Full Face shield	Made of clear plastic and provides good visibility to both the wearer and the patient, Adjustable band to attach firmly around the head and fit snuggly against the forehead, Fog resistant (preferable), Completely cover the sides and length of the face, May be re-usable (made of robust material which can be cleaned and disinfected) or disposable. • EU PPE Regulation 2016/425, • EN 166 • ANSI/ISEA Z87.1 or equivalent

Goggle	Good seal with the skin of the face, Flexible PVC frame to easily fit with all face contours with even pressure, Enclose eyes and the surrounding areas, Accomodate wearers with prescription glasses, Clear plastic lens with fog and scratch resistant treatments, Adjustable band to secure firmly so as not to become loose during clinical activity, Indirect venting to avoid fogging, May be re-usable (provided appropriate arrangements for decontamination are in place) or disposable. • EU PPE Regulation 2016/425, • EN 166 • ANSI/ISEA Z87.1 or equivalent
Swab	synthetic tip such as polyester or Dacron®) with aluminium or plastic shafts.
Virus Transportation Medium	liquid media, plastic tube, screw cap,
Test kits (PCR)	Assays for the detection of SARS-CoV-2 nucleic acid (please indicate name, manufacturer, product code and a platform these tests are intended for, e.g. Abbott, Roche, Cepheid etc etc)
Oxygen concentrator	– Device concentrates oxygen from ambient air. Mobile on four antistatic swivel castors, two with brakes – Flowrate: continuous and adjustable; oxygen purity: 93% ± 3%; output pressure: 0.04-0.07 MPa; noise level<55 dB – Integrated oxygen concentration and pressure sensors. – Four-step filtering of air intake, including bacterial filter; all filters replaceable; coarse filter is washable/reusable – Display panel with audio/visual alarms for: "low oxygen concentration" (<82%), "high/low pressure" (0.1/0.23 MPa), "power failure" and "occlusion" (no flow). – Accessories and spare parts should be available to ensure at least one year of operation
Pulse oximeter	– Compact portable device to monitor haemoglobin oxygen saturation and calculate the pulse rate of a patient; finger tip or tabletop; battery powered or line powered. – SpO2 detection to include the range 70-100% – SpO2 resolution: 1% or less – Pulse rate detection to include the range 30-240 bpm – Pulse rate resolution: 1 bpm or less – Complies with ISO 80601-2-61:2011, or equivalent
Flow-splitter, for oxygen supply	Flow splitter for diversification of oxygen delivery. Each outlet with an independent flowmeter for independently controlled oxygen flow rates. Full scale is graduated in litres per minute (L/min). The device is connected to a single oxygen supply (e.g. concentrator). Input pressure: 50-350 kPa.

Flowmeter, Thorpe tube	The Thorpe tube flowmeter is composed of inlet and outlet ports, a regulator, a valve and a clear tapered measuring tube. It is suitable for connection to various medical gas sources, such as a centralized system, cylinders, concentrators or compressors; standard (absolute, non-compensated) and pressure-compensated flowmeter versions; suitable for specific flow ranges.
Humidifier, non-heated	The humidifier is inserted in the inspiratory line of a breathing circuit to add moisture to the breathing gases for administration to a patient. The bubbling bottle humidifier is a sealed container filled with water and connected inline into the breathing circuit. The medical gas mixture flows through the water inside the bottle and is enriched in humidity. This type of humidifier does not heat the gas. Should be compatible with oxygen concentrator, including necessary hose connectors.
Nasal prongs	– Oxygen cannulae (nasal prongs) are plastic tubes shaped as two prongs delivering air/oxygen mixture into the nasal cavities and connected to an oxygen administration circuit; cannulae can be designed for low-flow applications (0-15 L/min range in general) or high flow (>15 L/min typically). – Oxygen and air/oxygen mixture compatibility, as per ISO 15001; different sizes: adult, paediatric, neonatal
Nasal Oxygen Cathetor	Flexible nasal catheter with multiple holes (6 to 12 lateral eyes) at distal end. Oxygen and air/oxygen mixture compatibility, as per ISO 15001. Proximal end with connector. Sterile, single-use. Diameter: 8 Fr. Length: 40 cm with lateral eyes, sterile, single-use.
Oxygen mask	Connection tube, reservoir bag and valve, high-concentration, non-sterile, single-use; different sizes: adult, paediatric
Patient ventilator, for critical/intensive care	– Tidal volume up to 1000 mL • Pressure (inspiratory) up to 80 cm H2O • Volume (inspiratory) up to 120 L/min • Respiratory rate: up to 60 breaths per minute • Synchronized intermittent mandatory ventilation (SIMV) respiratory rate: up to 40 breaths per minute. • CPAP/PEEP up to 20 cm H2O • Pressure support up to 45 cm H2O • FiO2 between 21% and 100% • Inspiratory and expiratory times up to at least 2 sec and 8 sec respectively • I:E ratio from 1:1 to 1:3 – Modes of ventilation: • Volume controlled • Pressure controlled

	• Pressure support • SIMV with pressure support • Assist/control mode • CPAP/PEEP – Alarms are required: FiO2, minute volume, pressure, PEEP, apnea, occlusion, high respiration rate, disconnection. – System alarms required: power failure, gas disconnection, low battery, vent inoperative, self diagnostics. – If an alarm silencing feature is incorporated, it must be temporary and clearly displayed when activated. – Air and externally supplied oxygen mixture ratios fully controllable; inlet gas supply (O2) pressure range 35 psi to 65 psi; medical air compressor integral to unit, with inlet filter – ISO 80601-2-80 and ISO 80601-2-79 or equivalent
Laryngoscope – adult/child	– Instrument used to expose and view the larynx and surrounding areas during orotracheal and nasotracheal intubation. – Consists of a large cylindrical, hollow, slightly ribbed handle with a threaded head compatible with different blade types and sizes. – Each blade has fibre optics or a single bulb; bulb is at least a 2.7 V halogen light and is removable for cleaning. – Handle is 28 mm diameter and battery powered with two standard alkaline dry-cell batteries (1.5V, type C (LR14)). – Blades, Macintosh type (curved): • No. 2, length 90-110 mm, for child • No. 3, length 110-135 mm, for small adult • No. 4, length 135-155 mm, for adult – Blades, Miller type (straight): • No. 1, length 100 mm – Heavy-walled plastic or metal case – Instructions for use, troubleshooting and maintenance (English, French, Spanish) – Supplied with six compatible batteries in total – Four extra halogen bulbs – ISO 7376:2009 or equivalent
Laryngoscope – neonate	– Instrument used to expose and view the larynx and surrounding areas during orotracheal and nasotracheal intubation. – Consists of a large cylindrical, hollow, slightly ribbed handle with a threaded head compatible with different blade types and sizes. – Each blade has fibre optics or a single bulb; bulb is at least a 2.7 V halogen light and is removable for cleaning. – Handle is 19 mm diameter and battery powered with two

	standard alkaline dry-cell batteries (1.5V, type AA (LR6)). B- lades, Macintosh type (curved): • No. 0, length 55 mm, for newborn • No. 1, length 70 mm, for infant • No. 2, length 90 mm, for child – Heavy-walled plastic or metal case – Instructions for use, troubleshooting and maintenance (English, French, Spanish) – Supplied with six compatible batteries in total – Four extra halogen bulbs – ISO 7376:2009 or equivalent
Endotracheal tube, without cuff	– Without cuff, sterile, single-use. Consists of a thin, flexible, transparent and single hollow cylinder, with an anatomical curvature Magill-type of 37.5°, black and legible depth markings and graduation in centimetres, with radio-opaque continuous line mark, with pilot balloon, with a standard connector at the proximal end. – The proximal end of the tube safely fits the connector from which size is selected according to the tube size. The connector is straight and double-ended, with the proximal end being an outer, standard 15 mm internal diameter, conical tip that allows the tube to be connected to the ventilation system (breathing circuit or manual resuscitator). – The distal end of the tube is open and bevelled (obliquely cut), atraumatic, with Murphy's eye. – Endotracheal tubes to be standard in all aspects: dimension, markings and connectors
Endotracheal tube, with cuff	– With cuff, sterile, single-use. Consists of a thin, flexible, transparent and single hollow cylinder, with an anatomical curvature Magill-type of 37.5°, black and legible depth markings and graduation in centimetres, with radio-opaque continuous line mark, with cuff and pilot balloon, with a standard connector at the proximal end – The proximal end of the tube safely fits the connector from which size is selected according to the tube size The connector is straight and double-ended, with the proximal end being an outer, standard 15 mm internal diameter, conical tip that allows the tube to be connected to the ventilation system (breathing circuit or manual resuscitator). – The distal end of the tube is open and bevelled (obliquely cut), atraumatic, with Murphy's eye. – The cuff, situated at the distal end of the tube, provides an airtight seal between the tube and the tracheal wall. It seals the lungs against the liquid secretions moving around in the upper

	airway. – Also ensures that the environment below the cuff can be pressurized and ventilated with a carefully controlled gas mixture. The cuff has a low pressure in order to avoid inadequate pressure on the tracheal mucous membrane to prevent damage or even necrosis. It typically has a capacity of 10 mL. – The cuff is inflated via a small-bore inflation tube welded to the outside of the tracheal tube or built into its wall. – The pilot balloon indicates the cuff distension. One end is connected to the cuff through a thin inflation tube located close to the proximal end. The other end has a spring-loaded, one-way valve that maintains a pre-set pressure in the circuit, and has a Luer tip connector for syringes. – Endotracheal tubes to be standard in all aspects: dimension, markings and connectors • ISO 5361:2016; • ISO 10993-1:2018; • ISO 11135:2014 or equivalent
Endotracheal tube introducer, Bougie	– Blue or yellow tube with graduated marking – Curved tip with distal rounded smooth tip; sterile, single-use – Diameter: 10 Fr and 15 Fr; length: 60-70 cm • ISO 5361:2016; • ISO 10993-1:2018; • ISO 11135:2014 or equivalent
Endotracheal tube introducer, Stylet	– Flexible and malleable guide (stylet). Soft and round end-tip. Shaped as needed. Graduated marking. Manufacturer name and tube size are indicated on the tube. – Sterile, single-use – Diameter: 10 Fr and 14 Fr; length: 30–45 cm • ISO 5361:2016; • ISO 10993-1:2018; • ISO 11135:2014 or equivalent
Colorimetric end tidal CO2 detector	– Sizes compatible with child and adult endotracheal tube; single-use – ISO 5367:2014 or equivalent
Resuscitator, adult	– Compressible self-refilling ventilation bag; capacity: approx 1475-2000 mL – Oxygen reservoir bag complete – Non-rebreathing patient valve with pressure-limiting valve, patient connector outside/inside diameter: 22/15 mm. – Inlet valve with nipple for O2 tubing – Masks, silicon; sizes: adult small, adult medium, adult large – ISO 10651-4:2002 or equivalent

Resuscitator, child	– Compressible self-refilling ventilation bag, child, capacity: Approx. 500-700 mL – Oxygen reservoir bag complete – Non-rebreathing patient valve with pressure limiting valve, patient connector outside/inside diameter: 22/15 mm – Inlet valve with nipple for O2 tubing – Masks, silicon, for child – ISO 10651-4:2002 or equivalent
Oropharyngeal airway, Guedel, sterile, single-use	– One-piece, semi-rigid, curved plastic tube. To be inserted through the oropharynges to facilitate airway management. Guedel type. – Flange surface is permanently marked with tube size/length in mm, and the manufacturer or supplier's name. Bite resistant. – Proximal (or buccal) end straight and reinforced – Distal end semi-rigid, curved, with atraumatic soft rounded edges – Infant sizes: 00, 0, 1; adult sizes: 2, 3, 4 • EN12181 • ISO 5364; • ISO10993-1 or equivalent
Nasopharyngeal airway	– Sterile, single-use; recommended for use as an airway adjunct in the semi-conscious or unconscious patient with an intact gag reflex. – Individually packaged, sterile, with a conveniently attached surgical lubricant for quick access to facilitate ease of insertion. – Flexible and soft material for maximum patient comfort – Rounded tip allows for gentle insertion – Trumpet design for secure placement – Diameter and size labelled according to standards – Range of sizes from 20 Fr to 36 Fr
Suction devices (Electrical recommend)	– Portable suction devices/aspiration pumps used to evacuate secretions and liquids from the nasal cavity or from high airways – Devices capable of resisting high-level disinfection procedures – Aspiration pumps vary in vacuum level and flow capacity – Anti-bacterial filter and containers should be available, if applicable
Mobile X-RAY	– Mobile digital general-purpose mobile X-ray system suitable for all general X-ray applications. – It uses digital techniques for image capture, display and manipulation and the mobile design allows it to operate on mains or battery power and to be driven or pushed by an operator to various locations within the health care facility

Compound sodium lactate solution	Compound solution of sodium lactate (Ringer's lactate), injection solution, w/o IV set and needle, 1000 Ml
Infusion giving set	Infusion giving sets for adult and pediatric use to be considered. IV catheters and scalp vein sets covering all range of sizes to be considered. Stopper/closing cones, 3-way stopcock and other devices needed to complete the infusion line to be considered
Scrubs, tops and pants	– Tunic/tops, woven, scrubs, reusable or single-use, short-sleeved (tunic/tops), worn underneath the coveralls or gown – Trouser/pants, woven, scrubs, reusable or single-use, worn underneath the coveralls or gown
Biohazard bag	– Disposal bag for biohazardous waste; 30 x 50 cm, with "Biohazard" print; autoclavable polypropylene – Thickness: 50 μ or 70 μ
Safety box	– Safety box for needles/syringes; 5 L capacity; cardboard for incineration, box-25 – Biohazard label as per WHO PQS E010/011

그림 9-2 UNPD Quality Assurance Policy

시장조사보고서는 Volume A, B의 두 부분으로 구성되었으며 Volume A에는 COVID-19 발생현황 및 관련 물품 수요 등의 전반적인 동향과 일반적인 사양, 물품별 시장현황, 기업이 획득한 인증서 및 국내 PPE 물품과 관련된 산업협회들의 정보를 공개적으로 활용할 수 있도록 기술하였다. Volume B는 기업을 대상으로 한 시장조사 결과 및 개별 유선 접촉을 통한 생산능력, 배송역량 등에 대한 세부적인 내용을 담아 발주처 내에서 활용할 수 있도록 작성하였다. 조사보고서 내용은 모두 비공개 내용으로 구체적인 내용은 본서에서 언급할 수 없으나 이러한 조사를 통하여 한국산 COVID-19 방역 PPE 제품에 가장 포괄적이고 구체적인 산업군별 정보와 기업정보를 제공하여, 발주처인 유엔과 기타 국제기구가 이러한 정부를 공유함으로써 향후 한국산 PPE 제품에 대한 유엔조달 및 국제기구조달에 중요한 잠재적인 공급자에 대한 기업정보로 활용하기를 바란다.

그림 9-3 시장조사보고서 Volume A, B 일부 발췌

제2절 유엔의 품질보증기준(Quality Assurance Standard)

유엔은 COVID-19 대응을 위해 유엔본부 차원에서 UNICEF, UNDP, UNOPS 등 주요 유엔기관 발주기관들이 주도하는 Joint UN forecast for PPE를 구성하여 각 유엔기관을 통해 현지 국가 사무소를 통해 수집된 조사자료 및 데이터를 바탕으로 방역 PPE 조달을 위한 정보를 조사·활용하고 이에 대하여 WHO와 협업하고 있다. 유엔기관들의 COVID-19 방역 PPE 제품을 선정하는 사양(Specification)과 품질관리(Quality Assurance)의 기준은 일반적으로 WHO의 제품 관련 정보를 활용하고 추가적으로 각 유엔기관의 조달지침에 따른 추가적인 COVID-19 방역 PPE 구매가이드라인을 마련하여 활용하고 있다.

1. 제품별 포괄적 사양(General Specifications)

각 유엔조달기관마다 공고 발주 시 사용하는 PPE 사양은 약간씩 상이하지만 일반적으로 WHO의 COVID-19 치료관리를 위한 '우수 의료기기 품목'(WHO's List of Priority Medical Devices for COVID-19 case management)을 참고할 수 있다. 구체적인 정보는 다음 URL 링크에서 확인할 수 있으며 'Coronavirus disease(COVID-19) technical guidance: Essential resource planning'라는 소제목 아래 모든 구체적인 정보를 확인할 수 있다(https://www.who.int/emergencies/diseases/novel-coronavirus-2019/technical-guidance/covid-19-critical-items).

다음 목록은 의료장비, 개인보호장비(PPE) 및 COVID-19 환자관리를 위한 기타 의료용품을 포함한 다양한 유형의 의료기기를 제시하는데, 그 중 PPE 목록을 가져온 것이다. 이 목록은 이용 가능한 인프라, 의료 인력 및 기술에 기초하여 고려해야 할 대안 옵션을 설명한다. 이 장치들은 우선순위에 관계 없이 나열되어 있으며, 자세한 내용은 아래 나열된 기술 사양과 제조업체의 권장사항을 참조하면 된다.[2]

2 https://www.who.int/publications/m/item/list-of-priority-medical-devices-for-covid-19-case-management

Type	Medical Purpose	Remarks	Medical Device Generic Name	Triage	Treatment of severe patients	Treatment of critical patients	1st level	2nd Level	3rd Level
Personal Protective Equipment	Healthworkers personal protection		Medical / surgical mask	x	x	x	•	•	•
		Reserve for aerosol generating procedures	Respirator		x	x		•	•
			Face shield, single use	x	x	x	•	•	•
			Protective goggles, wraparound, soft frame, indirect vent	x	x	x	•	•	•
			Surgical gowns / isolation gowns, non-sterile	x	x	x	•	•	•
			Apron, plastic, single use			x		•	•
			Gloves, examination, nitrile, powder-free, large, medium, small, non-sterile, single use	x	x	x	•	•	•

그림 9-4 WHO's List of Priority Medical Devices for COVID-19 case management 일부 발췌

COVID-19와 관련된 우선순위 의료기기 목록은 COVID-19 바이러스 감염이 다른 수준의 의료 제공에서 의심될 때 중증 급성 호흡기 감염(SARI)환자의 관리에 대한 설명을 제공한다. 1단계는 외래환자, 2단계는 종합병원과 실험실, 3단계는 중환자실과 SARI 병원이 있는 전문병원이 포함된다. 열거된 기술은 이용 가능한 의료인력, 인프라 및 기술자원에 맞게 조정되어야 한다.

완전한 기능을 갖춘 장치를 갖추기 위해서는 목록에서 장비를 선택하기 전에 보건 시설의 평가가 필요하다. 자세한 내용은 장비별 기술 사양을 참조하면 된다.

2. WHO의 COVID-19 방역 PPE의 합리적 사용에 대한 권장사항[3]

앞서 언급한 바와 같이 유엔 구매기관들이 COVID-19 방역 PPE의 조달 관련 업무를 진행함에 있어 잠재적인 공급자의 사업제안서를 검토할 때 최우선적으로 확인하는 것은 제품에 대한 사양(Specification)과 품질관리(Quality Assurance)규정이다.

다음 언급된 WHO의 COVID-19 방역 PPE에 대한 제품 사양 및 품질관리기준은 유엔조달사업에 참여하고자 하는 한국기업이 제출하는 기술제안서(Technical Proposal)의 가장 중요한 항목 중 하나인 '제품에 대한 승인 및 인증'에 대한 정보이

3 https://www.who.int/medical_devices/priority/COVID_19_PPE/en/

기 때문에 COVID-19 방역 PPE 관련 유엔조달이나 국제기구 조달사업 참여를 원하는 한국기업은 반드시 아래 규정을 확인하여 필요한 제품에 대한 승인 및 관련 인증을 받아두어야 한다. 이러한 제품에 대한 승인 및 인증이 없다면 경쟁력 있는 가격을 제시하는 것이 무의미할 것이다.

① 모든 개인보호장비 및 감염 방지용품에 대해 다음 규제 승인이 필요하며 인증 사항이 적용됨

② 일부 경제 지역에서는 일부 개인보호장비가 의료기기로 분류되므로 해당 규정을 준수해야 한다는 점에 유의해야 함

③ 다른 지역에서는 일부 보호장비가 산업 보호복으로만 분류될 수 있으며, 의료용으로 태그가 지정되지 않았음

④ 제조의 한계로 인해 일부 제품은 다른 지역에서 공급되거나 규제기관의 'Emergency Use Authorizations'를 받을 수 있음

⑤ 아래 나열된 요구사항은 업데이트 및 COVID-19 기간에만 적용될 수 있으며, 게시 후 최대 2년 동안 유효함

표 9-2 COVID-19에 대한 PPE 규제 승인 및 인증

Naming	Names, synonym
General technical requirements	See Section 2 for technical specifications of PPE specific for Covid-19
Primary packaging	Labelling on the primary packaging need to include: Name and/or trademark of the manufacturer. Model or product's reference. Information for particular storage conditions (temperature, pressure, light, humidity).
Quality Management System from the manufacturer, for the PPE types	Certified quality management system for medical devices (e.g. ISO 13485) and application of risk management to medical devices (e.g. ISO 14971). General quality management (e.g. ISO 9001), (for case of non-medical devices). EU Module C2 or D Conformity to type Certificate (Cat. III CE Certified PPE only).

Regulatory approval/certification	Free sales certificate (FSC) of medical device and related IPC products. Certificate for exportation of medical device and related IPC products, provided by the authority in manufacturing country (in case of imported goods). National local regulatory approval (of recipient country, as applicable). Proof of regulatory compliance, as appropriate, per the product's risk classification (e.g. Europe: CE Certification and declaration of conformity &/or EU type examination certificate as applicable e.g. PPE cat. III for respirators; e.g. US: Food and Drug Administration approval [FDA] or Emergency use authorization; China NMPA listed). Ability for purchaser to check authenticity directly with the issuing regulatory authority (e.g., online database of active licenses). Category I PPE, may accept self-declaration with declaration of conformity. Covid-19 context. Authorized representative must be identified and document expiration date (valid until).
Test reports	Official test reports (all pages, in English), must either originate from accredited test labs, whereby the accreditation authority is preferably members of ILAC (International Laboratory Accreditation Cooperation), or from an EU notified body. Accredited facilities should be ISO 17025 certified. Test reports should clearly indicate the accredited laboratory name and accreditation, (for regulator or procurer, to be able to check authenticity of test reports) Test standard must be within the scope of the accreditation of the laboratory. CE certificates (EU type examination certificates) for category III PPE should mention the Notified Body name/number. Instructions for authentication of the test report(s) & certificates should be provided. Ability for purchaser to check authenticity directly with the accredited test laboratory (e.g., online uploading of test report and automatic version check, or emailing test facility).

표 9-3 PPE 조달을 위한 최소 기술 요구사항

품목	세부 사양	성능기준
Gloves, examination, non-sterile	Gloves, examination, nitrile (preferable), latex, polychloroprene or PVC, powder-free, non-sterile. (e. g., minimum 230mm total length). Minimum thickness 0.05mm. Sizes S, M, L.	• EN 455, • EN 374, optional additional: • ASTM D6319, D3578, D5250, D6977 or alternative equivalent set of standards
Gloves, surgical, sterile	Gloves, surgical, nitrile (preferable), latex, polyisoprene, or polychloroprene, sterile, powder-free, single use. Gloves should have long cuffs, reaching well above the wrist, ideally to mid-forearm. minimum thickness 0.10mm. Sizes ranging 5.0 - 9.0.	• EN 455, • ASTM D3577, Sterility • United States Pharmacopeia • EN ISO 11607 or alternative equivalent set of standards
Goggles, glasses protective	Good seal with the skin of the face, Flexible PVC frame to easily fit with all face contours with even pressure, Enclose eyes and the surrounding areas, Accommodate wearers with prescription glasses, Clear plastic lens with fog and scratch resistant treatments, Adjustable band to secure firmly so as not to become loose during clinical activity, Indirect venting to avoid fogging, May be re-usable (provided appropriate arrangements for decontamination are in place) or disposable.	• EN 166, • ANSI/ISEA Z87.1, or alternative equivalent set of standards
Face shield	Made of clear plastic and providing good visibility to both the wearer and the patient. Adjustable band to attach firmly around the head and fit snuggly against the forehead, fog resistant (preferable). Completely cover the sides and length of the face. May be re-usable (made of robust material which can be cleaned and disinfected) or disposable.	• EN 166 (if reusable), • ANSI/ISEA Z87.1 (if reusable), or alternative equivalent set of standards
Fit test kit	To evaluate effectiveness of seal for tight fitting respiratory protection devices	OSHA 29 CFR 1910.134 Appendix A

Particulate respirator	Good particle filtration (minimum 94% or 95%), good breathability with design that does not collapse against the mouth (e.g. duckbill, cup-shaped). May be tested for fluid resistance (NIOSH/FDA surgical N95, EN 149 FFP2 +Type IIR, GB 19083 Grade/Level 1)	Fluid resistant respirator: • Minimum NIOSH approved (42 CFR Part 84) and FDA cleared "surgical N95" • EN 149, minimum "FFP2" and EN 14683 Type IIR • GB 19083, minimum "Grade/Level 1", or alternative equivalent standard Non-fluid resistant respirator • Minimum NIOSH approved "N95" according to 42 CFR Part 84 • EN 149, minimum "FFP2" • GB 2626, minimum "KN95" or alternative equivalent standard
Mask, medical -for healthcare worker	Medical mask, good breathability, internal and external faces should be clearly identified, 98% droplet filtration, preferably fluid resistance.	Fluid resistant masks (surgical masks): • EN 14683 Type IIR • ASTM F2100 Level 1, 2 or 3, • YY 0469, with at least 98% bacterial droplet filtration or alternative equivalent standard Non-fluid resistant mask: • EN 14683 Type II • YY/T 0969, with at least 98% bacterial droplet filtration or alternative equivalent standard
Mask, medical, for patient	Medical mask, good breathability, internal and external faces should be clearly identified	• EN 14683 Type I • YY 0469 or YY/T 0969, if bacterial droplet filtration is below 98% or alternative equivalent standard
Scrubs, tops	Tunic/tops, woven, scrubs, reusable or single use, short sleeved (tunic/tops), worn underneath the coveralls or gown.	

Scrubs, pants	Trouser/pants, woven, scrubs, reusable or single use, worn underneath the coveralls or gown	
Apron, heavy duty	Straight apron with bib, Fabric: 100% polyester with PVC coating, or 100% PVC, or 100% rubber, or 100% reusable and biodegradable material, or other fluid resistant coated material, Waterproof, sewn strap for neck and back fastening or single-material cut film Minimum basis weight: 300 g/m2, Thickness: 200-300 microns, optional Covering size: 70-90 cm(width)×120-150cm(height), Reusable (provided appropriate arrangements for decontamination are in place) or biodegradable	• EN ISO 13688 • EN 14126 and partial protection (EN 13034 or EN 14605) • EN 343 for water and breathability or alternative equivalent set of standards If biodegradable, • EN 13432, • ASTM D6400
Apron, disposable	Single-use straight sleeveless protective apron, for use in healthcare settings Seamless liquid proof and stain resistant Comfortable to wear, apron has back-and neck-band strips attached (4 in total) Both back-and neck-band can be adjusted /fastened Color: white Material: polyethylene (PE) or biodegradable or compostable material Size: 85×145 cm (w×l) (+/− 15%) Thickness, at not less than: 50 um Can resist water and disinfectant (ethanol 70% and chlorine solution 0.05% or 500ppm)	Product Performance testing if biodegradable • EN 13432, • ASTM D6400 or alternative equivalent set of standards
Gown, isolation	Single use, disposable, made of nonwoven material, length mid-calf. Sizes S, M, L, XL May also be reusable, woven, length mid-calf, sizes S, M, L, XL. Critical zones may be more fluid resistant than non-critical zones. Reusable gowns should meet the minimum performance requirements after maximum suggested laundering cycles.	• AAMI PB70 (Level 1-3) and ASTM F3352, • EN 13034 – Type PB [6] (stitched gown), with minimum hydrostatic head of 50 cm H2O • AAMI PB70 Level 4 and ASTM F3352 or • SO 16604 Class 5

		or alternative equivalent set of standards
Gown, surgical	Single use, disposable, nonwoven material, length mid-calf, sterile or non-sterile. Critical zones may be more fluid resistant than non-critical zones. Or Single use, woven material, length mid-calf, sterilizable. Critical zones may be more fluid resistant than non-critical zones. Reusable gowns should meet the minimum performance requirements after maximum suggested laundering cycles.	• AAMI PB70 and ASTM F2407 • EN 13795 • EN 13034 – Type PB [6] (stitched gown), with minimum hydrostatic head of 50 cm H2O • YY/T 0506 or alternative equivalent set of standards • EN 556, if sterile or alternative equivalent set of standards
Alcohol-based hand rub	Bottle of 100ml & 500ml, at least 80% ethanol or 75% isopropyl alcohol (v/v)	• ASTM E2755, or • EN 1500 or alternative equivalent set of standards Optional: • ASTM E1115, or • ASTM E1174
Bio-hazard bag	Disposable autoclavable bag for biohazard waste Material: High Density Polyethylene (HDPE) or Polypropylene (PP) Colour: red or yellow Autoclave ability (temperature resistant up to 121℃) Printed with a sterilization patch that darkens when subject to steam Puncture, tear and leak resistant Leak proof flat bottom seal Black imprint "Biohazard" and tri-sickle logo according U+2623 on one side Capacity: Approximately 20L or 50L Thickness: min 0.038mm (1.5mil) Sizes: – width (45 cm), length (50 cm) (±10%) – width (60 cm), length (82 cm) (±10%)	• Puncture resistant meets ASTM D1709 (dart impact test) • Tear resistant meets ASTM D1922 or ISO 6383-2 • Temperature Resistance test at 121℃;
Safety box	SAFETY BOX, needles/syringes, 5 L capacity, cardboard for incineration, box-25	Biohazard label as per WHO PQS E010/011

Soap	Liquid (preferred), powder and bar	
Gloves, cleaning	Glove should have long cuffs, reaching well above the wrist, ideally to mid-forearm, Minimum 280 mm total length Sizes: S, M, L Reusable heavy duty gloves, High cracking-, puncture- and abrasion resistant Powder free, Seamless, and entirely waterproof Made of Nitrile, synthetic rubber (no Latex), Knit inner lining facilitates slide-in and removal Cleanable with water and disinfectant (resisting both ethanol solutions 70% and chlorine solutions 0.05% or 500ppm) Material thickness, at level of the fingers, not less than: 0.38mm Length not less than: 30cm Supply co-packed as one left/right pair	EN 388 ANSI 105 EN 374-1, EN 374-2 (at least level 2), EN 374-4 and EN 374-5 EN 420+A1 or alternative equivalent set of standards
Hand drying tissue	50 to 100 m roll	
Chlorine	NaDCC, granules, 1kg, 65 to 70%+ measurement spoon	

3. 유니세프(UNICEF) PPE 기술 요구사항[4]

유엔기관 중에 조달구매 예산이 많은 UNICEF는 앞서 언급한 WHO 제품 사양과 품질관리기준 이외에 추가적인 COVID-19 방역 PPE 제품선정기준을 통해 공급자를 평가하고 있다. 이러한 평가기준은 조달 및 공급에 대한 유니세프 품질보증(QA) 정책의 맥락에서 공급업체 및 제품의 품질관리를 위하여 설정하고 있는데, 국제의료기기규제당국자포럼(International Medical Device Regulators Forum: IMDRF) 1의 지침을 주요 가이드라인으로 활용하고 있다.

4 https://www.unicef.org/supply/media/3851/file/technical-requirements-personal-protective-equipment-PPE.pdf

COVID-19 방역 개인보호장비(PPE)는 개인의 신체적 접촉과 안전에 직접적인 영향을 줄 수 있기 때문에 이러한 제품에 대한 조달은 의료기기와 비의료 PPE로 분류하여 조달과정에서 안전 성능, 품질 등이 보장되어야 함을 기본원칙으로 설정하고 있다.

UNICEF의 COVID-19 방역 PPE는 보호복, 장갑, 안면보호대, 고글, 안면 마스크 또는 착용자를 부상이나 감염 또는 질병의 확산으로부터 브호하도록 고안된 기타 장비로 규정하고 있다. 일부 제품은 의료 목적으로 보일 수 있지만, 사용 목적은 사용자를 보호하는 것으로 의료기기가 아닌 PPE로 분류된다. 모든 PPE는 사용자의 보호를 위한 특정 성능표준을 충족하여야 하는데, 예를 들어 의료기기는 'Conformité Européene(CE)' 인증을 받아야만 품질인증의 기본적인 승인단계를 통과할 수 있을 것이다. 예를 들어 보호 마스크는 의료기기가 아니라 PPE로 분류되나, 수술실에서 사용자를 보호하기 위해 사용하는 수술용 마스크는 의료기기로 분루한다.

다음의 COVID-19 방역 PPE에 대한 기술적인 가이드라인은 UNICEF의 사업 목적과 조달운영지침에 맞게 개정되어 운영되고 있는 중요한 사항으로 UNICEF가 발주하는 해당 사업에 참여하고자 하는 한국기업은 이러한 기술적인 요구사항을 예외 없이 준수해야만 한다. 많은 경우 한국기업들이 이러한 기술적인 요구조건보다는 가격경쟁력에 무게를 두는 경우가 있으나 이는 잘못된 관행으로 볼 수 있다. 일반적으로 UNICEF를 포함한 대부분의 유엔 발주기관은 제품의 사양이 포함된 기술제안서(Technical Proposal)의 평가점수가 70%, 가격제안서(Price Proposal)가 30%의 비율로 평가되기 때문에 기술평가에서 요구하는 사양이나 품질관리 인증/승인을 득하지 못하면 사업을 수주하는 것이 어렵게 됨을 주지해야 할 것이다. 다음은 UNICEF의 PPE 제품 관련 기술적 요구사항이다.

A. Technical Requirements Framework

1) 상품 및 서비스 제공업체 및 제조업체는 다음 품질관리시스템(QMS)을 준수

a. ISO 9001:2015 Quality Management Systems – Requirements*

* ISO 9001 인증을 제조업체에서 제공할 수 없거나 획득과정에서 장기 계약[LTA] 수주 전에 UNICEF QMS 심사원이 협력업체 및 협력업체를 포함한 제조 현장을 방문할 수 있다.

b. 의료기기로 분류된 제품의 경우 ISO 13485:2016-품질관리 시스템-규제 목적의 요구사항을 준수한다.

2) Conformity with production standards(생산기준에 적합)

a. 제조업체는 IMDRF/GHTF 요구사항에 따라 제품기술문서를 보관해야 한다(표준을 충족하지 않는 상품은 UNICEF 조달에 허용되지 않는다).

SG1/N68:2012	Essential Principles of Safety and Performance of Medical Devices
SG1/N11:2008	Summary Technical Documentation (STED) for demonstrating conformity to the Essential Principles of Safety and Performance of Medical Devices
SG1/N77:2012	Principle of Medical Devices Classification
SG1/N70:2011	Label and Instructions for Use for Medical Devices

b. 제품은 의료기기 공급업체/제조업체 및 위험관리를 위한 관련 국제표준화기구(ISO) 표준을 준수해야 한다.

c. 제품의 라벨링은 아래 표준 및 지침문서에 설명된 요구사항을 충족해야 한다.

ISO 13688:2013	Protective clothing – General requirements
ASTM F 1301	Labelling of chemical protective clothing
ANSI Z535.4-1991	American National Standard for Product Safety Signs and Labels

d. 제품은 IMDRF 규제기관 중 하나 이상(또는 최소한 SG1-N70:2011: 의료기기 사용을 위한 라벨 및 지침)에 의해 평가되어야 한다. IMDRF 관리위원회는 다음 관할권의 규제기관 대표로 구성된다.

- Australia, Therapeutic Goods Administration
- Brazil, National Health Surveillance Agency (ANVISA)

- Canada, Health Canada
- China, National Medical Products Administration
- European Union, European Commission Directorate-General for Internal Market, Industry, Entrepreneurship and SMEs
- Japan, Pharmaceuticals and Medical Devices Agency and the Ministry of Health, Labour and Welfare
- Russia, Russian Ministry of Health
- Singapore, Health Sciences Authority
- South Korea, Ministry of Food and Drug Safety
- United States of America, US Food and Drug Administration

e. 특히 유념할 것은 UNICEF가 서면으로 특별히 승인하지 않는 한 COVID-19 방역 PPE 제품 중에 '연구용 전용' 또는 '수출 전용'으로 등록된 제품은 일반적으로 조달품목으로 허용하지 않을 수도 있다는 점이다.

3) 마케팅 승인을 위한 규제요건을 준수하는 제품

제품은 IMDRF의 관리위원회 구성원 중 한 명 이상의 사용 승인을 받아야 한다.

* NB: 제조업체가 기기를 PPE규정(EU) 2016/425 및 MDD 93/42의 조항에 따라 사용하도록 의도한 경우, PPE규정(EU) 2016의 관련 기본 건강 및 안전 요구사항/425가 충족되어야 한다.

4) 제품문서

a. 제품은 설계, 기능, 제조업체가 의도한 용도로 사용하고 UNICEF가 명시한 기술 사양을 준수해야 한다.

b. UNICEF는 UNICEF 활동 범위의 맥락에서 고위험 품목으로 간주되는 특정 제품에 대한 추가 테스트 보고서를 요청할 수 있다.

5) 제품 저장 수명

a. 공급자는 (해당되는 경우) 총제품 유효기간을 개월 단위로 제공해야 한다.

b. 계약을 수주한 공급업체는 배송 시 유효기한을 총제품 유효기간의 최소 2/3

이상으로 유지해야 한다. 유효기한이 2/3 미만으로 배송된 제품은 UNICEF에서 수용하지 않는다.

6) 멸균제품

a. (의료제품의 멸균) 공급업체는 ISO 11135 및 ISO 11137(해당되는 경우)에 따라 모든 멸균제품의 제조업체가 발행한 인증서를 제공해야 한다.
b. 공급업체는 UNICEF에 전달된 각 batch에 대해 batch release 인증서를 제공해야 한다.

7) 위험물

공급업체는 section 14: 완성된 운송정보(해당되는 경우)를 포함하여 제조업체가 발행한 물질안전정보시트(Material Safety Data Sheet: MSDS)를 제공해야 한다.

8) 제품 수정(개조)

LTA계약을 수주한 경우 공급업체는 브랜드 이름, 마케팅 허가 또는 승인인증과 같은 주요 제품정보의 수정(개조)사항을 UNICEF에 알려야 한다.

C. UNICEF를 대상으로 한 COVID-19 방역 PPE 관련 사업제안서 작성 시에 제안서와 함께 제출해야 하는 서류는 다음과 같다.

표 9-4 제안서와 함께 제출해야 하는 서류

순번	서류명	상세 내용
1	QMS Standards	a. Supplier: Valid ISO 9001 or ISO 13485 certificate (as applicable) including scope. Copy in English. b. Legal manufacturer: At least valid ISO 9001 certificate*. Copy in English. For products classified as medical devices, valid ISO 13485 certificate. Copy in English. * For body bags: in case the ISO 9001 certification cannot be provided by manufacturer or in the process of being obtained, prior to LTA award, UNICEF QMS auditors may visit supplier and manufacturing site including sub-contractors.
2	Product standards	As described in the technical product specifications

3	Marketing approval	Valid certificate from one of the members of the IMDRF. The certificate shall indicate: a. Name of regulatory authority; b. Marketing clearance with licence number For medical devices used as PPE, both PPE Regulation (EU) 2016/425 and the MDD (Medical Devices Directive) 93/42 EEC apply. For PPE, only the PPE Regulation (EU) 2016/425 applies.
4	Product documentation	a. Claimed product intended use. b. Supplier's product code (catalogue number) & short description; c. Manufacturer's product code (catalogue number) & short description; d. Supplier's contact details, including link to web site with product catalogue; e. Manufacturer's contact details, including link to web site with product catalogue; f. Contact details of the person appointed for post-market surveillance including vigilance, customer complaints and recalls. g. Complete technical product specification (technical data sheet); h. List of all supporting items/devices required, but not supplied; i. For sterile product: Sterilisation method and process (standard) followed for validation and routine control of sterilisation for medical devices; Date of sterilisation; Batch number (lot number); Batch quantity; j. Recommended temperature and humidity for shipping, storage and use/operating; k. Instructions for use (IFU), brochure and training material in English, French or Spanish; l. Estimated weight and volume; m. Photos of primary and secondary packaging with readable label information.
5	Product lot release	As described in the technical product specifications.
6	Hazardous goods	Hazardous classification (including MSDS), as described in the technical product specifications
7	Sustainability goals	Indicate the company's efforts to implement any of the following in the coming 12 months: a. Environmental management: Plans to obtain the Environmental Management System certificate ISO 14001 or equivalent with CO2 reduction targets. Specify which areas will be covered.

		b. Energy Management: Plans to obtain the Energy Management System certificate, ISO 50001. Specify which areas will be covered. c. Social Accountability: Plans to conform to the Standards of Social Accountability e.g. SA8000 or other standards that demonstrate commitment to sustainability issues. Specify which areas will be covered. d. Global initiatives: Plans to join the Global Reporting Initiative and/or the United Nations Global Compact. e. Other related information: Other plans related to sustainable production/distribution.

제3절 유엔의 COVID-19 관련 주요 공고 사례

앞서 언급한 바와 같이 유엔은 COVID-19로 인해 PPE 수요가 증대됨에 따라 UNICEF 주도로 산하기관 통합 joint tender를 2020년 4월 게시하여 운영하고 있다. 이러한 조달정보를 조사하고 분석하는 가장 중요한 이유는 유엔조달 사업참여를 희망하는 해당 분야산업의 한국기업이 시장과 잠재적인 고객에 대한 구체적인 정보를 접하고 또한 각 유엔 발주기관별로 요구하는 일반조달조건(General Terms an Conditions)과 특별조달조건(Special Terms and Conditions)을 이해하여 자사가 향후 공시되는 사업에 보다 능동적으로 대응하여 사업참여를 성공적으로 진행할 수 있는 중요한 단계라고 할 수 있기 때문이다.

해당 공고서류 중에는 COVID-19 확산 경향과 이에 따른 유엔 산하기관별, 품목별 PPE 수요 예측을 통한 적시 공급을 위한 UN joint PPE forecast가 포함되어 있으며 기관별 4~12월까지 예상되는 수요는 다음[5]과 같다. 한국산 COVID-19 방역 PPE 관련 제품을 생산하는 기업은 다음 표의 유엔기관별 수요예상정보를 통하여 향후 사업에 참여하고자 하는 발주기관을 선정할 때 유용한 자료로 활용할 수 있을 것이다.

5 해당 자료에는 여러 가지 시나리오가 포함되어 있으며, 이 부분에 기술된 시나리오는 8월까지 많은 수요가 발생한 이후 감소하는 것으로 예측하였으며, 인도가 4~5월 중 관련 제품을 자체 생산을 하지 못하는 상황을 기준으로 작성되었다.

표 9-5 2020년 12월까지 유엔기관 내 PPE 예상 수요

(단위: EA)

기관명	Mask 및 Respirator	Coverall 및 Gown	Goggle 및 Face shield	Apron, Bootcover, Glove 및 Cap
IAEA	66,300	40,800	510	255,000
IFRC	9,900,000	1,900,000	650,000	10,410,000
IOM	60,722,862	16,318,551	6,427,259	37,360,838
MSF	44,212,500	21,825,000	1,215,000	607,500
PAHO	46,850,000	45,800,000	2,850,000	91,600,000
UNDP	36,814,323	5,383,757	1,353,500	62,195,694
UNFPA	149,444,634	742,536	1,881,654	874,730
UNHCR	19,893,918	4,255,275	230,469	25,268,554
UNICEF	262,716,447	75,052,580	43,830,956	319,713,640
UNOPS	71,295,570	7,702,287	9,145,304	76,087,153
UNPD	1,482,000	614,000	596,000	972,000
UNRWA	4,913,981	662,418	32,767	18,297,438
WHO	1,917,131,243	91,793,067	63,695,394	844,491,347

1. COVID-19 관련 입찰 수주 자료

2019년 말부터 2020년 중반까지 유엔조달을 통합적으로 운영하고 있는 UNGM에 등재된 COVID-19 PPE 관련 수주 기록은 다음과 같다.[6] 다음 예시를 통해서 해당 제품군을 생산하거나 공급하는 한국기업은 제품의 사양 및 품질관리규정을 파악할 수 있을 뿐 아니라 수주된 기업의 특징 및 가격을 확인할 수 있을 것이다. 일반적으로 다음의 예시는 각 유엔조달기관이 UNGM 또는 자체적인 조달공고를 통해 공식적으로 입찰을 게시하는 것이 일반적인 접근방법이지만 경우에 따라 유엔발주처는 일정한 금액 이하거나 긴급한 조달사업을 진행할 경우 비공개로 진행할 수도 있기 때문에 예시는 한국기업의 이해를 돕기 위하여 일부만 발췌하였다.

6 award notice 검색에서 'COVID'를 키워드로 입력했을 때 검색되는 수주기록기준으로 전체 공고를 의미하지는 않는다.

표 9-6 UNGM 등재 COVID-19 PPE 관련 수주 기록

순번	공고명	수주기업명	수주일	발주기관	배송지	계약금액 (달러)
1	COVID19 – PPE Supplies for Jordan	Al Hadi Medical & Information Technology	2020. 08.01	UNOPS	Jordan	75375
2	COVID19 – PPE Supplies for Jordan	Appeal Support Services LLC	2020. 08.01	UNOPS	Jordan	167250
3	COVID19 – PPE Supplies for Jordan	Ibn sina center	2020. 08.01	UNOPS	Jordan	58098
4	COVID19 – PPE Supplies for Jordan	Lami Gerneal Supplies	2020. 08.01	UNOPS	Jordan	568750
5	COVID19 – PPE Supplies for Jordan	National Center for medical supplies	2020. 08.01	UNOPS	Jordan	15675
6	COVID19 – PPE Supplies for Jordan	Sun Plastic & Medical Materials Industries Co.Ltd	2020. 08.01	UNOPS	Jordan	367004
10*	LTA for the provision of PPE for COVID-19 pandemic response	Gibson Lifestyle AB	2020. 06.26	UNOPS	Multiple destinations	-
11*	LTA for the provision of PPE for COVID-19 pandemic response	Dongke (Shenzhen) Industrial Development Co., Ltd	2020. 06.25	UNOPS	Multiple destinations	-
12**	RFP-DAN-2020-503174 for Personal Protective Equipment (PPE) for COVID-19 pandemic response	Gibson Lifestyle AB Dongke (Shenzhen) Industrial Development Co., Ltd	2020. 05.01	UNICEF	Multiple destinations	-

* UNOPS 및 다른 기관들이 참여한 통합 입찰 건("RFP-DAN-2020-503174 FOR PERSONAL PROTECTIVE EQUIPMENT (PPE) FOR COVID-19 PANDEMIC RESPONSE")의 일부임

** 기타 유엔 산하기관들이 참여한 통합 입찰 건임

2. COVID-19 관련 공고 사례

앞서 살펴본 수주정보는 이미 계약이 진행된 사업인 반면 아래에 정리된 발주정보는 2020년 현재 COVID-19 방역 PPE 관련 사업에 대한 조달사업 공지이다. 다음 예시는 [표 9-7] COVID-19 PPE 관련 UNDP 발주 공고, [표 9-8] COVID-19 PPE 관련 UNICEF 발주 공고, [표 9-9] COVID-19 PPE 관련 UNFPA 발주 공고 등을 예시로 정리하였다. 이러한 정보를 바탕으로 방역제품의 생산자 또는 공급자는 관련 유엔기관에서 공지되는 다양한 국제입찰정보를 주기적으로 확인하여 입찰을 통한 사업개발을 할 수 있는 기회를 만들 수 있을 것이다. 구체적인 국제입찰정보를 수집하는 방법과 해당 발주처에 대한 벤더등록의 방법 및 절차는 앞 장에서 언급한 구체적인 정보를 참고하여 업무를 진행할 수 있을 것이다

표 9-7 COVID-19 PPE 관련 UNDP 발주 공고

<table>
<tr><td>공고명</td><td colspan="3">Medical Supplies for COVID 19 Project- Local Governance Component- UNDP Afghanistan</td></tr>
<tr><td>공고 번호</td><td colspan="3">UNDP/AFG/RFQ/2020/0000006990</td></tr>
<tr><td>공고 게시일</td><td>2020년 9월 1일 07:20 AM (New York time)</td><td>제안서 마감일</td><td>2020년 9월 13일 07:30 AM (New York time)</td></tr>
<tr><td>배송지</td><td colspan="3">UNOCA Compound, Jalalabad Road, Kabul Afghanistan</td></tr>
<tr><td>UNSPSC</td><td colspan="3">• 42131702 Surgical gowns
• 42131713 Surgical isolation or surgical masks
• 42132205 Surgical gloves
• 42142113 Therapeutic sinus masks
• 42204005 Medical radiological shielding gloves</td></tr>
<tr><td>품목 및 사양</td><td colspan="3">• Gloves: Transparent Disposable Plastic Hand Gloves, medium or free size
• MASK - Medical/surgical 3ply disposable face mask, good breathability, internal and external faces should be clearly identified, structured design that does not collapse against the mouth
EN 14683 Type IIR performance or higher
ASTM F2100 level 2 or level 3 or equivalent
• Gown (L): Single use, fluid resistant, disposable, length mid-calf to cover the top of the boots, light colours preferable to better detect possible contamination, thumb/finger loops or elastic cuff to anchor sleeves in place:
– EU PPE Regulation 2016/425 or EU MDD Directive 93/42/EEC:
– EN 13795 any performance level:</td></tr>
</table>

	– FDA Class I or II medical device, or equivalent: – AAMI PB70 all levels acceptable, or equivalent
배송조건	• Delivery Terms[INCOTERMS 2010]: Delivery to DAP UNOCA Compound, Jalalabad Road, Kabul Afghanistan.Delivery lead time within 30 days from issuance of purchase order/contract.
기타사항	• Payment Terms: 100% monthly payment upon supply of items and final acceptance by UNDP.
평가기준	• Technical responsiveness/Full compliance to requirements and lowest price • Full acceptance of the PO/Contract General Terms and Conditions • Copies of two contracts for similar, one contract should be at least USD 60000 in the last 3 years, including contract description, contract value, clients name and contact details with national or international organizations • Delivery lead time within 30 days from issuance of purchase order/contract.

출처: https://www.ungm.org/Public/Notice/113364

표 9-8 COVID-19 PPE 관련 UNICEF 발주 공고

공고명	LITB-2020-9157456 Supply for Personal Protective Equipment PPEs		
공고 번호	LITB-2020-9157456		
공고 게시일	2020년 4월 7일	제안서 마감일	2020년 4월 10일 00:00 (GMT 2.00)
배송지	Libyan Arab Jamahiriya		
UNSPSC	• 46181500 – Safety apparel • 46181600 – Safety footwear • 46181700 – Face and head protection • 46181800 – Vision protection and accessories • 46182000 – Respiratory protection		
품목 및 사양	• Goggles protective indirect-side-venti • Mask high-fil FFP2/N95 no valve nonster • Gown surgic nonsterile nonwoven disp L, XL • Mask surgic typeIIR tiestrap disp.pack 50 • Gloves w/o powder nitrile L disp box/100 • Boots rubber/PVC reusable pair size42, 43, 44 • Hand sanitizer Alcohol 〉 60% 75-100ml		
배송조건	〈Delivery〉 • Incoterms: Bidders are requested to quote prices in accordance with the following delivery terms (INCOTERMS 2020): EXW • Failure to quote in accordance with the requested INCOTERMS may result in invalidation of the Bid.		

기타사항	• Payment Terms: Invoices may be issued to UNICEF only after the delivery terms of the Purchase Order have been fulfilled. The standard terms of payment are net 30 days, after receipt of invoice. Payment will be effected by bank transfer in the currency of the Purchase Order.
Warranty	• Warranty: The Bidder's warranty for the goods (including packaging) offered in its Bid will meet each of the following minimum criteria: (a) The goods conform to the quality, quantity and specifications for the goods stated in the Purchase Order (including, in the case of perishable or pharmaceutical products, the shelf life specified in the Purchase Order); (b) The goods conform in all respects to the technical documentation provided by the Bidder in respect of such goods and, if samples were provided to UNICEF prior to entering into the Purchase Order, the goods are equal and comparable in all respects to such samples; (c) The goods are new and factory-packed; (d) The goods are fit for the purposes for which such goods are ordinarily used and any purposes expressly made known to the Bidder by UNICEF; (e) The goods are free from defects in design, manufacture, workmanship and materials; (f) The goods are free from all liens, encumbrances or other third party claims; (g) The goods are contained or packaged in accordance with the standards of export packaging for the type and quantities of the goods specified in the Purchase Order, and for the modes of transport of the goods specified in the Purchase Order (including but not limited to, in a manner adequate to protect them in such modes of transport), and marked in a proper manner in accordance with the instructions stipulated in the Purchase Order and applicable law. • Warranty Period: The Bidder will clearly state the period of validity of the warranty, including the start date of the warranty period. For all pharmaceutical products or other perishable goods, the period of validity of the warranty must not be less than the shelf life of the goods.

출처: https://www.ungm.org/Public/Notice/106646

표 9-9 COVID-19 PPE 관련 UNFPA 발주 공고

<table>
<tr><td>공고명</td><td colspan="3">Supply of PPE Items to United Nations Population Fund Nepal</td></tr>
<tr><td>공고 번호</td><td colspan="3">UNFPA/NPL/20/001</td></tr>
<tr><td>공고 게시일</td><td>06-Aug-2020</td><td>제안서 마감일</td><td>12-Aug-2020 15:00
(GMT 5.45) Kathmandu</td></tr>
<tr><td>배송지</td><td colspan="3">네팔</td></tr>
<tr><td>UNSPSC</td><td colspan="3">42131601 – Medical staff aprons or bibs
42131604 – Medical staff bouffant caps
42131609 – Medical staff shoe covers
42131612 – Medical staff isolation or cover gowns
42131613 – Medical staff eye shields or visors
42131702 – Surgical gowns
42132203 – Medical exam or non surgical procedure gloves
42132205 – Surgical gloves</td></tr>
<tr><td>품목 및 사양</td><td colspan="3">• Utility Gloves(Rubber gloves, Reusable) size Medium
• Re-usable gown(non-disposable) size Medium, colour Green or Blue, preferably 100% cotton and cretonne fabric
• Hand sanitizer with alcohol 〉60%, 500ml, bottled with dispenser
• Gown(Isolation gown; opening at the back, with long sleeves, a waist tie that binds at the back or front, Non-woven material
• Coverall disposable
• Surgical Respirator FFP2/N95, mask, disposable Respirator mask protecting against airborne pathogens. Anti-penetration high filtration mask
• Goggle(reusable)
• Face shield(reusable)</td></tr>
<tr><td>배송조건</td><td colspan="3">INCOTERMS 2010:
• Price of goods FCA Point of Departure
• Freight cost CPT (Tribhuvan International Airport, Kathmandu)
• For local suppliers, goods are to be delivered to UN House, Pulchowk, Lalitpur

Delivery Time:
The maximum allowed delivery time is 30 days upon issuing of purchase order.</td></tr>
<tr><td>평가기준</td><td colspan="3">UNFPA shall compare all substantially responsive bids to determine the lowest priced substantially responsive bid.
A substantially responsive bid is one that conforms to all the terms, conditions, and specifications of the bidding documents without material deviation, reservation, or omission. A material deviation, reservation, or omission is one that:</td></tr>
</table>

	a. affects in any substantial way the scope, quality, or performance of the goods and related services specified in the contract; or b. limits in any substantial way, inconsistent with the bidding documents, UNFPA's rights or the bidder's obligations under the contract; or c. if rectified would unfairly affect the competitive position of other bidders presenting substantially responsive bids.

출처: https://www.ungm.org/Public/Notice/112085

10 Chapter

한국기업의 유엔조달사업 사업개발전략

Chapter 10

한국기업의 유엔조달사업 사업개발전략

제1절 유엔조달시장의 특성과 한국기업 참여도

제1장과 2장에서 언급했던 것처럼 유엔조달은 다양한 측면에서 사전 준비가 중요하다. 필자가 지난 몇 년 동안 한국기업의 공공조달, 특히 유엔조달사업에 대하여 많은 자문과 상담을 진행하고 실제적인 기업의 성공과 실패사례를 경험하게 되었다.

실제적인 사례를 통해 공통점으로 나타난 한국기업의 유엔조달에 취약한 부분의 분석을 통해서 개선할 분야를 보강하고 추가적인 전략을 수립하여 좀 더 많은 성공사례를 많이 만들 수 있을 것이다. 2019년의 유엔연감에 의하면 한국기업은 유엔조달의 전체 예산의 1% 이하의 시장점유율을 차지하고 있다. 이러한 추세는 지난 몇 년간 지속되었지만 좀 더 구체적으로 낮은 시장점유율에 대한 이유와 배경을 분석한다면 향후 한국기업의 유엔조달에 많은 긍정적인 효과가 있을 것이다. 우선 한국기업의 유엔조달사업에서 낮은 참여율과 성공률을 보이는 배경에 대하여 몇 가지 살펴보도록 한다.

1. 유엔조달시장에 대한 시장정보의 부족

한국 정부는 여러 경로를 통해서 한국기업, 특히 중소기업을 대상으로 유엔조달사업에 대한 다양한 시장정보를 공유하거나 유엔 관련자의 특강, 세미나 등을 통해서 시장정보를 전달하기 위해 노력해왔다. 이러한 소중한 노력은 지속되어야 할 것이고 좀 더 구체적이고 체계적인 유엔조달에 대한 정보의 공유가 중요하다.

일반적인 인식은 유엔조달은 모두 UNGM을 통해서 정보를 공유하고 사업을 개발할 수 있다고 생각하지만 실질적으로는 유엔의 각 기관별 조달사업의 운영원칙이 있기 때문에 관심 있는 개별 유엔기관을 연구조사하는 것이 절실히 필요한 과제이다.

유엔에서 파견된 관련자가 한국에서 특강을 하거나 기업상담을 하는 것이 여러 가지 면에서 유엔조달에 대한 인식을 달리하고 관심을 가지게 하는 긍정적인 역할을 함에는 이견이 없으나 한국기업의 경영환경과 역량에 맞는 사업을 발굴하기 위해서는 기업 자체의 부단한 노력이 필요하다.

UNGM에서 공유한 많은 시장정보를 통해 한국기업들은 유엔조달에 대한 기본적인 사전 준비, 지역별 예산, 예상되는 조달사업 등에 대하여 다양한 정보를 취득할 수 있다. 제8장에서 UNDP의 실제적인 사례를 통해서 RFP를 분석하고 제안서를 준비하고 작성하는 단계를 통해서 다양한 시장정보를 획득하는 방법과 필요성에 대하여 인식하기를 바란다.

2. 경영인들의 국제경쟁입찰절차에 대한 이해와 교육

유엔조달을 포함한 국제경쟁입찰은 국가기관이나 국제기구 등이 공공조달 및 민수사업을 발주함에 있어 국제적인 경쟁력을 갖춘 기업들이 입찰에 참여하여 공공성, 투명성, 비차별의 원칙으로 경쟁을 통한 최적의 사업제안서를 확보하는 사업 확보의 절차와 단계이다. 유엔조달은 대부분 국제경쟁입찰의 행태로 재화와 용역을 구매하게 된다.

다만 유엔의 경우는 자체적인 사업을 위한 조달을 하는 것이 아니라 저개발국 또는 개발도상국에서 제기된 소요를 충족하기 위한, 즉 유엔회원국을 위한 조달사업이기 때문에 어느 특정한 국가 또는 기업이 이러한 조달사업에 대한 특혜를 받거나 평가에 우위를 선점해서는 안 되는 구조이다.

유엔조달에서 사업에 대한 정보를 조기에 확보하여 사업개발 기회를 선점하기 위해서는 국제경쟁입찰의 구조와 절차를 이해하고 이에 따른 전문적이고 체계적인 교육이 필요하다. 많은 유엔조달사업에 참여하고 제안서를 작성하여 응찰단계를 거치고 평가를 받아 계약을 수주하고 사업을 수행하는 전체적인 절차는 모두 국제경쟁입찰의 테두리 안에서 기획, 운영, 집행하게 된다.

[그림 10-1]의 예시와 같이 국제경쟁입찰의 전체적인 절차는 앞의 제2장에서 언

급한 것과 같이 10단계로 구분된 수행단계가 있다. 이러한 수행절차와 단계(Process)는 유엔조달사업에 참여하여 성공적으로 사업을 획득하고 사업을 수행하는 데 아주 중요한 역할을 하게 된다. 한국기업, 특히 중소기업의 경영자들이 유엔에서 발주하는 사업에 대하여 주기적으로, 또 구체적인 입찰정보를 적시에 확보하는 것은 아주 중요한 역할이다.

실제적으로 앞서 언급한 국제경쟁입찰 10단계 중 가장 중요한 단계는 1~4단계인 사전 입찰(Pre-Procurement)이라고 할 수 있다. 사전 입찰단계는 수요발생, 예산배정, 예산편성 운영계획 및 시장조사, 이렇게 4가지 업무가 핵심적인 부분이다.

공급자 측면에서 볼 때 시장조사는 사전 입찰단계의 가장 중요한 핵심단계로서 발주처는 시장조사단계를 통해(Expression of Interest) 특정한 조달사업에 대한 제품 사양과 조달방법에 대하여 구체적인 아이디어를 기업으로부터 받을 수 있다. 이러한 사전 입찰단계를 거치면 제5단계인 입찰 공지, 응찰, 평가, 계약발주 등 본입찰(Procurement)을 진행하게 된다.

한국기업의 입장에서는 5단계의 공지가 발표되기 전에 사전 입찰단계에서 사업개발을 위한 사업발굴, 사업개발과 더불어 Expression of Interest 등의 제출을 통해 사업의 개발을 선점할 수 있을 것이다.

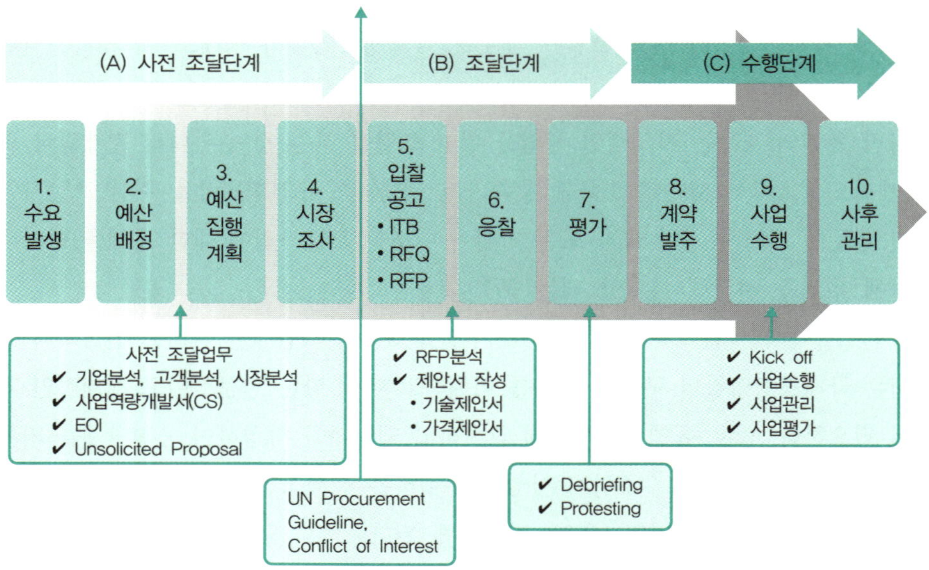

그림 10-1 국제입찰 조달단계(유엔)

한국기업의 유엔조달의 성패는 기업을 경영하는 경영진들이 이러한 유엔조달의 전반적인 절차와 단계를 숙지하고 중장기적인 사업개발 계획을 수립하고 직능별로 담당자를 교육하여 자사의 제품이나 용역의 범위에 가장 적합한 소수의 유엔발주처를 집중적으로 공략하는 것에 달려있다.

3. 실무자 양성

[그림 10-1]의 전반적인 유엔조달을 검토해보면 사업개발을 위한 전략적인 기획과 계획을 수립하고 경영하는 전반적인 사항들은 경영진들의 업무영역일 것이다. 하지만 절차별로 필요한 실무자가 사전 입찰단계를 위하여 기업분석, 제품분석, 고객분석, 조달품목분류코드, UNGM 등록, EOI와 RFP의 요구사항조사 및 분석, 제안서 작성 등의 전문적인 업무지원이 필요하다. 아무리 경영인들이 유엔조달에 대한 전략적인 사업계획을 잘 준비한다 해도 실제적으로 이러한 계획을 실무로 연결하여 결과물을 만들어내는 공공조달 실무담당자가 부재하면 실제적인 사업으로 연계하여 성공적인 사례를 만들어가는 데 많은 어려움이 있다.

우리 기업이 보유한 기술적, 재무적, 행정적인 역량보다 중요한 것이 바로 유엔조달업무를 실행할 수 있는 전문가들인데 안타깝게도 수출주도형 경제구도를 가지고 있는 우리 경제체제이지만 아직 이러한 공공조달 실무전문가를 양성하는 프로그램이나 체계적인 교육과정이 부재하다. 세계경제규모 10위권인 한국의 위상을 감안할 때 공공조달 실무전문가 양성은 반드시 필요한 과정이라고 할 수 있다.

현재 필자가 카이스트 경영대학에서 운영하는 국제입찰 & 공공조달 관리과정이 경영인들에게 공공조달시장의 특징과 사업개발 및 관리에 대한 교육과 더불어 실무지식을 전달하는 유일한 교육과정이라고 할 수 있다.

제2절 한국기업의 유엔조달시장 성공 10가지 요소

한국에게 유엔조달은 해외공공시장 중에 가장 일반적으로 많이 알려진 조달시장이다. 그럼에도 불구하고 유엔조달시장에 대한 구체적인 정보와 특히 사업을 개발하기 위해 필요한 단계와 절차를 정확하게 이해하는 기업은 많지 않다. 부족한 유엔조달시장에 대한 정보와 더 나아가서 사전에 준비해야 하는 다양한 업무를 익히기 위해서는 체계적이고 객관적인 연구와 분석이 필요하다.

유엔조달사업은 유엔제재대상이 되는 기업을 제외하고는 한국에 기반을 둔 모든 기업들이 진출할 수 있는 열린 공공조달시장이다. 어느 특정한 국가에게 특별한 권한이나 조달사업에 혜택을 주는 경우는 없다고 할 수 있다. 대부분 전자조달을 통한 국제경쟁입찰을 통하여 재화와 용역을 조달하는 유엔조달사업에 더 많은 한국기업이 진출할 수 있게 지원하는 하나의 복안으로 집필된 실무지침인 만큼 그동안의 유엔, 특히 UNDP와의 조달사업의 실제적인 영업업무를 통한 수주활동 그리고 계약이행에 대해 여러 분야의 정부관계자들과 일하면서 얻은 경험을 참고하여 한국기업이 유엔조달에서 성공할 수 있는 요소를 10가지로 정리하였다.

1. 사고와 인식의 전환이 필요하다

유엔조달시장을 비롯한 해외공공조달시장의 진출은 우리 기업인들에게 생소한 시장이라 사업을 시작하기 전에 필수적으로 어떠한 형태이든 조달시장에 대한 연구조사 그리고 무엇보다도 시장진출을 위한 준비단계로서 유엔조달규정이나 절차 등을 공부하는 것이 필요하다.

특히 한국에 있는 기업의 경우는 이러한 새로운 시장에 대한 정보를 공부하는 것 이외의 추가적으로 반드시 필요한 분야가 바로 사고와 인식의 전환이다. 유엔발주처와 수혜국, 한국의 기업문화가 상이하고 또한 기업운영 시 고려해야 하는 사회적, 문화적, 정치적 고려사항들도 중요하다. 이러한 다른 기업문화 중에서 가장 핵심적으로 우리 기업인이 인식해야 하는 것은 바로 사고와 인식을 전환하는 것으로, 이는 하루아침에 진행될 수 있는 일은 아니지만 최소한 시장개척을 위해서는 다르게 생각하고 다르게 접근해야 하는 것에 대해 열린 마음으로 받아들이는 것이 중요하다.

사고와 인식의 변화 중에 가장 일반적으로 보충해야 하는 부분이 바로 소위 삼진(Three Strike) 아웃제라는 개념이다. 한국에서는 국민정서와 문화가 어우러져 상대방을 배려하는, 소위 '체면을 위해서'라도 한 번에 모든 것을 단절하지 않는 것이 우리 한국의 일반적 정서이자 문화이다. 이러한 사회에서 일반적으로 통용되는 '체면' 문화는 유엔조달을 준비하고 실행하는 데 뜻하지 않은 제약요소가 될 수 있다. 제8장의 UNDP 실무에서 예시로 제시했던 제안서를 작성하고 제출하는 데 필요한 모든 조건에 부합하기 위해서는 수정할 수 없는 최상의 수행계획서를 근거로 기술제안서와 가격제안서를 제출하여 사업을 확보해야 한다. 이와 같이 후회 없는 제안서를 작성하고 사업을 획득하고자 하는 새로운 마음의 자세가 필요하다.

2. 기업분석 등 다양한 사전 입찰 준비가 필요하다

유엔조달사업에 진출하기 위해서 가장 선행되어야 하는 것이 바로 한국기업에 대한 '기업분석(Company Analysis)'이다. 기업분석은 기업의 역사, 기술력, 경쟁력, 잠재성장성, 기술력의 단점과 미래 잠재성장에 따른 기회와 도전에 대하여 구체적이고 체계적으로 연구분석하는 객관적인 기업평가서이다.

기업분석은 가장 중요한 목적인 SWOT(Strength, Weakness, Opportunity, and Threat)분석을 통하여 과연 자사의 기업역량과 기술역량이 어떠한 위치에 있는지를 정확하게 자가 진단하고 분석함으로써 해당 기업이 유엔조달시장에 진출할 수 있는 경영적, 기술적 역량이 있는지를 파악하고, 부족하다면 가장 경쟁력 있는 분야를 집중적으로 홍보하고 필요한 인증서와 특허를 획득해야 하는지를 판단하는 중요한 자료이다. 특히 기업분석의 중요한 과정 중의 하나가 자사제품에 대하여 유엔조달품목분류코드(UN Supply Code)에 따른 물품분류를 하는 것이다.

유엔조달을 진행하고 계획한 기획관과 구매자는 물품 구매기준을 United Nations Standard Products and Services Code(UNSPSC, UN Supply Code)의 번호로 산정한다(https://www.ungm.org/Public/UNSPSC). UNSPSC는 A~J까지 10개의 항목으로 구성되어 있고 한국기업이 UNGM에서 제공하는 조달 관련 정보를 조사·분석하기 위해서는 필요한 정보이다. 이외에도 시장분석, 고객분석 등 다양한 사전 조사를 통한 준비가 실제적인 제안서 작성에 필요한 기본적인 정보로 활용되기 때문이다. 이러한 사전 준비는 기업의 역량보고서(Capability Statement)를 작성하는 데 가장 중요한 자료로 활용된다.

3. 유엔조달규정 등에 대하여 알아야 한다

한국에서 조달청에 물품이나 서비스를 조달을 통해 공급하는 경우 한국 정부조달에 대한 여러 가지 규정이 있는 것처럼 유엔조달규정(UN Procurement Guideline)이 유엔조달사업에 있어 가장 중요한 조달규정이다. 유엔규정 중에 한국기업이 분명히 인식해야 하는 것은 UN Suppier Code of Conduct이다(https://www.un.org/Depts/ptd/about-us/un-supplier-code-conduct).

유엔은 소위 '무관용의 원칙(Zero Tolerance)'정책으로 어떤 경우의 선물 또는 비합리적이고 불법적인 정보공유나 개인의 친분 등을 이용한 특별한 우대조치는 허용하지 않음을 명심해야 한다. 유엔규정에 위배되는 사업행위를 했을 경우는 유엔조달사업뿐 아니라 다른 국제기구와의 조달사업도 치명적인 결과를 가져오기 때문에 조심해야 하는 분야이다. 이러한 비합리적인 불법적 사업관행이나 당사자 간에 발생할 수 있는 이해상충(Improper Business Practices and Personal conflict of Interest)에 대해서는 UN Procurement Guideline에 상세하게 안내되어 있다.

4. 잠재적 고객을 선택하고 집중한다

필자는 한국 정부지원사업의 일환으로 COVID-19와 관련된 사업으로 UNDP, UNOPS, UNICEF 등 유엔의 많은 기관들과 소통을 하고 한국기업을 위하여 제안서를 작성하고 제출하여 사업을 획득하였다. 유엔조달에 대한 특강이나 한국기업 경영인들을 위해 자문할 기회가 있을 때마다 자주 유엔조달시장의 진입과정을 우리가 승객으로 버스를 선택하고 승차하는 과정으로 설명하곤 한다. 쉽게 말하면 유엔은 많은 기관으로 구성되어 있고 각기 다른 예산에 따라 조달사업을 추진하고 있다. 유엔조달시장에 진출하는 것은 한국기업이 지향하는 목표와 방향이 같다. 예를 들면 UNDP라는 버스에 승차하는 것에 비유될 수 있다.

모든 유엔의 기관들은 개별적인 운행지역과 운행방법 그리고 운행시간이 다르기 때문에 이 버스 중 하나에 승차하고자 하면 기본적으로 우리가 가고자 하는 목적지를 향해서 가는 버스를 선택하는 것이 우선적이고 그 다음은 언제 어떻게 이 버스가 어느 정류장을 통과하는지를 알아야 할 것이다.

이러한 기본적인 정보를 알고 나면 다음 단계는 당연히 이 버스를 승차하는 데 필요한 요금이 얼마인지 또는 다른 자격이 요구되는지를 사전에 파악해야 한다. 한 사람의 승객은 당연히 동시에 2대의 버스에 승차할 수 없는 것처럼 한정된 기업역량을 가진 기업, 특히 한국에 근거를 두고 현지 파트너와 협업이 절실히 필요한 기업 입장에서는 승객이 된 기업이 제공할 수 있는 기술역량과 이에 대한 과거 실적을 객관적으로 증명할 수 있는 하나의 유엔기관을 선택하고 집중하는 것이 가장 현명한 영업전략이 될 것이다.

5. 유엔조달정보시스템을 연구분석하여 구매품목 및 예산을 파악한다

유엔조달에 관한 대부분의 조달 관련 정보는 모두 공개하는 것이 원칙이다. 유엔조달정보를 획득하는 데 가장 중요한 사이트는 UNGM의 Knowledge Center (https://www.ungm.org/Shared/KnowledgeCenter/Pages/Index)이다. 마치 미국 연방구매조달시스템(Federal Procurement Data System)을 통해서 미국 연방정부의 조달 관련 정보를 조사분석할 수 있는 것과 같이 유엔도 Knowledge Center의 조달정보서비스를 통해서 각 유엔기관별 조달금액, 품목 등에 대하여 자세한 자료를 조사하고 분석함으로써 한국기업에 가장 적절한 발주기관을 선별하고 사전 입찰전략에 참고하여 사업을 발굴하고 개발하는 중요한 초석으로 활용할 수 있다.

6. 입찰정보를 수집하고 분석하여 과거의 입찰정보 및 미래의 수요를 분석한다

위에 언급한 UNGM의 Knowledge Center를 통해서 조달정보를 조사분석하는 것으로 충분한 시장조사를 하거나 특히 향후의 수요를 예측하는 분석을 하기는 쉽지 않다. 추천하는 다른 중요한 방법은 자사의 제품에 가장 근접한 UN Supply Code를 조사한 다음 UNGM의 Business Opportunity를 통해서 과거에 진행되었던 조달정보를 모두 조사하고 이를 분석하는 것이다.

이러한 조사분석방법은 일반적으로 생각하는 것보다 유용한 정보와 미래수요를 예측하는 중요한 가이드라인을 제공해준다. 과거의 조달정보를 통해 가장 수요가 많은 유엔기관과 조달 유형이 파악되면 해당 공고에 나와 있는 Point of Contact(담당자)와 소통을 하는 것도 좋은 방법이다. 입찰 공고가 공식적으로 나오지 않은 사전 입찰단계인 1~4단계에서 유엔의 조달담당자는 잠재적인 공급자와 자유롭게 소통할 수 있다.

7. 유엔 발주기관과 지속적인 소통을 진행한다

유엔의 각 기관들은 기업을 위한 다양한 세미나 또는 사업설명회(Agency or Industry-specific Events)를 개최한다. 이러한 사업설명회를 통해서 유엔기관은 1년간 집행되는 조달예산과 에에 따른 조달정보 그리고 조달정책 등을 설명하고 필요한 질의응답을 하기도 한다. 대부분의 경우는 구매총괄담당자 및 구매담당관이 참석하여 공급자를 위한 사업지원에 대해서도 설명한다. 이러한 정보는 UNGM에서 찾기보다는 개별적인 유엔기관의 홈페이지를 방문하고 주기적으로 점검하는 것이 최선의 방법이다. COVID-19로 인한 사회적 거리두기로 많은 유엔기관들이 온라인 교육 및 세미나를 운영하며 이러한 프로그램에 참여하는 것을 적극 권장한다.

8. 협업할 수 있는 파트너를 분야별로 찾는다

유엔조달의 Top 10 공급 국가는 미국, 인도, 아랍에미리트(UAE) 등으로 구성되어 있다. 주계약자로 유엔과 조달사업을 하기 위해서는 유엔조달규정을 준수하고 UN Supplier Code of Conduct를 숙지하여 부적합한 이해상충관계를 피해야 한다.

유엔조달에 충분한 경험이 없는 한국기업은 초기에는 직접 주계약자로 유엔과 직접거래를 하는 것보다는 이미 오랫동안 유엔과 거래를 통해서 업력과 신용이 축적된 전문조달기업과 업무협력을 통한 간접진출을 하는 것이 합리적인 방법이다. 이러한 방법을 통해서 충분한 경험과 유엔조달에 대한 지식이 습득되면 직접계약을 통한 사업운영을 장기적으로 영위할 수 있을 것이다.

9. 사전 조달단계사업에 적극적으로 참여한다

본문 중에서 여러 번 강조한 것처럼 국제경쟁입찰의 조달사업은 1~4단계의 사전 조달단계와 5~10까지의 조달단계로 구분된다. 대부분의 한국기업은 조달단계의 공고가 UNGM에 공지된 후에 사업에 대한 내용을 검토하고 제안서를 작성하는 경우가 많다. 하지만 실제적으로 많은 경우에 다른 국가의 경쟁자들은 사전 조달단계, 특히 시장조사(Market Research)단계인 Expression of Interest(EOI) 또는 Request for Information(RFI) 제안요청서를 모두 놓치지 않고 참여하고 있다.

EOI 제안서에는 일반적으로 가격이 포함되지 않아 낙찰 여부가 결정되지 않는다. 하지만 발주처 입장에서 보면 중요한 사업추진의 단계이다. 시장조사단계에서 구매하고자 하는 제품과 용역에 대한 구체적인 아이디어를 얻기도 하고 새로운 기술역량에 대한 정보를 입수하거나 기존의 기술 사양이 EOI에 제출된 새로운 사양으로 변경되어 실제적인 조달단계에서 RFP 또는 RFQ에 EOI에 참여한 기업에 유리한 기술적인 사양이 언급될 수도 있기 때문이다.

단언하건대 유엔조달사업에 참여하고자 하는 한국기업이 사전 조달단계에 참여하는 것이 일상적인 문화가 된다면, 2019년 1% 이하인 유엔조달시장의 한국기업 시장점유율은 개선이 될 것이라고 믿는다.

10. 작은 계약을 소중하게 생각하고 지속적인 노력을 한다

필자에게 유엔을 포함한 해외공공조달의 성공의 열쇠를 한마디로 축약하라고 한다면 "작은 계약을 소중하게 생각하고 포기하지 않고 지속적으로 노력하는 것"이라 단언할 수 있다.

Warren Buffett의 눈송이와 눈사람의 비교처럼 공공조달은 마치 눈송이를 언덕에서 굴려서 눈덩이를 만들고 이 눈덩이를 가지고 눈사람을 만드는 과정과 흡사하다고 할 수 있다. 유엔조달을 빨리 진행해서 성공을 하겠다는 마음에 본서에서 여러 번 강조한 사전 입찰 준비를 하지 않는 것은 마치 눈송이를 대충 만들어 언덕 아래로 굴리는 것과 같다고 할 수 있다. 결과는 명확하다. 언덕을 구르던 눈송이는 힘을 잃고 눈이 모두 흩어져 형태가 없어질 것이고, 반면 눈송이를 시간과 노력을 들여서 단단하게 만들면 언덕을 구르면서 가속도를 받아 단단한 눈송이가 눈덩이로 만들어져 결국은 눈사람을 만들 수 있는 크기가 된다. 어쩌면 가장 기본적인 상식일 수도 있다.

발주처 입장에서 생각해보면 답을 찾을 수 있다. 여러분이 유엔의 발주처라고 생각하면 한 번도 거래하지 않은 한국의 생소한 기업에게 수백만 달러의 계약을 주는 리스크를 가지고 갈 것인가, 아니면 한국기업 매출의 1/5 이하의 작은 금액의 계약을 단계적으로 발주해서 그 성과를 보면서 장기적인 Long Term Agreement까지 조달사업을 진행할 것인가, 이것은 당연한 논리이다.

제3절 맺음말

앞에서 언급했듯이 세계경제 10위권인 한국의 경제적 위상을 고려할 때 유엔조달시장의 1% 미만의 시장점유율은 쉽게 이해할 수 없는 부분이다. 본서에서 언급한 유엔에 대한 일반정보, 개요, 각 기관별 조달품목 및 규모를 참고하여 좀 더 구체적이고 체계적인 조사와 분석 그리고 실무교육을 한다. 이를 통하여 제8장에서 소개한 UNDP의 실무 접근을 세밀하게 연구하여 국제입찰의 10단계 중 1~4단계의 사전 입찰단계에서 보다 적극적으로 유엔기관과 소통을 하고 자사의 장점과 역량을 지속적으로 홍보하며 작은 계약을 소중하게 생각하고 최선을 다하는 기업이 많아지면 국제입찰을 통한 공공조달의 실무자들이 더 많이 필요할 것이다. 이것이 계기가 되어 우리의 청년들에게 새로운 직업을 만드는 창직(Creating Job)을 통해서 한국기업의 유엔조달시장 점유율이 획기적으로 개선될 수 있을 것이라고 기대한다.

미국 연방정부나 유엔조달의 가장 기본적인 개념을 알고자 하는 독자는 현재 카이스트 KOOC에 개설된 온라인 '글로벌 공공조달(https://kooc.kaist.ac.kr/procurement)'

을 통해서 많은 정보를 획득할 수 있고, 본격적으로 미국 연방정부 & 주정부, 유엔조달, 아시아개발은행을 포함한 다자개발은행, 유럽연합의 공공조달시장에 대하여 좀 더 체계적으로 교육을 받고자 한다면 카이스트 경영대학에서 필자가 운영하는 '국제입찰 & 공공조달 관리과정(https://www.business.kaist.ac.kr/html/executive/sub02/sub02_0208.html)'에서 한국기업의 공공조달의 성공사례를 만들어 나갈 수 있을 것이라 믿는다.

부록

Appendix

출처: www.ungm.org, www.undp.org

부록 1 유엔조달 주요 계약조건 및 용어

A

Arbitration

A method that is agreed to in advance by the parties to a contract to resolve a dispute by submission to one or more neutral third party arbitrators for a binding judgement; arbitration is normally used to avoid litigation, i.e. court procedures.

Award

The action taken by the buyer based on the evaluation of offers, to approve the selection of the supplier for a specific contract.

B

Best and final offer

A tool that can be used during the final evaluation phase of a procurement using an RFP when at least two qualified suppliers remain within a competitive range. It is a term that indicates to the supplier that the buyer does not intend to negotiate after offers are received so the supplier should submit final pricing and deliverables.

Bid

An offer in response to an Invitation to Bid or an offer in response to an electronic auction.

Bid security(bid bond)

A security from a supplier securing obligations resulting from a contract award with the intention to avoid: the withdrawal or modification of an offer after the deadline for submission of such documents; failure to sign the contract or failure to provide the required security for the performance of the contract after an offer has been accepted; or failure to comply with any other condition precedent to signing the contract specified in the solicitation documents.

Bidder, Proposer, Offeror

An entity that submits an offer in response to a solicitation. Normally, the term bidder is used to refer to the entity responding to an ITB, RFQ or an electronic auction; the term proposer is used to refer to the entity responding to an RFP.

Bill of lading

A carrier's contract and receipt for goods it agrees to transport from one place to another and to deliver to a designated recipient (consignee).

Bill of quantities

A description and a quantitative estimate of all materials, and/or supplies, which will be required for a proposed construction project or production of equipment (usually custom designed), provided to bidders for pricing purposes.

Blanket purchase order

A special purchase order typically designed to leverage repetitive requirements and emergency repairs involving low value goods and services, while reducing the administrative workload.

Buyer

The individual or personnel designated by an authorized official to undertake all activities necessary for the procurement of goods, works, or services in accordance with the applicable regulations, rules, policies and procedures. The term buyer is also used to denote the UN entity that is a party to the contract.

C

Catalogue

An organized list of goods or services specifying the description, price, unit of measure and other attributes. A catalogue may be available as a document or in electronic format.

Collaborative procurement, common procurement

A procurement arrangement in which several UN organizations combine their efforts to undertake procurement in cooperation or share the outcome of a procurement process, thereby achieving benefits for the group in its entirety. The objective of collaborative procurement is to achieve reduced price or better service through economies of scale and to reduce inefficiency and duplication across the UN organizations.

Competitive bidding, competitive solicitation

A procurement method in which offers from competing suppliers are invited by open advertisement and provided with the scope, specifications, and terms and conditions of the proposed contract as well as the criteria by which the offers will be evaluated. The objectives of competitive bidding are to obtain goods or services at the lowest cost or best value through open and fair competition.

Consignment

(1) An agreement with a supplier to stock goods at a customer's location with the goods remaining the property of the supplier until used or sold; (2) A shipment that is handed over to a common carrier for transport and delivery.

Contract

In the context of UN procurement, a contract is a written, legally binding agreement between the organization and a supplier, which establishes the terms and conditions, including the rights and obligations of the organization and the supplier. A contract may take many different forms, e.g. agreement, purchase order, memorandum of understanding, letters of assist.

Contract administration

All actions undertaken after the award of a contract relating to the administrative aspects of the contract, such as contract amendment, contract closure, record retention, maintenance of the contract file, and handling of security instruments (e.g., performance security).

Contract management

The ongoing monitoring and management of the supplier's performance regarding the promised goods or services, as well as assuring compliance with all other terms and conditions of a contract, such as price and discounts. It includes managing the relationship between the supplier, the procuring unit, the requisitioner and/or the end-user, feedback to the supplier regarding its performance, as well as dispute resolution, if necessary.

Contract modification, contract amendment

Any written change in the terms of the contract. Contract modifications only become effective when executed by both parties.

Contractor

Any party to a procurement contract with the organization. A contractor may take various forms, including an individual person, a company (whether privately or publicly held), a partnership or a government agency.

Cost estimate

An approximate calculation of charges or costs to supply goods or services.

D

Default

A failure by a contracting party to meet one or more of its obligations under the contract.

Delivery time

The time taken to deliver goods from the date of contract to the time when the supplier makes the goods available to the buyer at the agreed place as per the delivery terms.

Disposal

The process of removing something from a location, typically the removal of scrap, surplus, excess, obsolete and waste items from an organization's premises.

E

E-procurement

Electronic procurement that occurs when the activities of the purchasing process are conducted electronically, typically over the Internet, to shorten the cycle time and lower the transaction costs of the acquisition process.

Exigency

An exceptional, compelling, emergent need or situation of force majeure not resulting from poor planning or management or from concerns over the availability of funds, that will lead to serious damage, loss or injury to property or persons, if not addressed immediately.

Expression of interest

A response to a Request for Expression of Interest expressing interest in participating in a Solicitation.

F

Fixed price

A contract term which indicates that the price is set at a certain amount and is not subject to change unless the purchaser requests a change in specifications, delivery or term. Generally, a purchaser's request for a change to specifications, delivery or terms in a fixed price contract would only occur in response to an unexpected change in specifications or a critical circumstance that would impact the supplier's ability to fulfill the contract in accordance with the original terms.

Force majeure

A contract provision under which major (and usually uncontrollable) events may excuse a party, in whole or in part, from the performance of its contractual obligations; e.g., fire, war, or severe weather. This is a standard clause in contracts of the organizations of the United Nations Common System.

G

General conditions of contract

The General Conditions of Contract (sometimes referred to as 'general terms and conditions') are a set of standard contractual provisions which are incorporated into virtually every commercial contract that the UN, including its Funds and Programmes, concludes. The General Conditions cover a range of issues, including the contractor's status vis-à-vis the Organization, the use of sub-contractors, indemnification, intellectual property rights, use of the name, emblem or seal of the United Nations, termination and events of force majeure, dispute settlement, privileges and immunities, standards of conduct, and amendments.

Global compact

The voluntary international corporate citizenship network initiated by the UN to support the participation of both the private sector and other social actors to advance responsible corporate citizenship and universal social and environmental principles to meet the challenges of globalization. It is based on 10 principles related to human rights, labour, environment and anti-corruption. See www.globalcompact.org for more information.

Goods

Objects of every kind and description including raw materials, products and equipment and objects in solid, liquid or gaseous form, and electricity, as well as services incidental to the supply of the goods if the value of those incidental services does not exceed that of the goods themselves.

Guarantee

A promise or a pledge, i.e. something given or existing as security such as to fulfil a future engagement or a subsequent condition (e.g. bank guarantee). It can also be a provision in a contract by which one person promises to pay the obligation of another person in case that person fails to pay debts or perform a specific duty.

I

Incoterms

Incoterms rules are standardized and widely-recognized trade terms, prepared by the International Chamber of Commerce (ICC), to be included in contracts for the sale of goods, providing standard contractual provisions that clarify the costs, risks and responsibilities of the parties to the contract, particularly in relation to the shipment and delivery of the goods from sellers to buyers. Refer to the ICC website (www.iccwbo.org) for information about these terms and their definitions which are copyrighted by the ICC.

Intellectual property

Creations or inventions of the mind, including, but not limited to, copyright (such as designs, artwork, software, data, original text, maps), trademarks (such as symbols and names) and patents (such as drug formulations, hardware).

Inventory

Any material, component or product that is held for use at a later time.

Invitation to bid

A formal method of solicitation where prospective suppliers are requested to submit a bid for the provision of goods or services. Normally used when the requirements are clearly and completely specified and the basis for award is lowest cost.

Invoice

Supplier's demand for payment setting out the amount for payment by the buyer in respect of goods delivered or services rendered.

L

Lead time

The time that elapses from placement of an order until receipt of the order for goods, services or works, including time for order transmittal, processing, preparation and shipping.

Letter of intent

A pre-contractual document, usually in the form of a letter and sometimes signed by both parties, used to express expectation of contract formation in the future and to ensure that certain basic agreements are clearly understood by both parties. When properly drafted, the LOI should create no binding obligation to either party.

Liability

Any obligation incurred as a result of law, rule or agreement; being legally obliged and responsible; a debt or an obligation to another party.

Life cycle cost, whole life cost, total cost of ownership

The sum of all recurring and one–time (non–recurring) costs over the full life span or specified period of a good, service, structure, or system. It includes purchase price, installation cost, operating costs, maintenance and upgrade costs and remaining residual or salvage value at the end of ownership or its useful life.

Liquidated damages

A sum agreed upon during the formation of a contract which will be paid by the breaching party in the event of a defined breach of contract (such as non–performance or delay in delivery). The amount of Liquidated Damages must be arrived at in good faith and must be based on an estimate of the actual damage that will ensue from the breach.

Logistics

The process of planning, implementing and controlling the efficient, cost–effective flow and storage of goods and related information from point of origin to point of consumption for the purpose of conforming to customer requirements.

Long term agreement

A written agreement between an organization of the United Nations system and a supplier that is established for a defined period of time for specific goods or services at prescribed prices or pricing provisions and with no legal obligation to order any minimum or maximum quantity.

M

Market research

The process of collecting and analyzing information about capabilities within the market to satisfy the organization's needs, in order to identify suppliers, assist in the development of specifications, TORs and SOWs, ascertain pricing information, and obtain information on available technology.

Maverick buying

Buying goods or services 'off contract', i.e. without using contracts that have been put in place for the respective goods or services.

Memorandum of understanding

As used within the UN System, a Memorandum of Understanding is either (i) an informal agreement outlining the parties' expectations, commitment and longer-term goals in broader rather than specific terms or (ii) a legally binding contract, generally used when the contracting party is a non-commercial entity. The language of the MoU may determine whether it is legally binding on either party.

N

Net present value

Compares the value of a dollar today to the value of that same dollar in the future, taking inflation and returns into account. If the NPV of a prospective project is positive, the investment adds value and it may be accepted. If it is negative, the project should be rejected.

O

Offer, tender, submission

A generic term for bids, quotations and proposals, received from a Supplier in response to Solicitation Documents.

Option

A unilateral right in a contract, by means of which, for a specified time, the buyer may elect to exercise a right such as to purchase additional supplies or services called for in the contract, or to extend the term of the contract.

Outsourcing

The process of contracting out a business process, which an organization may have previously performed internally or which the organization deems necessary or important, to an independent company, supplier or contractor where the process is purchased as a service.

P

Performance security(performance bond)

A financial instrument that is intended to provide the UN with security against failure by a supplier to perform its obligations and serves as a source of compensation for a supplier's failure to fulfil the terms of a contract.

Procurement

The acquisition through purchase or lease of real property, goods or other products (including intellectual property), works or services.

Procurement review committee, review committees on contracts, or committee on contracts

Committee established for the independent review of proposed contracts over certain thresholds. The review is conducted to verify that all procurement rules, policies and procedures are met, and that the organization's interests are properly protected.

Proposal

An offer in response to a Request for Proposal.

Purchase order

A type of contract that documents the purchase of goods and/or services.

Purchasing card

A payment method whereby requisitioners are empowered to deal directly with suppliers for low-dollar, high-frequency purchases by using a credit card issued by a bank or major credit card provider. The cards reduce paperwork and enable purchasing and accounts payable personnel to focus on more value-added activities.

Q

Quotation

An offer in response to a Request for Quotation. However, if it is in response to an enquiry, it is simply a statement of price and availability.

R

Receipt of goods, goods receipt note

Official acknowledgement of receipt of goods.

Regulatory framework (procurement)

This definition falls outside the PN agreed definitions and has been provided for the purposes of the PPH for ease of reference and understanding.

The existence of the appropriate structure necessary to support the establishment, implementation, control and direction of the procurement function, usually in the form of a system of regulations, rules, manuals and other related issuances that define and uphold the principles and values of public procurement; govern all procurement activities within an organization; and provide for the means to enforce them.

Remedy

A means of relief that either party can pursue to compensate for the other party's non-performance or non-compliance with a contract term or condition.

Request for expression of interest

An advertisement to identify suppliers that wish to participate in a forthcoming solicitation.

Request for information

An instrument to conduct a market survey in order to obtain information from the market that can be used to identify available or potential solutions for fulfilling identified needs which may include information on cost and delivery time.

Request for proposal

A formal method of solicitation where prospective suppliers are requested to submit a proposal for the provision of goods, works or services, based on the Specifications, Scope of Work, or Terms of Reference included in the solicitation documents. Normally used in cases where the requirements are complex; cannot be clearly or completely specified, where detailed technical evaluations are to be performed, and/or where pricing or cost may not be the sole basis of award.

Request for quotation

An informal method of solicitation whereby suppliers are requested to submit a quotation for the provision of goods or services. Normally used for standard, off–the-shelf items, where the value of the procurement falls below the established threshold for formal methods of solicitation.

Requisition

A written or computerized request from an internal user/customer for the fulfillment or procurement of goods, services or works.

Requisitioner

The person or personnel initiating a purchase requisition, i.e. a request for goods, works or services.

Residual value

The value of an item which has served its functional purpose but retains some value as in trade–in or scrap.

S

Sealed offer

An offer which has been submitted in a sealed envelope to prevent its contents from being revealed or known before the deadline for the submission and opening of all offers.

Security instruments

Financial instruments that are intended to provide the UN with security against expenses and losses that result from a failure by a supplier to perform its obligations. They are intended to ensure that funding is available to compensate the UN for such failure and are not intended as a punishment. The main

Security Instruments are Bid Security and Performance Security. A security can take the form of bank guarantees, surety bonds, stand-by letters of credit, cheques on which a bank is primarily liable, and cash deposits.

Segregation of duties

An internal control mechanism used to assure that no single individual or organizational unit given responsibility for more than one related function.

Services

Work, duty or labour performed by a contractor pursuant to a contract. Rendering of services may involve the associated provision of utilities or facilities if specified in the terms of the contract. Typical examples of services include security, catering, cleaning, travel management, event management, IT services, training, freight forwarding, and consulting.

Single source

Procurement of products or services from one selected supplier, even though there are other suppliers that provide similar products or services.

Sole source

A procurement term employed when there is no competitive marketplace for the requirement, i.e. the product or service needed is available only from one source.

Solicitation

Generic term for a request to suppliers to offer a bid, quotation or proposal.

Solicitation documents

Documents issued to describe procurement requirements and to invite Suppliers to submit a bid, quotation or proposal.

Sourcing

The process of identifying suitable suppliers that could provide required products or services for the acquiring organization.

Specifications

A description of the technical requirements for a material, product or service. Usually referring to the defined requirements for materials or products, but can also relate to the requirements for services (Terms of Reference), or works (Statement of Work).

Standardization

The process of agreeing on a standard specification for a specific product or line of products. Usually conducted to achieve economies of scale, compatibility with other products, facilitation of operation, maintenance, and repair of already purchased goods, etc. Standardization could result in sole or limited source situations; this should be a consideration in the decision for standardization.

Statement of work

Requirement specifications for work assignments outlining the specific services a contractor is expected to perform, generally indicating the type, level and quality of service, as well as the time schedule required. Usually accompanied by a Bill of Quantities (BOQ) and/or drawings/designs.

Stewardship

The responsibility of an organization for managing the funds and resources entrusted to it by its member states and other donors in an ethical and transparent manner, and for the welfare and in the interest of the designated beneficiaries of the funds and resources entrusted.

Subcontractor

A party that carries out work for a contractor as part of a larger project.

Supplier, vendor

An entity that potentially or actually provides goods or other products (including intellectual property), services and/or works to the organization. A supplier may take various forms, including an individual person, a company (whether privately or publicly held), a partnership, a government agency or a non-governmental organization.

Sustainable procurement

Procurement is called sustainable when it integrates requirements, specifications and criteria that are compatible and in favour of the protection of the environment, of social progress and in support of economic development, namely by seeking resource efficiency, improving the quality of products and services and ultimately optimizing costs.

T

Terms of reference

A description of the scope of work for services generally indicating the work to be performed, the level of quality and effort, the timeline and the deliverables.

Transparency

A principle implying a process by which reliable, timely information about existing conditions, decisions and actions relating to the organization's activities is made accessible, visible and understandable.

V

Vendor

See supplier.

W

Warranty

A warranty is an assurance (expressed or implied) by the supplier that the material, product, or workmanship being sold is as represented or promised, e.g. free of defects, or will be repaired or replaced free of charge or according to conditions set out in the warranty.

Works

All activities associated with the construction, reconstruction, demolition, repair or renovation of a building, structure or activities such as site preparation, excavation, erection, building, installation of equipment or materials, decoration and finishing, as well as services incidental to construction such as drilling, mapping, satellite photography, seismic investigations and similar services provided pursuant to the procurement contract, if the value of those services does not exceed that of the works themselves.

부록 2 UNDP의 RFP

REQUEST FOR PROPOSAL (RFP)
(For Low-Valued Services)

Dear Sir / Madam:

We kindly request you to submit your Proposal for the **Business Call to Action Case Studies 2015-2016 Series.**

Please be guided by the form attached hereto as Annex 2, in preparing your Proposal.

Proposals may be submitted **on or before 6 p.m, US Eastern tıme, Thursday, July 02, 2015** via email to the address below:

United Nations Development Programme
304 East 45th Street
Room FF- 1544
New York 10017, USA
Email: bpps.procurement@undp.org

Attention: **BPPS/ROM/Procurement Team**

Marked with: **"RFP/UNDP/BPPS/2015/006- Business Call to Action Case Studies 2015-2016 Series"**

Your Proposal must be expressed in English, and valid for a minimum period of 90 days.

In the course of preparing your Proposal, it shall remain your responsibility to ensure that it reaches the address above on or before the deadline. Proposals that are received by UNDP after the deadline indicated above, for whatever reason, shall not be considered for evaluation. If you are submitting your Proposal by email, kindly ensure that they are signed and in the .pdf format, and free from any virus or corrupted files.

Services proposed shall be reviewed and evaluated based on completeness and compliance of the Proposal and responsiveness with the requirements of the RFP and all other annexes providing details of UNDP requirements.

The Proposal that complies with all of the requirements meets all the evaluation criteria and offers the best value for money shall be selected and awarded the contract. Any offer that does not meet the requirements shall be rejected.

Any discrepancy between the unit price and the total price shall be re-computed by UNDP, and the unit price shall prevail and the total price shall be corrected. If the Service Provider does not accept the final price based on UNDP's re-computation and correction of errors, its Proposal will be rejected.

No price variation due to escalation, inflation, fluctuation in exchange rates, or any other market factors shall be accepted by UNDP after it has received the Proposal. At the time of Award of Contract or Purchase Order, UNDP reserves the right to vary (increase or decrease) the quantity of services and/or goods, by up to a maximum twenty five per cent (25%) of the total offer, without any change in the unit price or other terms and conditions.

Any Contract or Purchase Order that will be issued as a result of this RFP shall be subject to the General Terms and Conditions attached hereto. The mere act of submission of a Proposal implies that the Service Provider accepts without question the General Terms and Conditions of UNDP, herein attached as Annex 3.

Please be advised that UNDP is not bound to accept any Proposal, nor award a contract or Purchase Order, nor be responsible for any costs associated with a Service Providers preparation and submission of a Proposal, regardless of the outcome or the manner of conducting the selection process.

UNDP's vendor protest procedure is intended to afford an opportunity to appeal for persons or firms not awarded a Purchase Order or Contract in a competitive procurement process. In the event that you believe you have not been fairly treated, you can find detailed information about vendor protest procedures in the following link: http://www.undp.org/procurement/protest.shtml.

UNDP encourages every prospective Service Provider to prevent and avoid conflicts of interest, by disclosing to UNDP if you, or any of your affiliates or personnel, were involved in the preparation of the requirements, design, cost estimates, and other information used in this RFP.

UNDP implements a zero tolerance on fraud and other proscribed practices, and is committed to preventing, identifying and addressing all such acts and practices against UNDP, as well as third parties involved in UNDP activities. UNDP expects its Service Providers to adhere to the UN Supplier Code of Conduct found in this link: http://www.un.org/depts/ptd/pdf/conduct_english.pdf

Thank you and we look forward to receiving your Proposal.

Sincerely yours,

Marcos Neto
Team Manager
Private Sector and Foundations Team
Bureau for Policy and Program Support
United Nations Development Programme

Annex 1

Description of Requirements

<table>
<tr><td>Project Description</td><td>Launched in 2008, the Business Call to Action (BCtA) is a global membership platform that encourages private sector companies to develop innovative business models that combine profitability with development impact, in support of the sustainable development goals.

BCtA members are market leaders and innovators, committed to developing commercially viable business ventures that engage people living at the Base of the Pyramid (BoP) as consumers, producers, suppliers, and distributors of goods and services. In more than 44 countries, business leaders are spearheading efforts to provide the poor with the tools and resources they need to succeed by promoting economic opportunity.

BCtA provides a leadership platform for companies to demonstrate their commitment to development and to access global expertise on innovation at the BoP. Members benefit from:<ul><li>Recognition as part of a high-visibility leadership platform, including association with the UN brand and possible international speaking engagements</li><li>Access to a global knowledge network on inclusive business models and communities of practice</li><li>Partnerships with development agencies, international organizations, and other companies</li><li>Validation and dissemination of results, including within the UN Network, from specific BoP business models.</li></ul>BCtA is supported by the Dutch Ministry of Foreign Affairs, Swedish International Development Cooperation Agency (Sida), UK Department for International Development (DFID), US Agency for International Development (USAID), and the Ministry of Foreign Affairs of the Government of Finland, and the United Nations Development Programme — which hosts the secretariat — in collaboration with leading global institutions, such as the United Nations Global Compact.

BCtA's goal to create and disseminate robust inclusive evidence base includes producing case studies on what implementing these innovative business approaches actually means in practice. BCtA case studies 2015-2016 series seeks to increase the depth of analysis by providing qualitative as well as quantitative data on the business benefit of inclusive business models as well as their social and environmental impact. The case studies must be concise, engaging, readable and equally appealing to practitioner and non-practitioner audiences.</td></tr>
<tr><td>Brief Description of the Required Services[1]</td><td>To produce the 2015-2016 series of 35 case studies, BCtA is looking for a reputable institution (preferably an academic institution). The case studies will follow the case study outline (see below). The writer/s will be</td></tr>
</table>

	responsible for researching, writing, fact checking, copy-editing and incorporating feedback from the BCtA and the company the case is being written for. Each case study should be no longer than 4 pages (1,800 words). All case studies should be produced on a rolling basis on or before August 1, 2016 (please refer to the schedule of deliverables below).
List and Description of Expected Outputs to be Delivered	• Produce case studies for the selected BCtA company initiatives based on the agreed overall framework and criteria. • The case study research will be a combination of primary research (entirely new case studies) and secondary research (analyzing existing cases and other available literature). • Research will involve desk research, internet research, at least one phone interview and email communication with the company representative. • The researchers will stay throughout the process in close contact with the BCtA. A final draft of the case will be reviewed, and comments provided by the BCtA.
Person to Supervise the Work/Performance of the Service Provider	*Programme Manager of the Business Call to Action*
Frequency of Reporting	*Weekly reporting*
Progress Reporting Requirements	Monthly progress reports and a final report.
Location of work	☒ At Contractor's Location
Expected duration of work	15 months upon signature of contract
Target start date	10 July 2015
Latest completion date	01 August 2016
Travels Expected	N/A
Implementation Schedule indicating breakdown and timing of activities/sub-activities	☒ Required ☐ Not Required
Names and curriculum vitae of individuals who will be involved in completing the services	☒ Required ☐ Not Required
Currency of Proposal	☒ United States Dollars
Value Added Tax on Price Proposal[2]	☒ must be inclusive of VAT and other applicable indirect taxes ☐ must be exclusive of VAT and other applicable indirect taxes
Validity Period of Proposals	☒ 90 days In exceptional circumstances, UNDP may request the Proposer to extend

	the validity of the Proposal beyond what has been initially indicated in this RFP. The Proposal shall then confirm the extension in writing, without any modification whatsoever on the Proposal.
Partial Quotes	☒ Not permitted ☐ Permitted
Payment Terms[3]	Payments for work completed shall be made on a lump sum basis based on deliverables submitted and deemed satisfactory by the BCtA (please refer to the table above). The consultancy fee will be paid as Lump Sum Amount (all inclusive of expenses related to the consultancy and tax obligations).

Activity	Deliverable	Date*	Payment
Workplan for the project *(initial information about the company's initiative will be provided by BCtA)*	Detailed workplan with timelines and specific steps to be undertaken	July 17, 2015	10%
2015 Case Studies (15)			
2015 batch of 15 interview questionnaires *(each transcript of interview must be approved by BCtA)*	Customized questionnaire based on the company's BCtA initiative	July 18, 2015	N/A
Research and production	1st Draft of Case Studies	July 30, 2015	20%
Interviews with companies (if necessary) *(communication with the company will be facilitated by BCtA)*	Phone interviews with companies completed	August 10, 2015	
Incorporation of feedback from all stakeholders and finalization	2nd Draft of Case Studies	August 20, 2015	N/A

Final Draft of Case Studies	Final Draft of Case Studies	August 27, 2015	20%
2016 Case Studies (20)			
2016 batch of 20 interview questionnaires *(each transcript of interview must be approved by BCtA)*	Customized questionnaire based on the company's BCtA initiative	December 6, 2015	N/A
Research and production	1st Draft of Case Studies	February 5, 2015	20%
Interviews with companies *(communication with the company will be facilitated by BCtA)*	Phone interviews with companies completed	March 4, 2016	
Incorporation of feedback from all stakeholders and finalization	2nd Draft of Case Studies	July 5, 2016	N/A
Final Draft of Case Studies	Final Draft of Case Studies	August 1, 2016	30%

*Note: Tasks can be completed prior to the delivery date; case studies can be submitted to BCtA on rolling basis on or prior to the date.

Person(s) to review/inspect/ approve outputs/completed services and authorize the disbursement of payment	*Programme Manager of the Business Call to Action*
Type of Contract to be Signed	☐ Purchase Order ☐ Institutional Contract ☒ Contract for Professional Services ☐ Long-Term Agreement[4] ☐ Other Type of Contract

[1] *Service Providers are alerted that non-acceptance of the terms of the General Terms and Conditions (GTC) may be grounds for disqualification from this procurement process.*

[2] *This contact person and address is officially designated by UNDP. If inquiries are sent to other person/s or address/es, even if they are UNDP staff, UNDP shall have no obligation to respond nor can UNDP confirm that the query was received.*

Criteria for Contract Award	☐ Lowest Price Quote among technically responsive offers ☒ Highest Combined Score (based on the 70% technical offer and 30% price weight distribution) ☒ Full acceptance of the UNDP Contract General Terms and Conditions (GTC). This is a mandatory criteria and cannot be deleted regardless of the nature of services required. Non acceptance of the GTC may be grounds for the rejection of the Proposal.
Criteria for the Assessment of Proposal	**Technical Proposal (70%) – 100 max** • Expertise of the Institution in issues related to inclusive markets, inclusive business models and private sector development (academic institution preferred) - 40 of technical score. • Qualification of Key Personnel - 30 of technical score • Experience in developing similar publications + quality and relevance of writing samples – 30 of technical score. **Financial Proposal (30%)** To be computed as a ratio of the Proposal's offer to the lowest price among the proposals received by UNDP.
UNDP will award the contract to:	☒ One and only one Service Provider ☐ One or more Service Providers, depending on the following factors:
Annexes to this RFP	☒ Form for Submission of Proposal (Annex 2) ☒ General Terms and Conditions / Special Conditions (Annex 3)[1] ☒ Detailed TOR ☐ Others[5] *[pls. specify]*
Contact Person for Inquiries (Written inquiries only)[2]	*Mr. Asan Amza,* *Business Call to Action* *asan.amza@undp.org* Any delay in UNDP's response shall be not used as a reason for extending the deadline for submission, unless UNDP determines that such an extension is necessary and communicates a new deadline to the Proposers.

Annex 2

FORM FOR SUBMITTING SERVICE PROVIDER'S PROPOSAL[6]

(This Form must be submitted only using the Service Provider's Official Letterhead/Stationery[7])

[insert: *Location*].
[insert: *Date*]

To: *Marcos Neto*
Team Manager
Private Sector & Foundations Team
Bureau for Policy and Programme Support

Dear Sir/Madam:

We, the undersigned, hereby offer to render the following services to UNDP in conformity with the requirements defined in the RFP dated *[specify date]*, and all of its attachments, as well as the provisions of the UNDP General Contract Terms and Conditions:

1. Qualifications of the Service Provider

The Service Provider must describe and explain how and why they are the best entity that can deliver the requirements of UNDP by submitting the following:

a) Brief proposal explaining why the institution is the most suitable and qualified for the project

2. Qualifications of Key Personnel

Service Provider must provide:

a) CVs demonstrating qualifications of the writers and staff assigned to the project

3. Written Samples

Service Provider must provide:

a) Three writing samples demonstrating experience in developing similar publications

4. Cost Breakdown per Deliverable

Activity	Deliverable	Date*	Payment
Workplan for the project *(initial information about the company's initiative will be provided*	Detailed workplan with timelines and specific steps to be undertaken	July 17, 2015	10%

[6] *This serves as a guide to the Service Provider in preparing the Proposal.*
[7] *Official Letterhead/Stationery must indicate contact details – addresses, email, phone and fax numbers – for verification purposes*

by BCtA)			
2015 Case Studies (15)			
2015 batch of 15 interview questionnaires *(each transcript of interview must be approved by BCtA)*	Customized questionnaire based on the company's BCtA initiative	July 18, 2015	N/A
Research and production	1st Draft of Case Studies	July 30, 2015	20%
Interviews with companies (if necessary) *(communication with the company will be facilitated by BCtA)*	Phone interviews with companies completed	August 10, 2015	
Incorporation of feedback from all stakeholders and finalization	2nd Draft of Case Studies	August 20, 2015	N/A
Final Draft of Case Studies	Final Draft of Case Studies	August 27, 2015	20%
2016 Case Studies (20)			
2016 batch of 20 interview questionnaires *(each transcript of interview must be approved by BCtA)*	Customized questionnaire based on the company's BCtA initiative	December 6, 2015	N/A
Research and production	1st Draft of Case Studies	February 5, 2015	20%
Interviews with companies *(communication with the company will be facilitated by BCtA)*	Phone interviews with companies completed	March 4, 2016	
Incorporation of feedback from all stakeholders and finalization	2nd Draft of Case Studies	July 5, 2016	N/A
Final Draft of Case Studies	Final Draft of Case Studies	August 1, 2016	30%

*Note: Tasks can be completed prior to the delivery date; case studies can be submitted to BCtA on rolling basis on or prior to the date.

[Name and Signature of the Service Provider's Authorized Person]
[Designation]
[Date]

Annex 3

General Terms and Conditions for Services

1.0 LEGAL STATUS:

The Contractor shall be considered as having the legal status of an independent contractor vis-à-vis the United Nations Development Programme (UNDP). The Contractor's personnel and sub-contractors shall not be considered in any respect as being the employees or agents of UNDP or the United Nations.

2.0 SOURCE OF INSTRUCTIONS:

The Contractor shall neither seek nor accept instructions from any authority external to UNDP in connection with the performance of its services under this Contract. The Contractor shall refrain from any action that may adversely affect UNDP or the United Nations and shall fulfill its commitments with the fullest regard to the interests of UNDP.

3.0 CONTRACTOR'S RESPONSIBILITY FOR EMPLOYEES:

The Contractor shall be responsible for the professional and technical competence of its employees and will select, for work under this Contract, reliable individuals who will perform effectively in the implementation of this Contract, respect the local customs, and conform to a high standard of moral and ethical conduct.

4.0 ASSIGNMENT:

The Contractor shall not assign, transfer, pledge or make other disposition of this Contract or any part thereof, or any of the Contractor's rights, claims or obligations under this Contract except with the prior written consent of UNDP.

5.0 SUB-CONTRACTING:

In the event the Contractor requires the services of sub-contractors, the Contractor shall obtain the prior written approval and clearance of UNDP for all sub-contractors. The approval of UNDP of a sub-contractor shall not relieve the Contractor of any of its obligations under this Contract. The terms of any sub-contract shall be subject to and conform to the provisions of this Contract.

6.0 OFFICIALS NOT TO BENEFIT:

The Contractor warrants that no official of UNDP or the United Nations has received or will be offered by the Contractor any direct or indirect benefit arising from this Contract or the award thereof. The Contractor agrees that breach of this provision is a breach of an essential term of this Contract.

7.0 INDEMNIFICATION:

The Contractor shall indemnify, hold and save harmless, and defend, at its own expense, UNDP, its officials, agents, servants and employees from and against all suits, claims, demands. and liability of any nature or kind, including their costs and expenses, arising out of acts or omissions of the Contractor, or the Contractor's employees, officers, agents or sub-contractors, in the performance of this Contract. This provision shall extend, inter alia, to claims and liability in the nature of workmen's compensation, products liability and liability arising out of the use of patented inventions or devices, copyrighted material or other intellectual property by the Contractor, its employees, officers, agents, servants or sub-contractors. The obligations under this Article do not lapse upon termination of this Contract.

8.0 INSURANCE AND LIABILITIES TO THIRD PARTIES:

8.1 The Contractor shall provide and thereafter maintain insurance against all risks in respect of its property and any equipment used for the execution of this Contract.

8.2 The Contractor shall provide and thereafter maintain all appropriate workmen's compensation insurance, or the equivalent, with respect to its employees to cover claims for personal injury or death in connection with this Contract.

8.3 The Contractor shall also provide and thereafter maintain liability insurance in an adequate amount to cover third party claims for death or bodily injury, or loss of or damage to property, arising from or in connection with the provision of services under this Contract or the operation of any vehicles, boats, airplanes or other equipment owned or leased by the Contractor or its agents, servants, employees or sub-contractors performing work or services in connection with this Contract.

8.4 Except for the workmen's compensation insurance, the insurance policies under this Article shall:

8.4.1 Name UNDP as additional insured;
8.4.2 Include a waiver of subrogation of the Contractor's rights to the insurance carrier against the UNDP;
8.4.3 Provide that the UNDP shall receive thirty (30) days written notice from the insurers prior to any cancellation or change of coverage.
8.5 The Contractor shall, upon request, provide the UNDP with satisfactory evidence of the insurance required under this Article.

9.0 ENCUMBRANCES/LIENS:

The Contractor shall not cause or permit any lien, attachment or other encumbrance by any person to be placed on file or to remain on file in any public office or on file with the UNDP against any monies due or to become due for any work done or materials furnished under this Contract, or by reason of any other claim or demand against the Contractor.

10.0 TITLE TO EQUIPMENT:

Title to any equipment and supplies that may be furnished by UNDP shall rest with UNDP and any such equipment shall be returned to UNDP at the conclusion of this Contract or when no longer needed by the Contractor. Such equipment, when returned to UNDP, shall be in the same condition as when delivered to the Contractor, subject to normal wear and tear. The Contractor shall be liable to compensate UNDP for equipment determined to be damaged or degraded beyond normal wear and tear.

11.0 COPYRIGHT, PATENTS AND OTHER PROPRIETARY RIGHTS:

11.1 Except as is otherwise expressly provided in writing in the Contract, the UNDP shall be entitled to all intellectual property and other proprietary rights including, but not limited to, patents, copyrights, and trademarks, with regard to products, processes, inventions, ideas, know-how, or documents and other materials which the Contractor has developed for the UNDP under the Contract and which bear a direct relation to or are produced or prepared or collected in consequence of, or during the course of, the performance of the Contract, and the Contractor acknowledges and agrees that such products, documents and other materials constitute works made for hire for the UNDP.

11.2 To the extent that any such intellectual property or other proprietary rights consist of any intellectual property or other proprietary rights of the Contractor: (i) that pre-existed the performance by the Contractor of its obligations under the Contract, or (ii) that the Contractor may develop or acquire, or may have developed or acquired, independently of the performance of its obligations under the Contract, the UNDP does not and shall not claim any ownership interest thereto, and the Contractor grants to the UNDP a perpetual license to use such intellectual property or other proprietary right solely for the purposes of and in accordance with the requirements of the Contract.

11.3 At the request of the UNDP; the Contractor shall take all necessary steps, execute all necessary documents and generally assist in securing such proprietary rights and transferring or licensing them to the UNDP in compliance with the requirements of the applicable law and of the Contract.

11.4 Subject to the foregoing provisions, all maps, drawings, photographs, mosaics, plans, reports, estimates, recommendations, documents, and all other data compiled by or received by the Contractor under the Contract shall be the property of the UNDP, shall be made available for use or inspection by the UNDP at reasonable times and in reasonable places, shall be treated as confidential, and shall be delivered only to UNDP authorized officials on completion of work under the Contract.

12.0 USE OF NAME, EMBLEM OR OFFICIAL SEAL OF UNDP OR THE UNITED NATIONS:

The Contractor shall not advertise or otherwise make public the fact that it is a Contractor with UNDP, nor shall the Contractor, in any manner whatsoever use the name, emblem or official seal of UNDP or THE United Nations, or any abbreviation of the name of UNDP or United Nations in connection with its business or otherwise.

13.0 CONFIDENTIAL NATURE OF DOCUMENTS AND INFORMATION:

Information and data that is considered proprietary by either Party and that is delivered or disclosed by one Party ("Discloser") to the other Party ("Recipient") during the course of performance of the Contract, and that is designated as confidential ("Information"), shall be held in confidence by that Party and shall be handled as follows:

13.1 The recipient ("Recipient") of such information shall:

13.1.1 use the same care and discretion to avoid disclosure, publication or dissemination of the Discloser's Information as it uses with its own similar information that it does not wish to disclose, publish or disseminate; and,

13.1.2 use the Discloser's Information solely for the purpose for which it was disclosed.

13.2 Provided that the Recipient has a written agreement with the following persons or entities requiring them to treat the Information confidential in accordance with the Contract and this Article 13, the Recipient may disclose Information to:

13.2.1 any other party with the Discloser's prior written consent; and,

13.2.2 the Recipient's employees, officials, representatives and agents who have a need to know such Information for purposes of performing obligations under the Contract, and employees officials, representatives and agents of any legal entity that it controls controls it, or with which it is under common control, who have a need to know such Information for purposes of performing obligations under the Contract, provided that, for these purposes a controlled legal entity means:

13.2.2.1 a corporate entity in which the Party owns or otherwise controls, whether directly or indirectly, over fifty percent (50%) of voting shares thereof; or,
13.2.2.2 any entity over which the Party exercises effective managerial control; or,
13.2.2.3 for the UNDP, an affiliated Fund such as UNCDF, UNIFEM and UNV.

13.3 The Contractor may disclose Information to the extent required by law, provided that, subject to and without any waiver of the privileges and immunities of the United Nations, the Contractor will give the UNDP sufficient prior notice of a request for the disclosure of Information in order to allow the UNDP to have a reasonable opportunity to take protective measures or such other action as may be appropriate before any such disclosure is made.

13.4 The UNDP may disclose Information to the extent as required pursuant to the Charter of the UN, resolutions or regulations of the General Assembly, or rules promulgated by the Secretary-General.

13.5 The Recipient shall not be precluded from disclosing Information that is obtained by the Recipient from a third party without restriction, is disclosed by the Discloser to a third party without any obligation of confidentiality, is previously known by the Recipient, or at any time is developed by the Recipient completely independently of any disclosures hereunder.

13.6 These obligations and restrictions of confidentiality shall be effective during the term of the Contract, including any extension thereof, and, unless otherwise provided in the Contract, shall remain effective following any termination of the Contract.

14.0 FORCE MAJEURE; OTHER CHANGES IN CONDITIONS

14.1 In the event of and as soon as possible after the occurrence of any cause constituting force majeure, the Contractor shall give notice and full particulars in writing to the UNDP, of such occurrence or change if the Contractor is thereby rendered unable, wholly or in part, to perform its obligations and meet its responsibilities under this Contract. The Contractor shall also notify the UNDP of any other changes in conditions or the occurrence of any event that interferes or threatens to interfere with its performance of this Contract. On receipt of the notice required under this Article, the UNDP shall take such action as, in its sole discretion; it considers to be appropriate or necessary in the circumstances, including the granting to the Contractor of a reasonable extension of time in which to perform its obligations under this Contract.

14.2 If the Contractor is rendered permanently unable, wholly, or in part, by reason of force majeure to perform its obligations and meet its responsibilities under this Contract, the UNDP shall have the right to suspend or terminate this Contract on the same terms and conditions as are provided for in Article 15, "Termination", except that the period of notice shall be seven (7) days instead of thirty (30) days.

14.3 Force majeure as used in this Article means acts of God, war (whether declared or not), invasion, revolution, insurrection, or other acts of a similar nature or force.

14.4 The Contractor acknowledges and agrees that, with respect to any obligations under the Contract that the Contractor must perform in or for any areas in which the UNDP is engaged in, preparing to engage in, or disengaging from any peacekeeping, humanitarian or similar operations, any delays or failure to perform such obligations arising from or relating to harsh conditions within such areas or to any incidents of civil unrest occurring in such areas shall not, in and of itself, constitute force majeure under the Contract..

15.0 TERMINATION

15.1 Either party may terminate this Contract for cause, in whole or in part, upon thirty (30) days notice, in writing, to the other party. The initiation of arbitral proceedings in accordance with Article 16.2 ("Arbitration"), below, shall not be deemed a termination of this Contract.

15.2 UNDP reserves the right to terminate without cause this Contract at any time upon 15 days prior written notice to the Contractor, in which case UNDP shall reimburse the Contractor for all reasonable costs incurred by the Contractor prior to receipt of the notice of termination.

15.3 In the event of any termination by UNDP under this Article, no payment shall be due from UNDP to the Contractor except for work and services satisfactorily performed in conformity with the express terms of this Contract.

15.4 Should the Contractor be adjudged bankrupt, or be liquidated or become insolvent, or should the Contractor make an assignment for the benefit of its creditors, or should a Receiver be appointed on account of the insolvency of the Contractor, the UNDP may, without prejudice to any other right or remedy it may have under the terms of these conditions, terminate this Contract forthwith. The Contractor shall immediately inform the UNDP of the occurrence of any of the above events.

16.0 SETTLEMENT OF DISPUTES

16.1 **Amicable Settlement**: The Parties shall use their best efforts to settle amicably any dispute, controversy or claim arising out of this Contract or the breach, termination or invalidity thereof. Where the parties wish to seek such an amicable settlement through conciliation, the conciliation shall take place in accordance with the UNCITRAL Conciliation Rules then obtaining, or according to such other procedure as may be agreed between the parties.

16.2 **Arbitration:** Any dispute, controversy, or claim between the Parties arising out of the Contract or the breach, termination, or invalidity thereof, unless settled amicably under Article 16.1, above, within sixty (60) days after receipt by one Party of the other Party's written request for such amicable settlement, shall be referred by either Party to arbitration in accordance with the UNCITRAL Arbitration Rules then obtaining. The decisions of the arbitral tribunal shall be based on general principles of international commercial law. For all evidentiary questions, the arbitral tribunal shall be guided by the Supplementary Rules Governing the Presentation and Reception of Evidence in International Commercial Arbitration of the International Bar Association, 28 May 1983 edition. The arbitral tribunal shall be empowered to order the return or destruction of goods or any property, whether tangible or intangible, or of any confidential information provided under the Contract, order the termination of the Contract, or order that any other protective measures be taken with respect to the goods, services or any other property, whether tangible or intangible, or of any confidential information provided under the Contract, as appropriate, all in accordance with the authority of the arbitral tribunal pursuant to Article 26 ("Interim Measures of Protection") and Article 32 ("Form and Effect of the Award") of the UNCITRAL Arbitration Rules. The arbitral tribunal shall have no authority to award punitive damages. In addition, unless otherwise expressly provided in the Contract, the arbitral tribunal shall have no authority to award interest in excess of the London Inter-Bank Offered Rate ("LIBOR") then prevailing, and any such interest shall be simple interest only. The Parties shall be bound by any arbitration award rendered as a result of such arbitration as the final adjudication of any such dispute, controversy, or claim.

17.0 PRIVILEGES AND IMMUNITIES:

Nothing in or relating to this Contract shall be deemed a waiver, express or implied, of any of the privileges and immunities of the United Nations, including its subsidiary organs.

18.0 TAX EXEMPTION

18.1 Section 7 of the Convention on the Privileges and Immunities of the United Nations provides, inter-alia that the United Nations, including its subsidiary organs, is exempt from all direct taxes, except charges for public utility services, and is exempt from customs duties and charges of a similar nature in respect of articles imported or exported for its official use. In the event any governmental authority refuses to recognize the United Nations exemption from such taxes, duties or charges, the Contractor shall immediately consult with the UNDP to determine a mutually acceptable procedure.

18.2 Accordingly, the Contractor authorizes UNDP to deduct from the Contractor's invoice any amount representing such taxes, duties or charges, unless the Contractor has consulted with the UNDP before the payment thereof and the UNDP has, in each instance, specifically authorized the Contractor to pay such taxes, duties or charges under protest. In that event, the Contractor shall provide the UNDP with written evidence that payment of such taxes, duties or charges has been made and appropriately authorized.

19.0 CHILD LABOUR

19.1 The Contractor represents and warrants that neither it, nor any of its suppliers is engaged in any practice inconsistent with the rights set forth in the Convention on the Rights of the Child, including Article 32 thereof, which, inter alia, requires that a child shall be protected from performing any work that is likely to be hazardous or to interfere with the child's education, or to be harmful to the child's health or physical mental, spiritual, moral or social development.

19.2 Any breach of this representation and warranty shall entitle UNDP to terminate this Contract immediately upon notice to the Contractor, at no cost to UNDP.

20.0 MINES:

20.1 The Contractor represents and warrants that neither it nor any of its suppliers is actively and directly engaged in patent activities, development, assembly, production, trade or manufacture of mines or in such activities in respect of components primarily utilized in the manufacture of Mines. The term "Mines" means those devices defined in Article 2, Paragraphs 1, 4 and 5 of Protocol II annexed to the Convention on Prohibitions and Restrictions on the Use of Certain Conventional Weapons Which May Be Deemed to Be Excessively Injurious or to Have Indiscriminate Effects of 1980.

20.2 Any breach of this representation and warranty shall entitle UNDP to terminate this Contract immediately upon notice to the Contractor, without any liability for termination charges or any other liability of any kind of UNDP.

21.0 OBSERVANCE OF THE LAW:

The Contractor shall comply with all laws, ordinances, rules, and regulations bearing upon the performance of its obligations under the terms of this Contract.

22.0 SEXUAL EXPLOITATION:

22.1 The Contractor shall take all appropriate measures to prevent sexual exploitation or abuse of anyone by it or by any of its employees or any other persons who may be engaged by the Contractor to perform any services under the Contract. For these purposes, sexual activity with any person less than eighteen years of age, regardless of any laws relating to consent, shall constitute the sexual exploitation and abuse of such person. In addition, the Contractor shall refrain from, and shall take all appropriate measures to prohibit its employees or other persons engaged by it from, exchanging any money, goods, services, offers of employment or other things of value, for sexual favors or activities, or from engaging in any sexual activities that are exploitive or degrading to any person. The Contractor acknowledges and agrees that the provisions hereof constitute an essential term of the Contract and that any breach of this representation and warranty shall entitle UNDP to terminate the Contract immediately upon notice to the Contractor, without any liability for termination charges or any other liability of any kind.

22.2 The UNDP shall not apply the foregoing standard relating to age in any case in which the Contractor's personnel or any other person who may be engaged by the Contractor to perform any services under the Contract is married to the person less than the age of eighteen years with whom sexual activity has occurred and in which such marriage is recognized as valid under the laws of the country of citizenship of such Contractor's personnel or such other person who may be engaged by the Contractor to perform any services under the Contract.

23.0 AUTHORITY TO MODIFY:

Pursuant to the Financial Regulations and Rules of UNDP, only the UNDP Authorized Official possesses the authority to agree on behalf of UNDP to any modification of or change in this Contract, to a waiver of any of its provisions or to any additional contractual relationship of any kind with the Contractor. Accordingly, no modification or change in this Contract shall be valid and enforceable against UNDP unless provided by an amendment to this Contract signed by the Contractor and jointly by the UNDP Authorized Official.

Annex 4

Terms of Reference (TORs)

II. Background & Objectives

Background:

Launched in 2008, the Business Call to Action (BCtA) is a global membership platform that encourages private sector companies to develop innovative business models that combine profitability with development impact, in support of the sustainable development goals.

BCtA members are market leaders and innovators, committed to developing commercially viable business ventures that engage people living at the Base of the Pyramid (BoP) as consumers, producers, suppliers, and distributors of goods and services. In more than 44 countries, business leaders are spearheading efforts to provide the poor with the tools and resources they need to succeed by promoting economic opportunity.

BCtA provides a leadership platform for companies to demonstrate their commitment to development and to access global expertise on innovation at the BoP. Members benefit from:

- Recognition as part of a high-visibility leadership platform, including association with the UN brand and possible international speaking engagements
- Access to a global knowledge network on inclusive business models and communities of practice
- Partnerships with development agencies, international organizations, and other companies
- Validation and dissemination of results, including within the UN Network, from specific BoP business models.

BCtA is supported by the United Nations Development Programme, which hosts the BCtA Secretariat; the Dutch Ministry of Foreign Affairs, the Swedish International Development Cooperation Agency (Sida), UK Department for International Development (DFID), US Agency for International Development (USAID), the Ministry of Foreign Affairs of the Government of Finland, and the United Nations Global Compact.

II. Scope of Work

BCtA's goal to create and disseminate robust inclusive evidence base includes producing case studies on what implementing these innovative business approaches actually means in practice. BCtA case studies 2015-16 series seeks to increase the depth of analysis by providing qualitative as well as quantitative data on the business benefit of inclusive business models as well as their social and environmental impact. The case studies must be concise, engaging, readable and equally appealing to practitioner and non-practitioner audiences.

To produce the 2015-16 series of 35 case studies, BCtA is looking for a reputable institution (preferably an academic institution). The case studies will follow the case study outline (see below). The writer/s will be responsible for researching, writing, fact checking, copy-editing and incorporating feedback from the BCtA and the company the case is being written for. Each case study should be no longer than 4 pages (1,800 words). All case studies should be produced on a rolling basis on or before August 1, 2016 (please refer to the schedule of deliverables below).

Case Study Outline

Length: The case study should be no longer than four (4) pages (maximum of 1,800 words)

Element	Outline
Title	The name of the company and BCtA initiative: the core achievement of the business model
Guiding quote	A quote from the company that illustrates an important idea of the business model from the perspective of a stakeholder
Initiative Description	Short description of the initiative and its goals
Business Model and How it Works	• What is the value proposition of the business? • Who sells what to whom? • What is the financial model? • What objectives shall be achieved through the business (regarding the

	company, society and the environment)? • How is value created and distributed? • Who are the actors that have shaped the business? (Include all, as well as 2-3 critical actors) • What are the motivations/interests of these actors with regard to the business? (Why would they be interested in the business' success or failure? What do they want to get out of the business? What negative outcomes do they worry about?) • Who are the actors who hinder the success of the business? What is their motivation? What is the effect on the business? • What role do these actors play within the business models? What resources and capabilities do they contribute? • What do they get out of the business? • How does the business manage the relationship with these actors? Is the relationship collaborative or transactional? Are there areas of disagreement and tension? • What did it take to get their support? What are the costs and benefits of coordination and governance? • What lessons has the business learned in coordinating these actors? • Have any of these actors changed over time? If so, how? How will they change, if at all? • How have these constraints been overcome?
Results Achieved (Business Impact and Development Impact)	• What is the size of the business (measured, for example, by number of employees, annual revenues, number of customers, market share, number of suppliers or distributors, etc.)? • What are the economic results experienced by the actors involved? (e.g. income growth, wealth creation, tax revenues, etc.) • How is the business projected to grow? Where will it find the necessary capital? Does the model have the ability to scale up and replicate (and thus improve its results)? Has it been or can it be replicated by others? • What are the economic returns for the core enterprise and for other stakeholders? • Does the business measure its own social and environmental impact? If so, how? • What are the social results of the business? (Which MDGs addressed? E.g. health, education, poverty reduction, access to essential services, access to/control of key assets, empowerment, gender equality etc.) • What are the results of the business for the environment (e.g. reduced carbon emissions, biodiversity protection, sustainable use of natural resources, rehabilitation of degraded ecosystems, etc.)? • What are the trade-offs involved in terms of value creation and distribution? Does generating environmental/social impact come at the expense of generating profit? Who wins and who loses? • How have these trade-offs been negotiated by the actors involved? • What are other indirect impacts that the business had (perhaps unintended), such as impact on public policy, how communities function, international donor involvement etc ?
Achieving Scale and	• What are the main insights from this case study?

Next Steps and Spin-off Effects	• What future opportunities and challenges is the enterprise/initiative likely to face? • How is the initiative expected to develop and scale in the future?
References (Footnotes)	• List all information sources used, including: • Publications • Internal documents • Interviews
Miscellaneous	• Include graphics and media, such as: • Pictures of the site and stakeholders • Visual graphics of the business model, the actors involved, the results created. • Business development data over time • Maps of the area • Organizational charts

III. Outputs/ Deliverables/ Reporting Requirements

- Participate in a **mandatory** introductory call upon signing the agreement to discuss and finalize:
  - the overall conceptual framework for the case studies
  - the workplan and process for the case studies
  - the structure and format for the case studies

- At least one phone interview per company is required in order to collect the necessary primary-source details that comprise a successful case study.
- Interview a variety of stakeholders from the business itself to customers, community members, and partners, if possible.
- The case writer/s will interact throughout the case development process with the BCtA's knowledge team. Selected reviewers will review the writer's preliminary and final drafts of the case, and the writer is expected to remain engaged and responsive to feedback and comments during this iterative process.
- At least two senior researchers/writers should be assigned to the project.

Activity	Deliverable	Date*	Payment
Workplan for the project *(initial information about the company's initiative will be provided by BCtA)*	Detailed workplan with timelines and specific steps to be undertaken	July 17, 2015	10%
2015 Case Studies (15)			
2015 batch of 15 interview questionnaires *(each transcript of interview must be approved by BCtA)*	Customized questionnaire based on the company's BCtA initiative	July 18, 2015	N/A
		July 30, 2015	20%

Research and production	1st Draft of Case Studies		
Interviews with companies (if necessary) *(communication with the company will be facilitated by BCtA)*	Phone interviews with companies completed	August 10, 2015	
Incorporation of feedback from all stakeholders and finalization	2nd Draft of Case Studies	August 20, 2015	N/A
Final Draft of Case Studies	Final Draft of Case Studies	August 27, 2015	20%
2016 Case Studies (20)			
2016 batch of 20 interview questionnaires *(each transcript of interview must be approved by BCtA)*	Customized questionnaire based on the company's BCtA initiative	December 6, 2015	N/A
Research and production	1st Draft of Case Studies	February 5, 2015	20%
Interviews with companies *(communication with the company will be facilitated by BCtA)*	Phone interviews with companies completed	March 4, 2016	
Incorporation of feedback from all stakeholders and finalization	2nd Draft of Case Studies	July 5, 2015	N/A
Final Draft of Case Studies	Final Draft of Case Studies	August 1, 2016	30%

*Note: Tasks can be completed prior to the delivery date; case studies can be submitted to BCtA on rolling basis on or prior to the date.

- Produce case studies for the selected BCtA company initiatives based on the agreed overall framework and criteria.
- The case study research will be a combination of primary research (entirely new case studies) and secondary research (analyzing existing cases and other available literature).
- Research will involve desk research, internet research, at least one phone interview and email communication with the company representative.
- The researchers will stay throughout the process in close contact with the BCtA. A final draft of the case will be reviewed, and comments provided by the BCtA.

Schedule of Payments

Payments for work completed shall be made on a lump sum basis based on deliverables submitted and deemed satisfactory by the BCtA (please refer to the table above).

The consultancy fee will be paid as Lump Sum Amount (all inclusive of expenses related to the consultancy and tax obligations).

IV. Competencies & Qualification

Qualifications required

- The institution should deep and extensive knowledge of the inclusive business (i.e. specific sectors, role of private sector in developing goods and services for the poor) and development context of the respective countries and regions (academic institutions preferred)
- Profile of assigned staff to be: professor, lecturer, researcher, and/or affiliate at a business school, university, think tank, or similar (at least two senior researchers/writers should be assigned to the project)
- Working experience in development cooperation is a strong asset
- In-depth knowledge and experience on how business can contribute to development through core business practices
- Hands-on experience in writing case studies for publication
- Track record of research experience and external publications to institution's and researchers/writers' name
- Outstanding communications skills, verbal and written in English
- Knowledge of Spanish/Portuguese/French or other UN languages is desirable.

Corporate competencies

- Commitment to UNDP's mission, vision and values.
- Sensitivity to cultural, gender, religion, race, nationality and age differences.

Application Requirements:

All interested institutions should submit the following documents/information to demonstrate their qualifications. Incomplete submission can be a ground for disqualification.

The Service Provider must describe and explain how and why they are the best entity that can deliver the requirements of UNDP by submitting the following:

1. Brief proposal explaining why the institution is the most suitable and qualified for the project
2. CVs demonstrating qualifications of the writers and staff assigned to the project
3. Three writing samples demonstrating experience in developing similar publications
4. Cost Breakdown per Deliverable

Evaluation:

A cumulative analysis will be used. This method combines technical and financial proposals giving a weight of 70% to the acceptable technical proposals and 30% to the financial offer. Financial proposals will only be considered for candidates who meet the minimum 70% of the technical part.

The financial proposal shall specify a total lump sum amount, and payment terms around specific and measurable deliverables (i.e. whether payments fall in installments or upon completion of the entire contract). Payments are based upon output, i.e. upon delivery of the services specified in the TOR. In order to assist the requesting unit in the comparison of financial proposals, the financial proposal will include a breakdown of this lump sum amount (including travel, per diems, and number of anticipated working days).
All envisaged travel costs must be included in the financial proposal. This includes all travel to join duty station/repatriation travel.

When using this weighted scoring method, the award of the contract should be made to the institution/organization whose offer has been evaluated and determined as:

- responsive/compliant/acceptable, and
- having received the highest score out of a pre-determined set of weighted technical and financial criteria specific to the solicitation.

* Technical Criteria weight: 70%
* Financial Criteria weight: 30%

Only bidders obtaining a minimum of 70% would be considered for the financial evaluation. Incomplete submissions will be disqualified from the process.

Criteria	**Weight**
Technical	70%
• Expertise of the Institution in issues related to inclusive markets, inclusive business models and private sector development (academic institution preferred)	40
• Qualification of Key Personnel	30
• Experience in developing similar publications + quality and relevance of writing samples	30
Financial To be computed as a ratio of the Proposal's offer to the lowest price among the proposals received by UNDP.	30%

Other
Notwithstanding anything to the contrary in Section 11 of the General Conditions for Professional Services attached hereto as Annex I, UNDP hereby grants the Contractor a non-exclusive, non-transferrable and royalty-free license to use, reproduce, distribute and communicate the Case Studies for non-commercial purposes and exclusively on a non-profit basis. No alterations, updates or modifications to the Case Studies shall be made without prior written consent by UNDP. Any use of the Case Studies shall be accompanied by an acknowledgement of UNDP's copyright to the Case Studies.

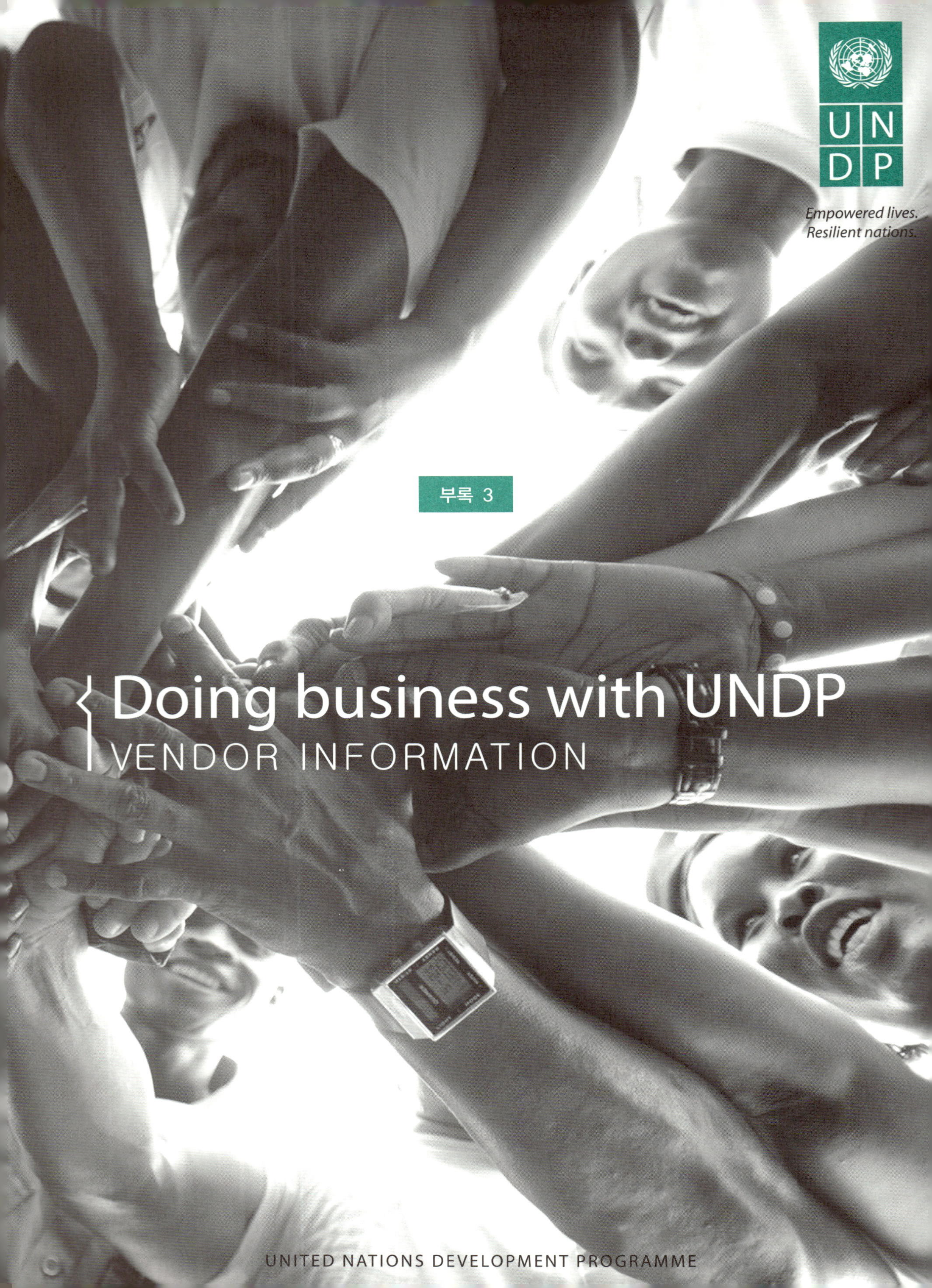

Empowered lives.
Resilient nations.

부록 3

Doing business with UNDP

VENDOR INFORMATION

UNITED NATIONS DEVELOPMENT PROGRAMME

INTRODUCTION

United Nations Development Programme (UNDP) manages one of largest procurement operations in the UN system, procuring around US$3 billion worth of goods and services each year, to ensure that developing countries have access to life-saving medicines, cutting-edge technology, emergency relief supplies and a host of other needed items.

UNDP strives to build long-term business relationships with reputable vendors across the globe that have goods and services that will help us address some of the world's most urgent needs and pressing problems. This compendium is for companies that might be interested in doing business with UNDP. We outline some of the frequently asked questions posed by vendors and suppliers and aim is to provide insights to how we do business, with whom and how you can market your goods and services to UNDP. For further questions, do not hesitate to contact your local UNDP office or UNDP's Procurement Services Unit.

PROCUREMENT AT UNDP

In order to fulfil our mandate and achieve our vision of empowered lives and resilient nations, UNDP must procure a significant volume of goods and services. As a public organization entrusted with donor funds and committed to supporting developing economies, UNDP work to improve access to quality assured supplies in a cost effective and reliable way. We do this by abiding the following principles

- **Best Value for Money**, which consists of the selection of the offer that best meets the end-users' needs and that presents the best return on investment. Best Value for Money is the result of several factors, including quality, experience, the vendor's reputation, life-cycle costs and benefits, and parameters that measure how well the good or service allows the organization to meet its social, environmental or other strategic objectives.
- **Fairness, Integrity and Transparency**, which ensures that competitive processes are fair, open, and rules-based. All potential vendors should be treated equally, and the process should feature clear evaluation criteria, unambiguous solicitation instructions, realistic requirements, and rules and procedures that are easy to understand.
- **Effective International Competition**, understood as giving all potential vendors timely and adequate information on UNDP requirements, as well as equal opportunity to participate in procurement actions, and restricting them only when it is absolutely necessary to achieve UNDP development goals; and
- **In the best interest of UNDP**, which means that any business transactions must conform to the mandates and principles of UNDP and the United Nations.

UNDP has vendors from some 200 different countries yearly

Growth over previous year: 19.75%

% of total UN procurement: 15.57%

Procurement value: around 3 billion USD (3rd largest in terms of procurement in the year 2015)

DOING BUSINESS WITH UNDP

UNDP is present in some 170 countries around the world and buys goods and services to service the portfolio of each of its Country Offces as well as UNDP Headquarters in New York as well as out posted units in Copenhagen and Kuala Lumpur.

Responsibility for procurement is decentralized, meaning that the entire procurement cycle – from sourcing to contract management – is done locally. The head of the Country Offices, the Resident Representative (or his or her designee) oversees the process.

The Country Office will enter into contracts with vendors, which may be companies or individuals. Headquarters plays a limited role with the Procurement Services Unit (PSU) providing support and specialized assistance. The Procurement Oversight Unit (POU), an independent unit within the Bureau for Management Services, approves contracts exceeding 150,000 USD. The POU ensures that procurement undertaken by UNDP all units complies with relevant guidelines, and that procurement risks are properly assessed and mitigated.

As a public organization, UNDP must strictly adhere to its Financial Regulations and Rules, which mandate that contracts be awarded through a competitive process, obtaining bids through formal tenders. While this may sometimes lengthen the procurement process, UNDP delegates a significant amount of authority to its Country Offices, has introduced more flexible methods for low-value/low-risk purchasing, and approves purchase orders electronically, all of which save time and money for the organization and its vendors To ensure consistency across all our offices and business units, UNDP uses standard bidding documents, available in English, Spanish and French.

What we buy

With offces all over the world and with a broad mandate to work for sustainable human development, UNDP buys both goods and services to be able to carry out projects and programmes together with partners.

On average, UNDP buys approximately $3 billion (US) worth of goods and services every year to maintain operations in the field and to react to upcoming and recurring demands. While the needs vary, services account for approximately 75% of demand. Examples of goods and services frequently procured by UNDP country offices include:

GOODS

- Computer Equipment
- Motor Vehicles, Spare Parts and Accessories
- Computer Software, Licensing and Maintenance
- Management Information Systems
- Satellite Communication Equipment
- Office Furniture
- Office Machinery and Consumables
- Fuel
- Generators
- Security Appliances
- Uniforms

SERVICES

- Transportation
- International and Local Consultants
- Facilities Rental / Leasing
- Conference Organizing
- Printing, Publishing and Bookbinding Services
- Construction and Engineering Services
- Cargo Transport, Warehousing and Storage
- Project Management
- IT Services
- Evaluation Services

GOODS AND SERVICES DISTRIBUTION

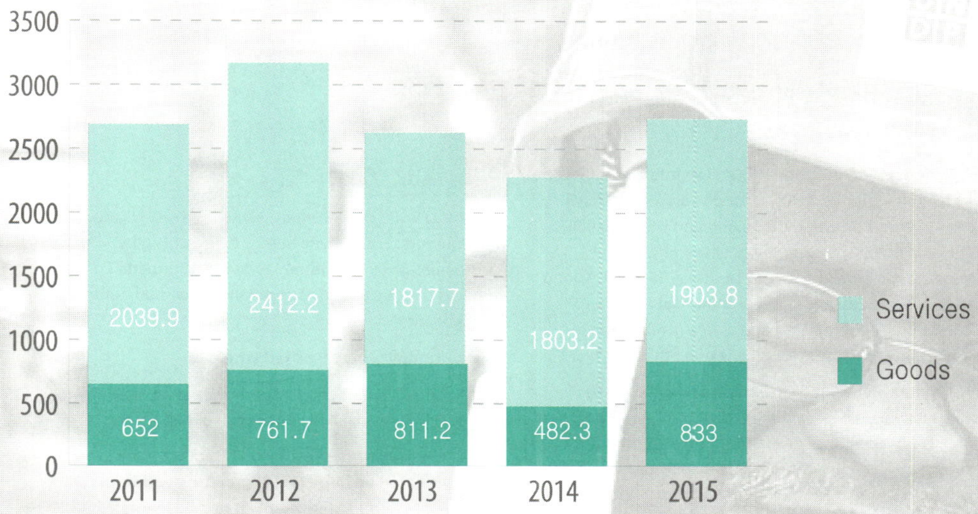

(IN MILLION USD)

PROCUREMENT BY REGION

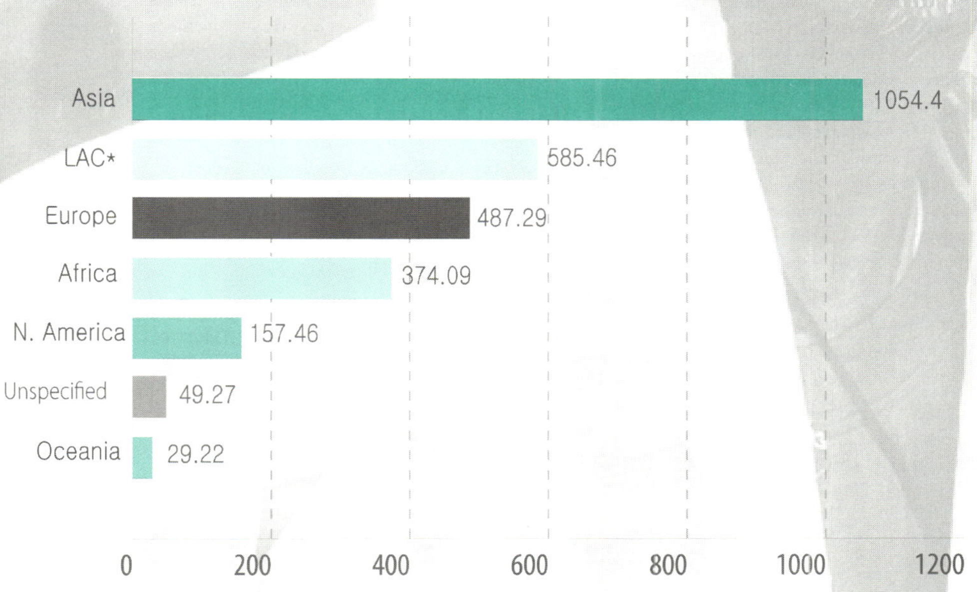

(IN MILLION USD)

Source: 2015 Annual Statistical Report on United Nations Procurement, p. 211

How we buy

If the value of the goods, services or simple works to be procured is below USD 5,000, Micro-Purchasing may be used. This method uses a simple canvassing template, and procurement staff may obtain pricing information over the phone, internet, or by visiting local vendors. Micro-purchasing can normally be done in 1 or 2 days. Award is made to the lowest price available.

A **Request for Quotation (RFQ)** is an informal invitation to submit a quotation, used for goods/services/civil works valued between USD 5,000 and USD 100,000. Depending on the complexity of the requirement, vendors will be given 3 to 10 business days to respond to an RFQ. Prices, and other commercial terms and conditions are requested and award is made to the lowest priced technically acceptable offer.

An **Invitation to Bid (ITB)** is a formal invitation to submit a bid, usually associated with requirements that are clearly and concisely defined, with an estimated procurement value of USD 100,000 or more. Normally price is the sole determinant in making an award. Where all technical criteria are met, an award is made to the lowest bidder. Vendors will normally be given 15 business days or more to respond, depending on the complexity of the requirement. In some cases involving large and complex contracts, vendors may be asked to pre-qualify.

A **Request for Proposal (RFP)** is a formal request to submit a proposal usually associated with requirements for services, which cannot be clearly or concisely defined, with an estimated procurement value of USD 100,000 or more. Price is only one of several factors comprising the evaluation criteria. Award is made to the qualified bidder whose bid substantially conforms to the requirement set forth on the solicitation documents and is evaluated to be the lowest cost to UNDP. Vendors are normally given 15 business days or more to respond to an RFP. In some cases, vendors may be required to pre-qualify.

Exceptionally and when it is deemed in the best interest of UNDP, procurement staff may buy goods or services through **Direct Contracting**.

UNDP may also engage Non-Governmental Organizations (NGOs) and Civil Society Organizations (CSOs) as **Responsible Parties**, a deliverables-based approach to undertaking project activities.

INDIVIDUAL CONSULTANTS

Most of UNDP's procurement activities are dedicated to acquiring services, which may be executed by companies or by individuals. Individuals provide services directly to UNDP under the Individual Contract (IC) modality.

The IC modality may be used when:

1. Services cannot be provided by existing staff due to a lack of specialized knowledge or expertise;
2. The assignment is results-oriented and can be completed on or off UNDP premises, within a definite period of time linked to deliverables;
3. The assignment requires the performance of non-staff duties.
4. ICs are engaged through a Reimbursable Loan Agreement (RLA) that is awarded through a competitive process, covering professional fees and certain expenses, such as travel, if and when required. Country Offices may issue Expressions of Interest (EOI) from time to time, in order to keep a roster of potential ICs.

ICs are not considered staff and do not receive entitlements when engaged by UNDP. If the services require travel, individuals may be given "Expert on Mission" status.

EVALUATION OF OFFERS

Each procurement method has a slightly different evaluation method. When evaluating RFQs and ITBs, the price is the most important element. In contrast to this, an RFP relies mostly on a technical evaluation. The technical component primarily determines whether the proposal will be accepted or declined. Evaluation is done through pre-set criteria, which are clearly indicated on the bidding documents.

When examining, evaluating and comparing offers, UNDP may consider price as well as non-price factors, which include cost (operation, maintenance, repairs); delivery/completion time; functional characteristics; terms of payment/guarantee; a vendor's performance record with UNDP and other UN agencies; and the vendor's presence in the local market.

TERMS OF CONTRACT

In order to become a vendor to UNDP, you must accept the General Terms and Conditions of Contract (GTCs). A copy of these GTCs is included in bidding documents. UNDP procurement staff may not modify these terms of contract, and any alterations require the advice and consent of the Legal Support Office (LSO).

PROCUREMENT METHODS

Procurement Method	Contract Value	Type of Requirement	Market Conditions	Method of Solicitation	Type of Competition
Micro-Purchasing	Below USD 5,000	Goods (commoditized or off-the-shelf) Services (standardized) Civil Works (simple)	Competitive marketplace	Request	Regional or local
RFQ	USD 2,500-USD 100,000	Goods (commoditized or off-the-shelf) Services (standardized) Civil Works (simple)	Competitive marketplace	Formal invitation (written)	International or local
ITB	Over USD 100,000	Goods Services Civil Works	Competitive marketplace	Advertisement	International
RFP	Over USD 100,000	Services	Competitive Marketplace	Advertisement	International
Direct Contracting	Any amount as may be justified by FRR 121.05	Goods (commodi-tized or off-the-shelf) Services (standardized) Civil Works (simple)	All conditions defined under FRR 121.05	Advertisement	No competi-tion
Exigent Circumstances	Dependent on the conditions defined under Fast Track Procedure (FTP) Authorization	Goods Services Civil Works	Natural disaster Health epidemic Sudden unforeseen crisis Time-critical activities	Direct invitation or negotiation	No competition

Qualifications and eligibility

UNDP is a public organization and as such must diligently follow its Financial Regulations and Rules. All UNDP procurement is subject to the relevant policies set forth by the Bureau for Management Services. All UNDP Suppliers must abide by the UN Supplier Code of Conduct. Under this framework, all vendors must be qualified, as well as eligible..

While qualification criteria may be further specified to meet the needs of a particular purchase, in general terms all qualified UNDP vendors must meet the following commercial criteria:

1. Have adequate financial resources to perform the contract or the ability to obtain them;
2. Be able to provide audited financial statements for completed fiscal years upon request;
3. Be able to comply fully and effectively with UNDP General Terms and Conditions of Contract;
4. Have the necessary organization, facilities, experience, accounting and operational controls; adequate insurance and technical skills (including, as needed, quality controls, property and production control systems, standards and safety programmes applicable to goods produced or services performed);
5. Have a record of satisfactory performance with UNDP, when applicable; and
6. Have sufficient material and financial resources to meet all existing commercial commitments.

Eligible vendors are qualified vendors that have not been temporarily suspended or debarred by UNDP or another UN agency, fund or programme (see page xx). UNDP also considers vendors included in the Security Council Resolution Lists (1267, 1989) to be ineligible for UNDP contracts. If you are a consortium, holding or parent company, the entire group must meet these eligibility requirements.

Photo: UNDP in Europe and CIS

Vendor registration

UNDP publishes its procurement opportunities directly on its Procurement Notices website. website. UNDP also participates in the United Nations Global Marketplace, the procurement portal of the United Nations.

UNGM is the single window for registration with the UN System. It allows suppliers to keep current business information available to all UN Organizations as a tool for locating potential suppliers. It also provides online access to all tender opportunities and contract awards published by 35 UN agencies. UNDP does not require prospective bidders to be registered on UNGM. However, Level 1 Registration is encouraged.

REGISTERING WITH UNGM

To be listed as a potential supplier in the UNGM, please fill out the Supplier Registration Form. The Supplier Registration Form is the same form used by individual organizations to pre-qualify suppliers and incorporate them into their internal procurement rosters. Registering on UNGM is free of charge.

TENDER ALERT SERVICE

UNGM runs a value-added service that allows registered vendors to receive tender alerts every day over email, directly and automatically, tailored to the products and services they have expressed an interest in as soon as they are published. There is an annual fee of US$250 for this optional service.

For more information, we encourage interested suppliers to register with the UN development business procurement notices. You can also find procurement opportunities at UN development business procurement notices.

Photo: UN Photo/Eskinder Debebe

Market your goods and services

Since UNDP procurement is decentralized to the authority of the country office, your first contact is the Procurement Focal Point. After you have done your market research and identified regions or projects that are of interest to you and the business sector you work in, you should introduce your company and present the goods or services you offer.

Marketing yourself means:

- Register at the UNGM
- Respond to expressions of interest, invitations for prequalification etc.
- Contact the procurement focal point
- Introduce your company
- Visit the Country Office
- Organize meetings with the project managers
- Be proactive!

SUPPLIER SELECTION

The first step in selecting Suppliers is often market research, particularly if the product or service has not previously been procured. Business Units may source Suppliers through an expression of interest for commonly procured goods, registration of prospective Suppliers at UNGM and/or business seminars, where applicable.

- Other procurement related websites; and
- Yellow pages for local suppliers.

PRE-QUALIFY AS A SUPPLIER

Business Units may pre-qualify potential Suppliers, which meet established qualification criteria to ensure that offers are sought only from Suppliers with requisite resources and experience. Although prequalification is not a form of selective engagement, the process ensures that invitations to bid are extended only to those with adequate capabilities and resources. Prequalification criteria should be specified in an Invitation for Prequalification, based entirely upon the capability and resources of potential Suppliers to perform the particular contract satisfactorily, taking into account such factors as their

1. experience and past performance on similar contracts;
2. capabilities with respect to personnel, equipment and construction or manufacturing facilities; and
3. financial position.

Such prequalification is generally recommended for large and complex contracts (i.e., involving US$100,000 or more for civil works or the procurement of professional services).

Procurement protest and vendor sanctions

As the steward of public funds, UNDP wants to award contracts through fair and effective competition. If you believe you were not treated fairly, you have the right to present a procurement protest.

All procurement protests should be addressed to the UNDP Country Office or HQ Business Unit that undertook the procurement action. If the matter is not resolved satisfactorily, it may be raised to PSO by the Country Office or Business Unit. To present a process, you must compile the following information and submit it over e-mail to the Resident Representative:

1. Your name, address, telephone number, fax number, and email;
2. The solicitation or contract number, name of contracting office and the procurement officer;
3. A statement of the grounds for your protest, and an explanation on how you were directly affected;
4. Copies of relevant documents supporting your statement;
5. Any information that can help UNDP determine that you are an interested party in this process;
6. Any information that can help UNDP establish that your protest is timely; and
7. A statement on the best way UNDP may provide you with relief.

VENDOR SANCTIONS

Effective governance and integrity are central to the UNDP mandate. UNDP requires its Vendors to comply with the highest ethical standards, and report to UNDP all suspected acts of fraud and corruption. See also the Office of Audit and Investigations website. UNDP has banned a series of practices in its procurement process. These behaviors, also known as proscribed practices, include:

- **Corruption**: offering, giving, receiving or soliciting, directly or indirectly, anything of value to influence improperly the actions of another party.
- **Fraud**: any act or omission, including a representation, that knowingly or recklessly misleads, or attempts to mislead, a party to obtain a financial or other benefit or to avoid an obligation.
- **Coercion**: any act or omission that impairs or harms, or threatens to impair or harm, directly or indirectly, any party or the property of the party to improperly influence the actions of a party.
- **Collusion**: an arrangement between two or more parties designed to achieve an improper purpose, including influencing improperly the actions of another party.
- **Unethical Practices**: behavior that constitutes a conflict of interest, or that is contrary to the policies and requirements of doing business with UNDP, including but not limited to post-employment and gifts and hospitality provisions.
- **Obstruction**: Acts or omissions by a Vendor that prevent or hinder UNDP from investigating complaints of Vendor engagement in Proscribed Practices.

VENDOR REVIEW COMMITTEE

The Vendor Review Committee (VRC) is a technical advisory body, tasked with considering allegations made against UNDP vendors. The VRC may issue Notices of Administrative Action when it determines that the Office of Audit and Investigations (OAI) has provided information that indicates that one or more vendors have engaged in proscribed practices. The VRC will give the vendor a reasonable period to respond to these allegations and their supporting documentation, and present explanations and documentation of its own. Sanctions proceedings, which are regulated by the UNDP Vendor Sanctions Policy may result in a vendor being censured or debarred for up to 7 years, depending on the level and severity of the allegations.

UNDP Sanctions are separate from any actions that may be taken by any government or international organization under international law.

UNDP ENTRIES TO THE UN INELIGIBILITY LIST

If entities and individuals do not respond to allegations of engaging in proscribed practices when presented to them, they can be sanctioned by the Chief Procurement Officer at the recommendation of the VRC. These adverse decisions are made through an exhaustive administrative process based on the findings of the Office of Audit and Investigations which allows these entities and individuals to respond to the allegations made against them, pursuant to the UNDP Vendor Sanctions Policy.

Imposing sanctions is one of the ways in which UNDP seeks to prevent and combat fraud and corruption in the pursuit of its mandate. UNDP shares these entries with the other organisations of the United Nations through the UN Ineligibility List. UNDP may also, at its sole discretion, publish the names of the individuals or organizations named in its own entries.

The VRC may recommend any sanction that it considers appropriate under the specific circumstances of a case to the Chief Procurement Officer. These include, but are not limited to:

- censure;
- conditions on future contracts; and
- debarment.

Debarred vendors are ineligible to participate in any UNDP Procurement Action. This ineligibility may affect any entity or individual who directly or indirectly controls the debarred vendor, or any entity or individual that the debarred vendor controls or employs. Sanctioned vendors may apply to the VRC for rehabilitation after at least half of the sanctions period has passed.

For an updated list of UNDP entries to the UN ineligibility list, please check our website.

Photo: UN Photo/Hien Macline

ABOUT US

UNDP's Procurement Services Unit (PSU) provides direct support to country offices and other business units within the organisation worldwide to ensure transparent purchasing processes that provide UNDP with the best value for money. This is achieved through targeted training, direct assistance, and tools and systems to facilitate the procurement process. Through innovative supply chain management, PSU helps country offces and Headquarters units to keep pace with the dramatic growth in volume and complexity of procurement at UNDP.

With a dynamic and expanding portfolio of services, PSU is committed to helping other UNDP units to secure the goods and services they need to empower communities and build resilient nations.

For contact information, go to www.undp.org/procurement

For more information about UNDP's Programme and Operations Policies and Procedures, go to popp.undp.org

찾아보기

| 저자소개 |

김만기

김만기 교수는 현재 KAIST 경영대학의 '국제입찰 & 공공조달 관리과정'(IGMP)의 책임교수와 KAIST 글로벌공공조달연구센터(Center for Global Public Procurement)를 운영하고 있으며 법무법인(유)율촌의 국제입찰조달팀의 고문으로 재직하면서 정부 및 민간기관의 다양한 국제입찰 및 해외공공조달에 사업 수행, 기획, 운영 및 교육을 하고 있는 국제입찰, 국제통상, 해외공공조달 전문가로 영국 King's College 유럽공공조달과정, 유엔개발계획(United Nations Development Programme: UNDP) Certificate Procurement과정, 세계은행(World Bank)조달과정을 수료하였고 글로벌 공공조달 전문가로 활동하고 있다.

특히 코로나(COVID-19) 대응으로 UNDP로부터 COVID-19 관련품목(PPE)에 대한 특별 시장조사 수행과제의 책임교수로 활동하였다.

김만기 교수는 호주 Macquarie대학, 미국 조지타운대학, 단국대학교 등에서 경영학 석사, 최고경영자과정 수료 및 박사학위를 취득하였으며, 한국, 호주, 중동, 아프리카, 유럽, 미국 등지에서 다년간 국제통상, 국제입찰 및 공공조달 분야에서 사업을 하였다. 김만기 교수는 국제통상 전문가로서 이론과 실무를 아우르는 정통한 전문가로 한국 정부로부터 해외 우수 상공인 국무총리 표창, 미국 공화당으로부터 Leadership Award, 몽고 정부로부터 금상평화훈장을 수상하였다. 현재 해외공공조달 전문가로서 미국조달협회(Government Contractors Association) 고문, 조달청 전략사업 수행, 한국보건산업진흥원 자문위원 등을 맡고 있다.

[주요 저서 및 성과]

- KAIST 온라인 KOOC, 글로벌공공조달 과정
- CCM(Certified Capture Manager) 자격, 미국조달협회(GCA)
- 코세라(Coursera), Global Public Procurement(영어 강의)
- 국제입찰 I 미국 연방정부 및 주정부 조달(2019), 도서출판 청람
- UNDP COVID-19 한국산 PPE 특별 시장조사(2020) 책임교수
- Costa Rica 중소기술혁신형 공공구매정책 정책수립 자문교수
- 국제입찰 제안서 지원사업(2020) 책임교수
- 유엔조달보고서(2019) 자문
- 한국 환경산업의 국제금융기관 수주 가이드북(2019) 책임교수
- 공공조달 수출전략사업(GBDI) 1, 2, 3차(2018/2019/2021) 책임연구원
- 국제입찰 컨설팅사업(ICB) 1, 2차(2019/2020) 책임연구원
- 미국조달협회(Government Contractors Association) 미국조달시장전략 책임연구원
- 다자개발은행 국제입찰 현황 보고서(2018)
- 미연방 보훈처(VA) 전자상거래 시범사업 책임연구원(2018)
- 미연방 조달청(GSA) MAS 진출사업 보고서(2018)
- 한미군수협정(RDP MOU) 체결유무에 따른 한국방산산업의 미국방부 진출 정책보고서(2018)
- 국제입찰 보건의료 프로젝트(UN, ADB, World Bank, EBRD) 동향보고서(2017)
- 미국방부 조달연구(시설보안과 비밀취급인가 및 보안심사 관련규정을 중심으로)(2017)
- 미 정부조달시장 진출을 위한 정부, 기업, 전문가 활용방안(2016)
- A Bird with Two Wings-Leadership in a Challenging Market("Efficiency vs. Effectiveness")(2016)
- A New Paradigm for SWOT Analysis(2015)
- Key Element of Success for Economic Development of Underdeveloped Countries(2015)
- 금융의 이해(공저)(2007)
- 국제금융론(공저)(2006)

국제입찰 Ⅱ **유엔조달사업**—코로나19 조달 사례 포함

2020년 10월 2일 1판 1쇄 인쇄
2020년 10월 5일 1판 1쇄 발행

저　　자 | 김만기
발 행 인 | 이수영
발 행 처 | 도서출판 **청람**
서울시 마포구 독막로 288(대흥동, 세양상가 109호)
전　　화 | 02) 3272-2601~2
팩　　스 | 02) 3272-2603
이 메 일 | crbooks@daum.net
홈페이지 | http://www.crbooks.co.kr
등　　록 | 2000년 8월 26일 제6-0509호

ISBN 978-89-5972-770-4 93320　　[정가 25,000원]